我们的学习故事丛书

YI HE XUDUO

1和许多：

为了促进儿童学习而评价

周　菁◎丛书主编　周　菁◎编著

WEILE CUJIN ERTONG XUEXI ER PINGJIA

北京师范大学出版集团
BEIJING NORMAL UNIVERSITY PUBLISHING GROUP
北京师范大学出版社

图书在版编目(CIP)数据

1和许多：为了促进儿童学习而评价/周菁编著．—北京：北京师范大学出版社，2022.3(2023.7重印)

ISBN 978-7-303-27652-3

Ⅰ．①1…　Ⅱ．①周…　Ⅲ．①学前儿童—学习能力—评价　Ⅳ．①G613

中国版本图书馆CIP数据核字(2021)第277333号

图书意见反馈： gaozhifk@bnupg.com　010-58805079
营销中心电话：010-58802181　58808064
编辑部电话：010-58808898

出版发行：北京师范大学出版社　www.bnupg.com
北京市西城区新街口外大街12-3号
邮政编码：100088

印　　刷：北京溢漾印刷有限公司
经　　销：全国新华书店
开　　本：710 mm×1000 mm　1/16
印　　张：18.25
字　　数：330千字
版　　次：2022年3月第1版
印　　次：2023年7月第3次印刷
定　　价：68.00元

策划编辑：罗佩珍　　责任编辑：马力敏　李灵燕
美术编辑：焦　丽　　装帧设计：焦　丽
责任校对：陈　民　　责任印制：马　洁
封面儿童：赵子豪

版权所有　侵权必究

反盗版、侵权举报电话： 010-58800697
北京读者服务部电话：010-58808104
外埠邮购电话：010-58808083
本书如有印装质量问题，请与印制管理部联系调换。
印制管理部电话：010-58805079

推荐序

落地生根　厚积薄发

近年来，周菁和我，每年或在上海或在北京，总能见上一面。2020 年 1 月我回国探亲，碰头已在计划之中。一场疫情使之泡了汤。

数月之后，两部书稿出现在我的面前。

如今全球疫情仍是进行时。我努力给自己识别出一些今年以来积极的、令人喜悦的、给人力量的事物。这两部书稿的完成，不能不说是居于使我喜悦的事物之首。本来就听说她要将这几年的工作心得整理成书的计划。但是疫情对大家活动的限制(并非针对思考和写作)，是否客观上也加速了书稿的完成？总之，这符合我内心“化腐朽为神奇”的一贯愿望。

“其实这里所说的、所做的，您都知道。”周菁说。

是的，书中大部分内容都在我们以往交流的时候涵盖了。当然也有一些在交谈中没有出现，而是在创作中整理思考形成的理论。最令我欣慰的是，我一直觉得这是一件重要的、需要有人做的事情，早就应该有人做而且是件需要长期做的事情，终于有人做了(此话也许有失偏颇，请恕我孤陋寡闻)。

为什么？

改革开放以来，中外教育专业同行间的学术交流日益畅通。不仅走出去，请进来，对国际上新的专业出版物的翻译周期也越来越快。但是，国外请进来的人在讲学介绍时，难以真正理解国内的问题和需求；国内有机会、有能力接触国外信息的人，多数还是依赖文字阅读和短期访问为主，难以对异域的东西从理念、理论，到实践，有着既有高度(哲学文化层面的)又有深度的领会和了解，特别是对以抽象语言表达的理念和原则在当地的教与学中和幼儿园的日常中是怎样体现的难以想象。另一方面，有时即使理论背景强的同行，也不一定对实践有着贴切的体验；而对实践有着充盈体验的一线教师，往往又缺乏直接研读、考查异域信息和深入理解的能力。所以在引用国外的理论，去指导中国的背景下教育实践时，往往会变成望文生义、囫囵吞枣式的演绎。对不同文化、历史、政治背景下产生的东西，简单地翻译和移植到国内土壤上，也往往产生水土不服的现象。新的教育实践从来不是一蹴而就的，而是在学习、实践、反思(学习)、再实践、再反思的不断循环的过程中艰难推进的。这个过程

的关键之处，是教师的转变。这也带来了一个更为艰巨的挑战，即如何帮助广大一线教师持续的专业成长，以及他们观念行为的转变与更新？

由于各种不可控的因素，即使是卓有成效的实验带来的改变，在现实中也经常难以为继。千禧年代初，国内有一个进行了数年的研究项目，我曾经接触过其中几位教师。我在访谈中欣喜地发现，这几位教师在持续指导、学习、实践和反思下，表达出个体对教育理念比较深刻的认识和转变，产生了与这些转变相一致，而又与当时普遍常规不同的、从儿童出发的教学实践。可惜我之后了解到，科研项目结束后，这几位教师都经历了自身或其主管的人事变动，原本已经开启的教师理念和实践的转变过程也无疾而终了。

周菁独特的经历和她对这个专业的激情，使她具备了一些有利条件。首先她具备一线教师的经验和体验。她入行幼儿教育的起点是幼儿教师，在公立幼儿园里有了几年的工作经验之后，她进入一所国际学校的幼儿园，与一位从新西兰聘来的幼儿教师合作带班。这使她接触到了一种不一样的理念和实践，并开始对自己惯常的那一套教学方式有所思考。在经历了幼儿教育部门及包括小、中学在内的各级管理岗位之后，她毅然辞去当时的工作，暂别家人和孩子，去新西兰深造，为她最爱的幼儿教育事业注入新的活力。

在新西兰惠灵顿维多利亚大学接受硕士、博士学术研究训练的同时，她还在当地幼儿园做兼职教师，全身心地学习和体验了新西兰幼儿教育课程。而她博士论文的研究课题，却又是关于中国幼儿教师的，她选题和叙事研究的方法，以及她从理论高度来跨文化地阐释中国现象，得出了贴切中国实践的结论，不断受到持后现代主义立场的导师对她的反复追问和指导。当然这都属于正常的学术训练，但不能不说这是一个艰苦、严格、系统的学习过程。之所以会这样说，是因为我是当时的见证者之一。然而这一过程不仅使她掌握了一般人所需的专业学术能力，也使她初步奠定了对跨文化应用所必需的敏感性，具备了文化转换中必需的再创造能力，以及利用植根于人类学研究方法，去理解、阐释教师行为与思想的叙事研究方法的能力。

当然，除去具备上述这些有利条件，要对推进中国的幼儿教育有所作为，还需要激情和毅力，和周菁接触较深的同行们以及出版此书的事实，无须我在此赘述了。

从书中可以看到，周菁用起源于新西兰的理论和实践，尝试了对中国幼儿教育的阐释。本书中大量来自一线教师的、原汁原味的“故事”，既是对理论在中国情景中的具体化，也是对产生于新西兰文化土壤的教育理念及实践的本地化。

翻译、解释和传递产生于异域的概念，尤其是在中文中尚未有现成对应词汇时，极具挑战性。仅举一个例子，对“agency”一词的翻译和应用。这个概念在现代教育哲学中阐述学习者(人)时经常会出现，但是你在大大小小的英汉词典中是找不到对应的解释的。它直指人的一种身份，包含了人这个主体能动者、决策者和行动者的多重含义。本书中用了“主体能动力”的译法，虽然不会自动赋予所有这些含义，但作为在真实的情景中来认识儿童作为学习者的身份和属性之一，是抓住了最为关键的一点。

作为曾经的教师，周菁对教师的立场、对教师的体验、对教师的思考有着极大的同理心。读博论文中对教师的研究，又使她掌握了如何从专业的层次和学术的层面去了解教师，尤其是对新西兰支持教师专业成长的社会建构主义方式的熟悉，使她在和一线教师的合作中不仅知道如何去帮助他们，也极具亲和力。她的参与式培训学习是与“以儿童为本”并行的“以教师为本”的方式，在与教师心脑连接的前提下，赋予教师平等的话语权，使他们参与自己的学习成长。在教师的成长中，他们也是 agency。本书中细致的“小练习”案例，使得叙述变得生动、直观，更为广大的从事支持教师专业成长工作的同行提供了资源。虽然教师对儿童学习的记录贯穿全书，但这些何尝不是教师学习反思过程的记录呢?

我曾听过周菁的讲课，除了语速较快，她还喜用排比句。在这里阅读虽然是无声的，排比句依然触目可见。对于初次接触本书内容，并且习惯于线性思维的读者，可能难免会感到困惑。请勿气馁。这不仅仅是一种发散性思维的体现，更是本书的教育理念之一，即在真实的世界中，在具体的情景下，对儿童的解释和对儿童的回应永远都会有多种可能性。唯有如此，我们才能不辜负儿童。也希望作为读者的你，会有自己的领悟和发现!

周菁还年轻，“厚积薄发”似乎有溢美之嫌。但我清晰地看到，这部书总结了她回国后几年中坚持不断地和众多老师的合作，也融合了十几年前她读博时期的积累和研究。“落地生根”既是肯定也是希冀，因为一切才刚开始。唯有落地生根，才能开花结果，繁殖蔓延。愿周菁和书中那些提到的和没有提到的众多老师们一起，“聚是一团火，散是满天星”，照亮孩子们的成长之路。

李薇
于西雅图

丛书序

随着我国教育改革的不断深入，“儿童是有着独立价值的存在者，他们与成人一样平等地享有人的地位、价值和尊严。童年不只是成年生活的准备，它有着独特价值和意义”①这一儿童观正在慢慢形成，并由此引发教育观层面的转变。幼儿教育越来越重视儿童的个体差异、整体健康发展、学习和发展的独特性以及独特价值，期望每一个儿童都能度过快乐、幸福、有意义的童年。以儿童为本，是《3—6岁儿童学习与发展指南》（以下简称《指南》）的核心价值取向。《指南》强调了解每一个独一无二的儿童，了解儿童学习和发展的基本规律，以及对儿童建立合理期待对教育者、家长的重要性。具体来说，教师和儿童身边的成人要在与儿童在一起的每一天中，尊重儿童作为“人”的尊严与权利；尊重幼儿期的独特性和价值；尊重儿童身心特点与保教规律；促进每一个儿童生动、活泼、主动、全面地发展。② 但是，如何从“儿童本位”的儿童观出发，重新认识儿童？如何基于我们对儿童的重新认识，重新建构学习和发展观、课程观、评价观等价值观？如何将我们对儿童的重新认识，以及重新建构的各种价值观融入我们和儿童在一起的一言一行中，重新想象教学实践、课程实践、评价实践，以及与儿童在一起的每一天呢？这些是《指南》引发的思考，也是《指南》对一线幼教工作者的引领和要求。

2013年夏天，世界学前教育组织（OMEP）年会在上海召开。来自新西兰怀卡托大学的玛格丽特·卡尔教授在大会上进行了主旨演讲，介绍了新西兰早期教育课程“Te Whāriki”以及形成性儿童学习评价——学习故事。同年7月和8月，新西兰幼教专家——中国—新西兰教育基金的艾莉森·斯蒂芬森、迪特·希尔、安·佩尔曼、林·福特和新西兰教育领导力项目创始人温迪·李在中国学前教育研究会和北京市教育学会学前教育研究会的邀请下，在贵阳和北京两地向中国幼儿教师介绍了新西兰早期教育理念和实践。其实，中国幼教界在

---

① 蒋雅俊：《改革开放40年学前教育政策中的儿童观变迁》，载《学前教育研究》，2019(3)。

② 李季湄、夏如波：《〈幼儿园教师专业标准〉的基本理念》，载《学前教育研究》，2012(8)。

2013年之前就与新西兰幼教同行有着良好的交流合作。例如，由贝蒂·阿姆斯特朗和多瑞·兰德发起成立的中国—新西兰教育基金的老师们早在2002—2006年就与中央教育科学研究所合作，在贵州开阳县和甘肃临夏市开展了“促进中国贫困地区早期教育发展”项目，旨在通过学习新西兰的早期教育模式，在中国西部贫困地区发展以社区为依托的早期教育服务体系。① 华东师范大学周欣教授和她的研究团队，在儿童数学学习的研究中，借鉴了学习故事的观察、评价的理念与实践。② 在与新西兰幼儿教师的交流中，新西兰早期教育课程“Te Whāriki”提出的“儿童是有能力、有自信的学习者和沟通者，心理、身体和精神健康，因归属感和知道自己在为社会做出重要贡献而安心、踏实”这一儿童观，以及基于此儿童观的“取长式”形成性评价方式——学习故事，给中国幼儿教师带来了很大的震动，也引发了很多讨论和思考。特别是听了新西兰幼儿教师带着爱和喜悦为孩子们撰写的一个个学习故事后，有的老师说：“它们让我那么感动、充满力量与希冀!”也有的老师看到了学习故事与《指南》之间可能存在的连接：“听了温迪老师的分享之后，我们觉得这跟《指南》的理念十分吻合，可能帮助我们找到实践的路径。”因为看见了学习故事、《指南》和我国幼教工作者之间可能存在的连接，一批有着相同愿景的同行者们走到了一起，共同开始了借鉴学习故事理念和实践、贯彻落实《指南》精神的研习之旅。

2013年至今，我们共同研习《指南》“Te Whāriki”和学习故事，秉持着“礼之、师之、纳之、化之”③的态度，发现和建立着三者之间的连接，重视这三者与中国儿童、教师、家长、幼儿园之间的连接，以及与日常教学实践、课程实践、评价实践的连接……本丛书此次出版的三本书：《不仅仅是评价：学习故事究竟给我们带来了什么》《1和许多：为了促进儿童学习而评价》《相信每个人的力量：构建基于儿童、重视关系的幼儿园课程与文化》，就从不同角度呈现和分享了我们在研习旅程中的思与行。

《不仅仅是评价：学习故事究竟给我们带来了什么》以北京教育科学研究院早期教育研究所兼职教研员儿童学习故事小组这几年的研习旅程为基础，围绕学习故事的价值观、理论基础、教研练习和教学实践等进行思辨与实践，呈现学习故事在四个层面——儿童观和评价实践、学习观和教学实践、课程观和课程实践、幼儿园文化——给我们带来的思考和转变。本书还分享了研习小组的

---

① 王化敏：《给幼儿教师的一把钥匙　幼儿教师教育实践策略指导》，1页，北京，教育科学出版社，2008。

② 周欣、黄瑾、华爱华等：《学前儿童数学学习的观察和评价：学习故事评价方法的应用》，载《幼儿教育》，2012(16)。

③ 刘梦溪：《中国文化的张力　传统解故》，14页，北京，中信出版集团，2019。

老师们在并肩进行的专业理论学习中，与孩子、老师在一起的幼儿园日常实践中，以及在各种教研和练习中，渐渐觉察与转变自己思维和行为模式的历程。

《1 和许多：为了促进儿童学习而评价》借用“1 和许多”这一隐喻，探讨“注意、识别、回应”独一无二的儿童与促进儿童学习和推动课程发展之间的关系。本书分为上下两个部分，上篇为“学习故事实例”，聚焦教师如何从“准备好、很愿意、有能力”三个维度注意、识别和回应每一个儿童；下篇为“基于儿童和关系的生成呼应式课程实例”，这些课程实例不是由活动案例组成的，而是由一个个以儿童为主角的学习故事串起的重要学习事件链，呈现源自儿童、教师、幼儿园议程、家庭生活或社会文化生活的某条课程线索的发生、发展过程，以及可能给教师和管理者带来的收获与挑战。这些学习故事实例和课程实例选自全国 18 个省(自治区、直辖市)140 多个幼儿园的投稿。

《相信每个人的力量：构建基于儿童、重视关系的幼儿园课程与文化》是北京市西城区三义里第一幼儿园继 2015 年出版的《发现儿童的力量："学习故事"在中国幼儿园的实践》之后，不忘初心，沿着相信儿童、看见儿童的道路深入探索幼儿园教育规律，找寻适合园所科学发展路径的又一次阶段性总结梳理。书中记录了三义里一幼团队在践行《指南》精神的过程中，以学习故事理念、方法和手段为抓手，不断学习、实践、思辨与创新，抓住基于儿童、重视关系两条主线，重新认识儿童、认识自己，重建制度与模式，重构幼儿园课程、管理、文化的曲折经历。为什么一群平凡普通的幼儿园老师能够坚持追梦、不断超越呢？从书中我们可以看到，相信每个人的力量是支持三义里一幼团队不断前行的最终力量。

《指南》和学习故事与中国幼儿园相遇后所引发的大家对儿童、教师、教育等的重新认识、建构和想象，会给幼儿园带来哪些变化呢？杭州市西湖区文一街幼儿园的马晓芽园长如是说：

> 自从实践学习故事以来，我感受到无论师幼关系、家园关系还是教师的工作体验，都发生了很多的改变，尤其是这些方面。
>
> 孩子觉得被老师看到了、理解了，师幼关系有了改变。我印象很深的是我们园许老师曾分享过的他的一段经历：一天傍晚，趁着姜姜还没有被妈妈接走，我对她说："许老师就分享你的故事吧。"姜姜连忙摇摇头说："不要不要，我马上要回家了。"我明白她是有些难为情，但我还是打开手机讲了起来。听着听着，姜姜走了过来。听着听着，她靠在了我的身旁。当我讲完她的故事，我居然看到了她眼里的泪水。我想，这一定是她激动的、欣喜的泪水。随后几天，姜姜每次远远地看到我，都会大声地叫我"许老师！许老师！"这可是以往很少见的。

老师更能感受到日常工作的意义。我记得另一位男老师对我说："学习故事很有意思，就这样看着孩子、记录孩子的点滴也是幸福的。"要知道他平常不喜欢笔头工作。

通过学习故事，家长看到了自己孩子的成长，并理解了老师的付出，家园慢慢建立起支持性的合作关系。

同时幼儿园在慢慢形成一种"互赏式"的文化。老师记孩子的学习故事，管理人员记老师的故事，家长也会记老师的故事和自己孩子的故事，形成了一种非常有温度、有幸福味的教育生态。

学习故事带给我的最大改变是，看到一个现象，我常常会去反思：我们的管理在允许什么、鼓励什么？而我们原本期望什么？

马园长说学习故事让老师更能感受到日常工作的意义。日常工作的意义，也是我希望读者们在阅读学习故事实例和课程实例时重点体会的。这些学习故事和课程实例的主角都是普普通通的孩子。老师们记录的也只是日常生活中普普通通的在成人眼里不起眼的寻常小事。但是，这些孩子身边有相信他们的力量，即有对他们好奇、感兴趣的老师是极其重要的。他们的老师愿意去倾听、观察他们，与他们对话，识别和呼应他们的兴趣、想法、目标和情感等，愿意与他们建构互动互惠的亲密关系，愿意去探寻寻常小事中的不寻常，并记录下来，这才让我们有机会感受到寻常小事对孩子的意义和价值，以及幼儿园里琐碎又责任重大的日常工作对老师的意义和价值。诚然，撰写学习故事一定会花费时间和精力，但玛格丽特·卡尔说，老师们所花费的时间可以由记录的价值来平衡。① 因此，我希望所有带着爱和喜悦为儿童撰写学习故事的老师，都能感到愉悦；都能将对儿童学习的注意、识别、回应、记录和回顾自然融入日常实践中，而不是当作额外负担；都能让学习故事为促进儿童学习提供有意义的反馈、新的方向；都能在与儿童和家长分享学习故事的过程中，体会到自己的工作和作为教师的自己之于儿童、家长的意义与价值。

与《指南》和学习故事相遇后，我们越来越能感受到，和儿童在一起，促进儿童的学习和发展，关乎一系列选择，包括我们如何看待儿童、为了谁写学习故事等。而影响我们做各种选择的一些重要因素包括我们眼里儿童的形象，儿童在我们生活、工作、思维和行动中的位置，以及我们与儿童的关系。我们的研习才刚刚开始。研究儿童、走进儿童的世界，是作为幼教工作者的我们需要用一生去学习的。我们深深体会到，如果我们自己越来越准备好、很愿意、有

① [新西兰]玛格丽特·卡尔：《另一种评价：学习故事》，155 页，北京，教育科学出版社，2016。

能力去发现儿童自身学习和成长的力量，看见每一个独一无二的儿童，让每一个儿童都能在我们的世界里存在，那么，以儿童为本、向儿童学习、让儿童的独特之处引领我们的工作等愿景，就不再是口号，而是一种学习方式、工作方式、和儿童在一起共同生活的方式！

周菁

于北京

大象的奖章

作者：十画

大象得了一个奖章
喷水最远的鼻子奖
小猫也得了一个奖章
毛线团上走猫步第一名
小鸭也得了一个奖章
最佳摇摆散步奖
小猪还有一个奖章
了不起的呼噜呼噜哼哼哼唱金奖
小狗也有一个奖章呢
哈舌头时间最长奖
妹妹呀　一口气得了两个奖章
是哥哥颁发的
最喜欢你
和最最喜欢你奖

前　言

学习故事，是一套运用叙事的方式，以促进儿童学习为目的和初衷的形成性学习评价体系，即教师在相信儿童是有能力、有自信、积极主动的学习者和沟通者的基础上，从发现儿童优势的视角，注意、识别、回应、记录、回顾儿童的学习和发展，促进儿童在与周围世界互动互惠的关系中，随着时间推移，"运用各种日益复杂的方式占有知识、发展有助于学习的心智倾向"①，建构积极的学习者形象和自我认知。

2015年4月，时任中国学前教育研究会副理事长的王化敏老师提议并经研究会批准，"贯彻《指南》，学习故事研习项目组"在北京正式成立。在随后两年多的时间里，中国学前教育研究会的王化敏、程晓明、姜维静、章红，以及项目组周菁老师等，在银川、成都、广州、苏州等地组织了多场培训和研讨活动。对学习故事理念和实践感兴趣的幼儿园教师从全国各地汇聚在一起，共同研习。研习项目虽然为期只有两年，但星星之火已经点燃，越来越多的幼儿园园长和教师被吸引进来，他们都希望以转变儿童观和评价观为切入点，通过研习和撰写学习故事，探索贯彻以"儿童为本"的核心价值取向的路径，从而促进儿童的学习和发展。《大象的奖章》一诗的作者是成都市温江区海科幼儿园吴金桃园长(笔名：十画)就是其中一位。非常感谢吴园长同意我在本书中使用她撰写的小诗。选择把《大象的奖章》放在本书之首，是因为这首诗传递了本书最重要的一个观点：相信每一个儿童都是独一无二的个体，他们有着各自的独特之处、价值和贡献，都值得被倾听、被看见、被呼应、被尊重和被护佑，需要被爱、被欣赏、被解读；儿童不需要被评判，更不应该用一根标尺去衡量！

本书收录的学习故事和课程实例选自全国18个省、自治区和直辖市，140多个幼儿园的投稿。我希望读者借助"1和许多"这个隐喻，在阅读一个个学习故事时，体会老师在"相信儿童是有能力、有自信、积极主动的学习者和沟通者"这一儿童观的引领下，是如何发现一个个生动、具体的儿童以及儿童与周

① [新西兰]玛格丽特·卡尔、温迪·李：《学习故事与早期教育：建构学习者的形象》，5页，北京，教育科学出版社，2015。

围世界的关系的；感受老师与儿童共同生活和学习的场景，以及她们对儿童学习的解读和支持。需要说明的是，本书中的学习故事是实例，不是“完美”或“优秀”范例。收入这些实例，是因为它们有助于围绕“为了促进儿童学习而评价”这个主题讨论。读者在阅读过程中可以把自己视为这些学习故事的重新讲述者，在阅读时与故事中的儿童和写故事的老师、家长“对话”，在讲述和重新讲述老师们所写的学习故事的过程中，共同建构对儿童、评价、学习、教学、课程等概念的理解，共同体会“让儿童的独特之处引领我们的工作”的深意。

本书第一章，将讨论选择“1 和许多”这个隐喻的缘由，以及它与儿童学习和发展之间可能存在的关系。第二章到第五章组成了本书的上篇“学习故事实例”，聚焦对许多个“1”——独一无二的儿童的解读和理解。下篇为“基于儿童和关系的生成呼应式课程实例”，由第六章到第十一章组成，呈现从“1”生发的“许多”学习机会和可能，以及由许多个“1”共同编织和共享的课程。最后，我们会回到学习故事和中国儿童这个话题，倾听来自幼儿园园长、老师和家长的声音，分享他们在《指南》的指导下，如何借助学习故事的理念和实践，讲好中国儿童学习故事的想法和感受。

在此，我要特别感谢本书收录的学习故事实例和课程实例的作者们，以及她们的同事和幼儿园，还有故事的主角——孩子们和他们的家长，没有他们的爱、勇气、努力、贡献和慷慨分享，就没有这本书。万分感谢！

致 谢

感谢授权本书使用学习故事和课程实例的幼儿园

（按在本书中出现先后排序）

四川省　成都市温江区海科幼儿园
广东省　广州市越秀区烟墩路幼儿园
浙江省　杭州市西湖区文一街幼儿园
北京市　通州区新城东里幼儿园
四川省　成都市第十六幼儿园
西藏自治区　林芝市第二幼儿园
广东省　广州市越秀区东方红幼儿园
重庆市　两江新区上林幼儿园
贵州省　贵阳市白云区第一幼儿园
新疆维吾尔族自治区　新疆生产建设兵团第四师师直幼儿园
广东省　广东省育才幼儿院一院
浙江省　浙江工业大学幼儿园
浙江省　杭州市下城区武林幼儿园
浙江省　杭州市下城区凤栖幼儿园
贵州省　贵阳市中心实验幼儿园
湖南省　长沙市教育局幼儿园
内蒙古自治区　鄂尔多斯市东胜区铜川第一幼儿园
浙江省　杭州市下城区东新实验幼托园
北京市　西城区三义里第一幼儿园
上海市　徐汇区宛南实验幼儿园
安徽省　亳州市利辛县旧城学区中心幼儿园
宁夏回族自治区　银川市第一幼儿园
北京市　大兴区第二幼儿园

广东省　广州开发区第一幼儿园
上海市　宝山区小天使幼儿园
四川省　成都市第五幼儿园
江苏省　无锡市滨湖区立人幼儿园
北京市　海淀新区恩济幼儿园(童心家园)
浙江省　嘉兴市海盐县实验幼儿园
北京市　西城区实验幼儿园
浙江省　杭州市西湖区文苑幼儿园

感谢参与书面访谈的园长们

（排名不分先后）

北京市	海淀新区恩济幼儿园(童心家园)	成勇
安徽省	亳州市利辛县旧城学区中心幼儿园	周萍
浙江省	杭州市西湖区文一街幼儿园	马晓芽
浙江省	杭州市下城区凤栖幼儿园	丁舟萍
四川省	成都市温江区海科幼儿园	吴金桃
四川省	成都市第五幼儿园	闵艳莉
重庆市	两江新区上林幼儿园	李浉杰
广东省	广州开发区第一幼儿园	谭加颖
广东省	广州市越秀区东方红幼儿园	林举卿

学习故事、课程实例一览表

学习故事一览表

学习故事 1.1　《我最爱的插花》
学习故事 1.2　《父亲节插花》
学习故事 1.3　《我眼中的向日葵》
学习故事 1.4　《我会创意包花》
学习故事 1.5　《鹿之精灵》
学习故事 1.6　《种子——五颜六色的喇叭花》
学习故事 1.7　《穿上花草衣服——花草灯笼》
学习故事 1.8　《小小花艺师》
学习故事 1.9　《妈妈肚子里藏宝宝》
学习故事 1.10　《约汉的鼻涕》
学习故事 2.1　《小汽车系列》
学习故事 2.2　《送水壶的月月》
学习故事 2.3　《想方设法融入游戏的小米》
学习故事 2.4　《线索》
学习故事 2.5　《给弟弟的信》
学习故事 2.6　《蓝色胶垫》
学习故事 2.7　《小小升旗手》
学习故事 2.8　《妈妈，我自己可以的》
学习故事 2.9　《夏天的“雪”》
学习故事 2.10　《编三股辫》
学习故事 2.11　《你们的帐篷你们做主》
学习故事 2.12　《帘子后的娃娃》
学习故事 3.1　《冬梅》
学习故事 3.2　《一封神秘的来信》
学习故事 3.3　《76 路公共汽车 》
学习故事 3.4　《淘淘的小记者之旅》
学习故事 3.5　《有温度的铃声》
学习故事 3.6　《跳绳这件小事》

课程实例一览表

你想听谁的心跳

作者：十画

我想听星星的心跳
也想听一听月亮的心跳
我想听太阳的心跳
也想听一听火山的心跳
我想听大树的心跳
也想听一听蚂蚁的心跳
我想听露珠的心跳
也想听一听蝴蝶的心跳
我想听夜晚的心跳
也想听一听猫咪的心跳
我想听大海的心跳
也想听一听海螺的心跳
我想听草原的心跳
也想听一听小兔子的心跳
我想听你的心跳
可是我要怎样才能靠近你呢？

目　　录

下　篇　基于儿童和关系的生成呼应式课程实例

第一章　为什么是1和许多

“隐喻的本质就是通过另一个事物来理解和体验当前的事物。”①“1 和许多”是隐喻，对大多数幼儿教师来说并不陌生，因为它是儿童数学学习中的一个重要概念，但“1 和许多”的喻义不止于此。“道生一、一生二、二生三、三生万物”，老子在《道德经》中这样描述宇宙的生成，让“1 和许多”平添了哲学意味和它所蕴含的生生不息的力量。“聚是一团火，散是满天星”中的“1 和许多”，让我看到了个体和群体之间相互依存的关系，即“许多个 1”可以组成“1 个许多”，“1 个许多”的形成离不开“许多个 1”。例如，许多个独一无二的孩子，组成了一个班级；一个班级的形成，离不开许多个独一无二的孩子。在本书中，我选择用“1 和许多”来比喻学习故事中的一个个儿童，以及形成性评价——注意、识别、回应、记录、回顾儿童的学习可能给儿童的学习和课程的发展带来的机会和可能。

一、“1 和许多”可能指什么?

(一)“1”——可以代表一个孩子或一群人，也可以代表

一份好奇、一个兴趣、一种情感……
一份表达、一个材料、一种投入……
一份友情、一个群体、一种关系……
一项专长、一个理论、一种探究……
一份纠结、一个挑战、一种坚韧……
…………

儿童的学习和发展过程由许多个“1”组成
儿童每天都在向我们尽情展现着
他们各自的许多个“1”
你看见了吗？

---

①　[美]乔治·莱考夫、马克·约翰逊:《我们赖以生存的隐喻》，3 页，杭州，浙江大学出版社，2015。

• 探索、试验、创造、合作 •

GREAT STORES SHARE

看见儿童的学习之我们的艺术品

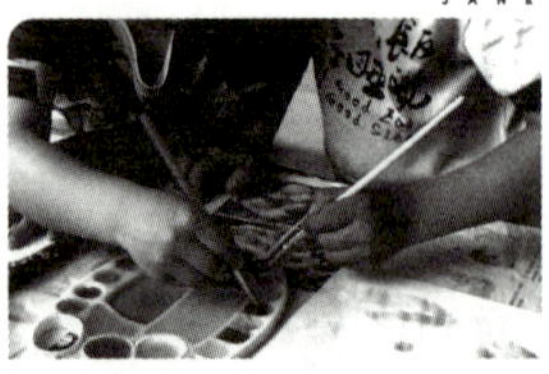

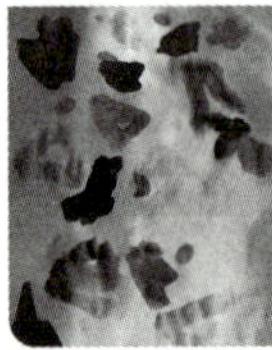

一次次探索
一次次试验
对了
就是这个颜色
我们一起创造了
一幅艺术品

海科幼儿园石榴树班瑾睿和俊艺的艺术品

• 专注、耐心、坚韧、手眼协调 •

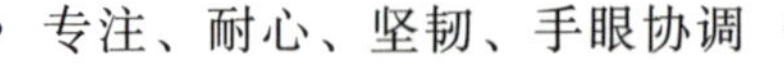

GREAT STORES SHARE

看见儿童的学习之专注力

耐心
韧性
是重要的学习品质

海科幼儿园石榴树班

• 满足、分享、自我认知 •

GREAT STORES SHARE

看见儿童的学习之自我评价

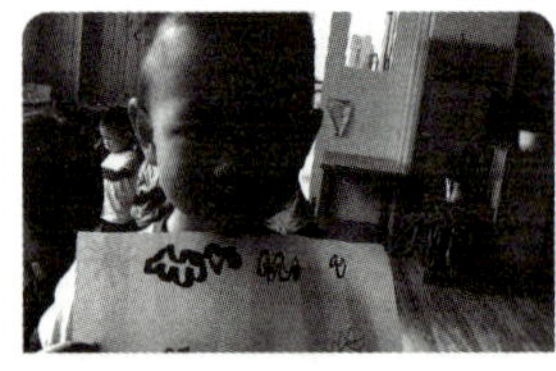

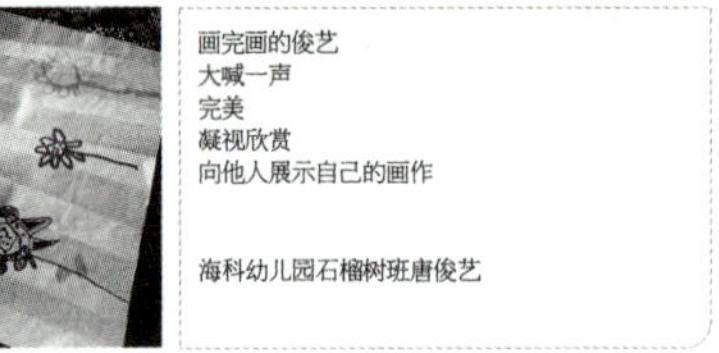

画完画的俊艺
大喊一声
完美
凝视欣赏
向他人展示自己的画作

海科幼儿园石榴树班唐俊艺

• 想象、创造、图形空间、小肌肉发展 •

GREAT STORES SHARE

十画视角
看见儿童的学习之想象与创造

一艘小船变变变
变成大海好航行
折叠打开的魔法
让想象力如同辽阔的大海
让我给你空间和时间
与你一起想象和创造

海科幼儿园石榴树班

• 差异、沟通、群体、关系 •

GREAT STORES SHARE

十画视角
看见儿童的学习之加入群体游戏的一百种方法

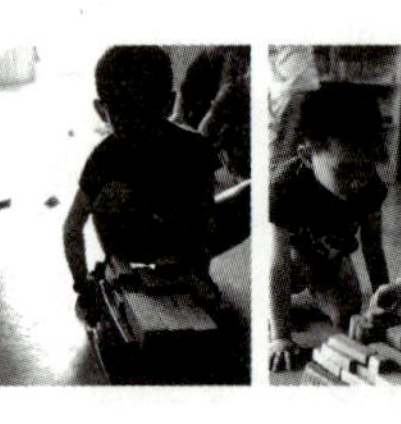

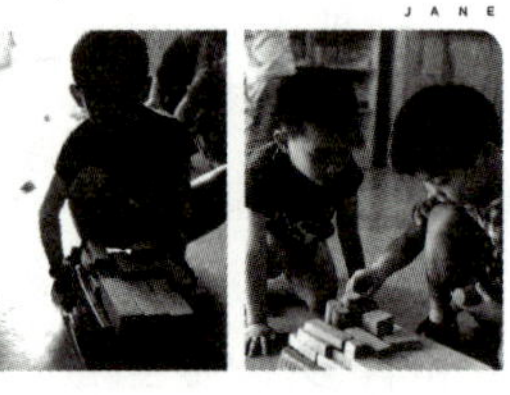

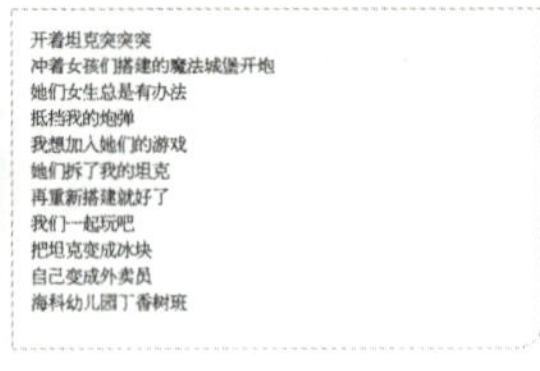

开着坦克突突突
冲着女孩们搭建的魔法城堡开炮
她们女生总是有办法
抵挡我的炮弹
我想加入她们的游戏
她们拆了我的坦克
再重新搭建就好了
我们一起玩吧
把坦克变成冰块
自己变成外卖员
海科幼儿园丁香树班

• 爱、关心、交往、幸福 •

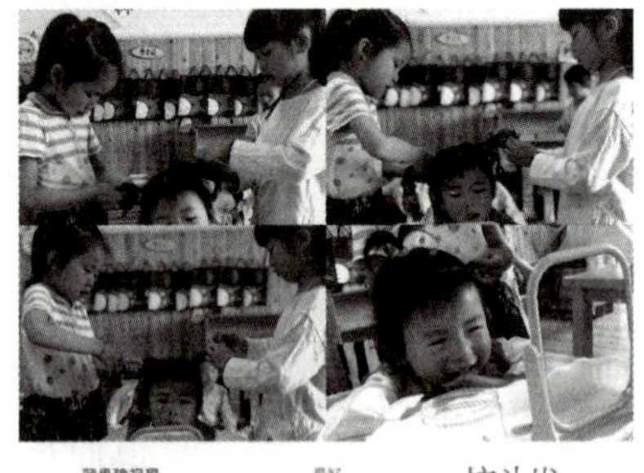

蒲思豫视界

看见儿童学习之照顾妹妹

我们一起给妹妹梳头发
你梳左边 我梳右边
妹妹真的好可爱
像一个洋娃娃

最好
时光
有姐姐
真好

梳头发

J A N E

海科幼儿园苹果树班

(二)"许多"——可以代表由"1"卷入的许多人，带来的

许多机会和可能、许多思考和互动

许多线索和灵感、许多拓展和延伸

许多变化和不确定、许多体验和感受
许多选择和期待、许多收获和成长
…………
每个“1”所生发出的“许多”
有可能让儿童的学习和发展丰富、多元、拓展和延伸
你想到了吗？

• 一块积木，带来许多种玩法、许多种想法、许多种说法、许多种连接……

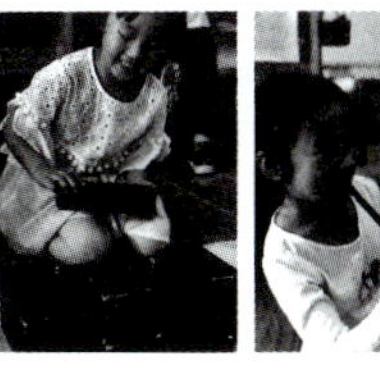

• 一个区域＋一个区域，一个孩子＋一个孩子，一种材料＋一种材料＝许多可能

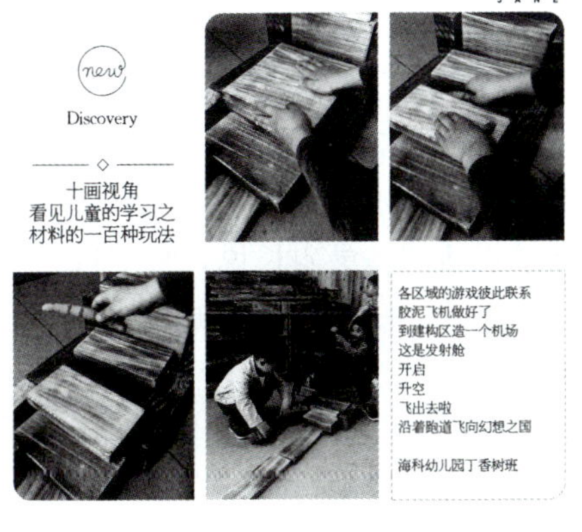

二、为什么要看见“1”？

管理大师彼得·圣吉说，因为看见，所以存在。有多少个孩子，可能被“视而不见”？有多少个孩子，可能只是“在”那里，而没有体会到“存在感”，像“透明人”？孩子，只有被“我们”看见，才可能在“我们的世界里”存在。

看见每一个独一无二的儿童，看见他们是谁，看见他们与环境的关系，看见他们的贡献和价值；看见每一个寻常时刻，看见在这些时刻里的学习者，看见正在发生的学习和这些时刻的意义。这不只是教师的专业要求，更是我们——包括教师在内的孩子身边的重要成人，希望孩子在我们的世界里——物理世界和意识世界——存在！

让我们从成都市温江区海科幼儿园(以下简称“海科幼儿园”)园长和老师们看见的许多个“1”中，共同体会老师们看见了哪些“1”？为什么要看见“1”？为什么让每“1”个孩子知道他们被看见很重要？

2019 年 5 月 5 日，吴金桃园长看见了独一无二的昊昊，一个正在插花的“美的使者”，她用照片和文字把这个美好时刻记录了下来，并赋予了它价值。

Magic Moment

十画视角
看见儿童学习之美
的使者

JANE

班级的老师给孩子们准备环境
每周两次插花活动
备水、修剪、观察、搭配
班级的摆花就完成了
你是美的欣赏者和创造者
引发审美力、观察力、创造力
海科幼儿园甜橙树班

插花是幼儿园课程中蒙氏工作的一项常规活动。吴园长说，每个班级里都会有一个托盘、一把剪刀、若干块海绵、一束花、一个透明的玻璃碗、一个壶等插花需要的材料。插花活动的一个目的是从修剪枝干、花茎开始，让孩子观察剪开以后的枝干、花茎纤维的结构，老师会提供一个放大镜，帮助孩子看清楚纤维的结构。孩子也会看到花插到水里以后枝干产生弯曲、变形的现象。把花插到花瓶里，孩子参与布置环境，给班里带来生机和美感。每个班的插花活动基本上都是这样的。

不过，从昊昊的老师们的记录中，我们可以看到，如果老师能够看见每“1”个儿童在与花、和插花相遇后建立的不同连接，产生的不同“化学反应”，而不只局限在完成蒙氏工作“插花活动”本身的目的要求的话，那么，对于每一个参与插花的儿童来说，看似每个班都进行的常规插花活动，其实并不那么常规，而是充满千般滋味和可能性的专属学习体验。

学习故事 1.1　我最爱的插花

作者：周春梅

日期：2019 年 5 月 22 日

你们在观察了前几次小朋友的插花活动后，今天熟练地完成了插花流程。

小心地将花放入盆中，你们非常细心，在拿花的时候很小心，能够在插花之前挑花，并且熟练使用剪刀修剪，将修剪好的花插入花盆中，还时刻不忘调整花的长度以及花的位置。

你们是美的欣赏者，你们也很会保护环境，插完花后，你们还会和老师一起打扫，最后把你们的花放到想要的位置上。

春梅老师看见了并肩插花的小哥俩，他们在前期观察的基础上，熟练又负责任地完成了插花作品的制作。在这里，我们可以看到，老师重视的“观察花茎”不是他们心中的目标，但这又何妨，设计、挑选花材，运用工具，创作和承担责任，这些对小哥俩来说不是有意义的学习吗？

学习故事 1.2　父亲节插花

作者：周春梅

日期：2019 年 6 月 12 日

萱萱说：“我觉得爸爸像向日葵，总是向着阳光，给我带来温暖。我觉得我的爸爸不喜欢粉色，所以我要用深一点的颜色。我觉得花篮是送给小女生的，爸爸应该有属于他自己的工具。”(于是，她找来了竹筒)

她找来了竹筒，我在一旁仔细观察，想要知道竹筒的作用。

她将竹筒下方用胶枪把花泥固定好，然后便开始在竹筒上插花。

多么特别的一次插花！

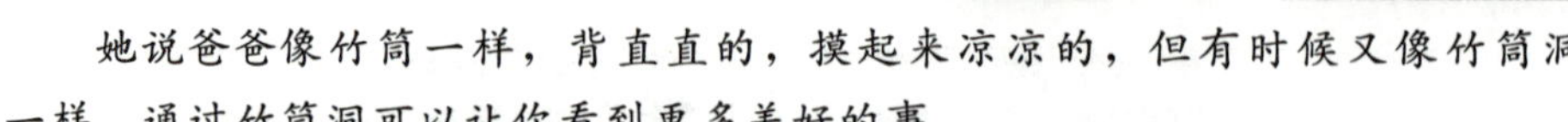

她说爸爸像竹筒一样，背直直的，摸起来凉凉的，但有时候又像竹筒洞一样，通过竹筒洞可以让你看到更多美好的事。

插花对于萱萱的意义，不只是艺术创作，还是与爸爸的情感连接和对爸爸的爱的表达。春梅老师的倾听和记录，让这次插花的价值不仅停留在学习工具的操作和材料的探索上，更饱含了浓浓的父女情！我好奇，当爸爸读到这个学习故事时，会有什么样的感受呢？

学习故事 1.3　我眼中的向日葵

作者：周春梅

日期：2019 年 9 月 26 日

户外写生中，孩子们惊喜地发现楼顶的好多菜都长高了。

你说：“我发现向日葵有的盘很大，有的盘很小。”

你拿起放大镜仔细观察向日葵。

你说：“哇！上面有好多蜜蜂在吃‘糖’。”你将观察到的向日葵秘密与旁边的洋洋分享。观察完向日葵后，你便在速写板上画上了你眼中的向日葵。

绘画完后，你在分享你眼中的向日葵的时候，介绍得特别详细，发现了好多藏在向日葵里的秘密：原来我们吃的瓜子就是向日葵的种子。

这个故事里没有插花，但是又和插花存在着某些联系：对花的亲近、欣赏和喜爱；对花的近距离观察；借助放大镜这一工具观察；表达分享……孩子在插花时获得的体验、情感、关系和知识技能储备，跨越了空间界限，并用来帮助他们认知新事物，这样的学习、这样的学习者值得被看见，被记录！

学习故事 1.4　我会创意包花

作者：周春梅

日期：2019 年 10 月 12 日

甜橙花坊开业啦！

你从家里带来了喜欢的满天星，在花坊里找来了白色的纸，熟练地使用剪刀，将纸裁成了一块一块的，围绕着满天星缠绕了一圈。你说：“包花就像做衣服，需要细心整理。”

一旁李老师走了过来，想要订一束花，你很快根据李老师的需求，用牛皮纸卷起来做了一个蛋卷筒，将花装进去，蛋卷筒花做好了。

我好爱你的创意，你设计的蛋卷花特别受欢迎，所以，我们的甜橙花坊人气很高，为你的创意点赞！

又是插花，但这次插花的意义不仅体现在蛋卷花的设计和熟练的包花技能上，还体现在家园的连接、社会交往方面，以及小女孩因为插花给他人和班级所做的贡献方面！满天星蛋卷筒花好美，小女孩更美！

学习故事 1.5　鹿之精灵

作者：周春梅

日期：2019 年 10 月 17 日

我问你们今日想插什么花？

你们找来了阳台上的松果鹿。

哥哥弟弟说要给小鹿穿衣服。

你们将花泥放到鹿的背上，在花泥上开始了创作。哥哥还告诉弟弟不要忘了给鹿戴围巾。

于是，你们给松果鹿的脖子上围满了小花。

最后弟弟用了两朵小花放在鹿的触角上。

你们告诉我："鹿活起来了！"

芃芃芮芮，你们给原来光秃秃的小鹿穿上了花衣服，让鹿变得有灵性，穿上衣服的小鹿真的活起来了！

双胞胎小男孩会和插花发生什么样的化学反应呢？他们有自己的想法和创意。"鹿活起来了！"孩子将花、鹿和生命就这样连接在了一起！在这个当时、当下，是否会用剪刀，是否了解花茎的纤维状态……重要吗？

学习故事 1.6　种子——五颜六色的喇叭花

作者：胡雪梅

日期：2019 年 11 月

插花时，你问，为什么玫瑰花有粉色、红色、白色，它们的种子是一样的吗？

小阳台上面的喇叭花有种子了，它们会开出不一样颜色的喇叭花吗？

你小心地把它们摘下来，包起来，说要拿回家种在家里的花盆里。

感谢胡老师看见并记录下孩子与花在不同时空相遇时对花种子的好奇，我被这些好奇迷住了！虽然胡老师没有写“下一步”的支持策略，但是我已经看到老师用行动回应孩子的学习了，如记录下这些好奇，不急着给答案，为孩子提供与好奇相处的机会，让孩子在和花、草、种子相处的过程中，保有这些好奇，并带着好奇继续观察。老师也支持孩子收藏种子，并与孩子一起期待：明年春天种下喇叭花种子后又会发生些什么呢？真的很好奇呢！

学习故事 1.7　穿上花草衣服——花草灯笼

作者：胡雪梅

日期：2019 年 12 月

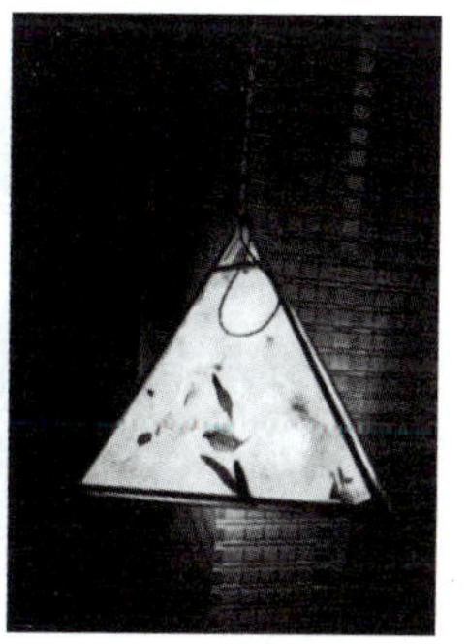

在废旧纸再造的过程中，你们用抄纸网把纸捞起来。

想到插花剩下的花，你们就把花瓣扯下来放在纸网上，给白色的纸穿上漂亮的衣服。

你们一起讨论花草纸可以做什么。

讨论后，你们说，我们来做一个花草纸灯笼吧。

于是，你剪我粘，合作完成了一个花草灯笼！

当花成了孩子生活中自然而然的一部分时，孩子与花之间的连接就变得多元、无限和美好。看见孩子与花的不同连接，支持并强化这样的连接，学习也就自然地被拓展和延伸。

学习故事1.1—1.7，记录了甜橙树班两位老师看见的许多个独一无二的、正在学习中的儿童。让我们再回到吴园长《美的使者》里的昊昊，半年后，他和花、插花之间又发生了什么样的学习呢？

学习故事1.8　小小花艺师

作者：周春梅

2019年11月20日

你听说可以为他人准备生日礼物。回家后，你便和妈妈商量，带来了尤加利叶和蔷薇花。

你说你要做一个花环，以及两条弯弯的船。你挑选要用的蔷薇花，放在尤加利叶上，认真摆弄着。

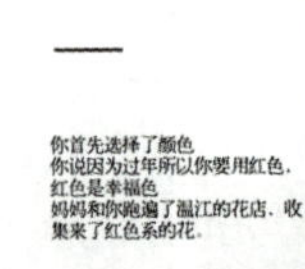

你进行简单的花材修剪后，便开始了创意插花，最后你邀请我一起粘贴。你将做好的花环戴在头上，害羞地看着我。最后你把其中一条做好的弯弯的船，送给了即将过生日的邱老师，还把另一条弯弯的船送给了妈妈。你从简单插花，到做创意花，已经越来越像花艺师了。

2020 年 1 月 8 日

期末的甜橙花展，你和妈妈都积极参与。这次你的插花与以往不同。

你首先选择了颜色，你说，因为过年，所以你要用红色，红色是幸福色。

妈妈和你跑遍了温江的花店，收集了很多红色系的花。

从修剪，到造型，你都独自完成。

最后，你的创意糖果花做好了。

一学期结束了，从开始的不熟练，到现在能独自完成插画作品，你已然成为了一名小小花艺师。

在这两个学习故事中，春梅老师的记录让我们看见了正在学习和成长中的花艺师昊昊。插花，对于昊昊而言，可能已经不只是一项蒙氏常规工作，而是可以用来表达祝福和让生活更美好的一部分，更赋予了他一个可能的新身份——花艺师。我很好奇，当昊昊长大后再读自己这些与花有关的故事，会有什么样的感受和自我认知呢？

读了孩子们和花相遇后发生的这些学习故事，你有什么感受？如果有人问，为什么要看见“1”，你会怎么说？

我想，孩子可能会说，因为我有能力、有自信，我是积极主动的学习者和沟通者！因为我希望被看见！因为我值得被看见……

老师可能会说，因为我相信你有能力、有自信，你们是积极主动的学习者和沟通者！因为我是想让你们存在我的世界里！因为每一个孩子都值得被看见……

家长可能会说，因为我想知道我的孩子在幼儿园里什么样！因为我想知道我的孩子在老师眼里什么样……

《指南》可能会说，因为“每个幼儿心里都有一颗美的种子”，值得被看见！因为“了解儿童是教育行为的前提”……

那你呢？

三、从“1”想到“许多”可能什么样？

作为教师，首先要看见每“1”个有能力、有自信、能积极主动学习和沟通

的儿童。其次还要看见发生在复杂学习活动中的许多个"1"，并从这些"1"出发，想到可能有助于促进儿童进一步学习的"许多"机会和可能，让学习可以跨越边界、拓展延伸、生生不息。那么，这样一个看见学习过程中的许多个"1"，并由此想到未来存在的"许多"可能在实践中会是什么样子的呢？广州市越秀区烟墩路幼儿园黄羽欣老师为三岁半的宝莹撰写的《妈妈肚子里藏宝宝》的故事，和它所引发的一系列学习，可以给我们带来一些启示。

学习故事 1.9　妈妈肚子里藏宝宝

作者：黄羽欣老师(广州市越秀区烟墩路幼儿园 小班)

日期：2017 年 3 月 28 日

你用粉笔在地上画了一只巨大的虫子，你说它是蟑螂医生，蟑螂医生的肚子大大的，因为她的肚子里藏了宝宝。我一看，蟑螂妈妈的肚子里真的有一只小虫虫呢。你又在蟑螂妈妈旁边画了两只虫子，告诉我蟑螂妈妈现在生宝宝了。

我问你："蟑螂妈妈是怎样生宝宝的？"你说："宝宝在妈妈肚子里长大了，妈妈就会从屁股那里，咕咚一下生一个、咕咚一下生一个。"我说："生出来的蟑螂宝宝长什么样？"你指着眼睛说："宝宝有大大的眼睛，大大的肚子，跟她妈妈一样！"我问你是不是见过蟑螂妈妈生宝宝，你说没有，但家里有个蝴蝶玩具会生宝宝。哈哈，我想你的蝴蝶玩具一定很有趣。我问你："蟑螂妈妈是怎么把宝宝藏到肚子里的呢？"你想了想说："是蟑螂妈妈自己放进去的！"我问你怎么放，你扬起眉毛说："肯定是从嘴巴吞进去的。"

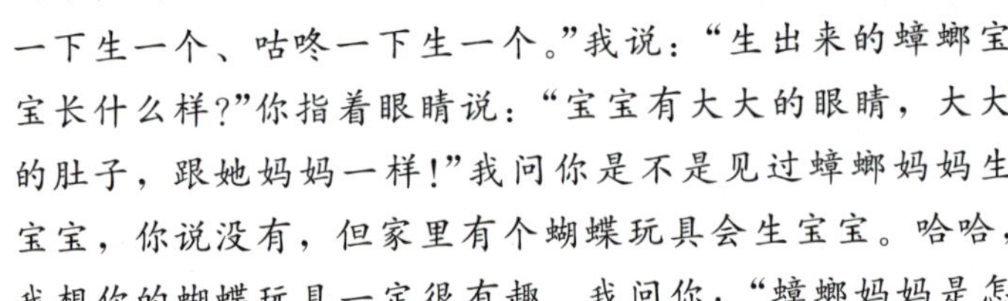

<u>什么样的学习可能正在发生？</u>

春天来了，你总爱在幼儿园的角落里寻找小动物的身影，你爱观察它们，还常常提出有趣的问题，你有强烈的好奇心，想象力丰富，我特别喜欢你对蟑螂妈妈生宝宝的解释，我想你正在探索一个奇妙的问题——生命是怎么产生和形成的。太棒了！

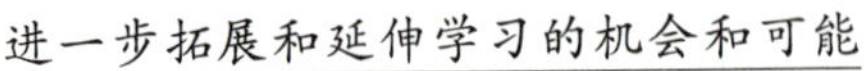

<u>进一步拓展和延伸学习的机会和可能</u>

如果在图书角提供一些有关身体、动物生长的故事图片和绘本，每天有足

够的户外自由观察时间，我想能使你有新的发现，并能帮助你保持探究的兴趣。下周我将邀请一位神秘的客人来做客(悄悄告诉妈妈，这位客人怀孕37周了，这个小秘密，妈妈先别告诉宝莹！嘘!)或许，她的到来，能帮你解开妈妈肚子里藏宝宝的秘密。

在《妈妈肚子里藏宝宝》这个学习故事的注意部分，在黄老师与宝莹的对话中，黄老师好奇的和看见的是哪些与宝莹有关的“1”呢？

- 一次创作：看见宝莹在用粉笔画蟑螂妈妈和宝宝们。
- 一个正在发展的理论：用语言表述蟑螂妈妈怎么生宝宝。
- 一些可能的知识经验储备：家里有个蝴蝶玩具会生宝宝。

在《妈妈肚子里藏宝宝》这个学习故事的识别部分——“什么样的学习可能正在发生”，黄老师由看见的“1”想到了其他哪些可能与这个学习故事有关的许多“1”呢？

- 一份动机：爱观察小动物，爱提问，有强烈的好奇心。
- 一种关系：总爱在幼儿园的角落里寻找小动物的身影。
- 一些能力：想象力丰富，能解释蟑螂妈妈生宝宝。
- 一个正在探索的奇妙问题：生命是怎么产生和形成的。

在《妈妈肚子里藏宝宝》这个学习故事的回应部分——“进一步拓展和延伸学习的机会和可能”，黄老师想到了哪些“许多”与之前看见的那些“1”相关的新可能？

- 提供新信息的可能：图书区关于身体、动物生长的绘本和图片。
- 激发新发现、保持探究的可能：每天保证足够的户外观察时间。
- 丰富新体验的可能：邀请孕妇妈妈来班里做客。

黄老师在对宝莹的注意、识别和回应中，好奇、看见和想到从过去到未来，从家里到幼儿园，有可能正在支持宝莹持续对小动物、对生宝宝、对生命起源等探究的许多个“1”和由此带来的“许多”可能。事实上，《妈妈肚子里藏宝宝》的后续学习故事非常温暖。当还有20天就要生宝宝的子涵妈妈来班里做客时，宝莹把手搭在子涵妈妈肚子上“给宝宝打电话”，还和小朋友们一起猜想宝宝在妈妈肚子里干什么。

之后，在黄老师的建议下，宝莹和其他小朋友与各自的爸爸妈妈一起讨论了自己是怎么来的，并和爸爸妈妈一起制作了手抄报，记录和呈现自己的成长。

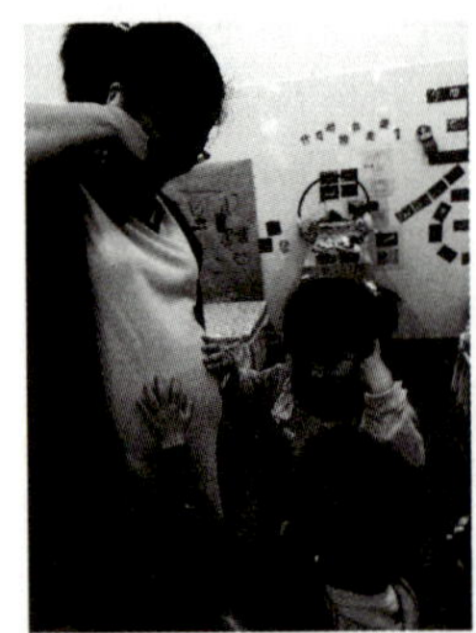

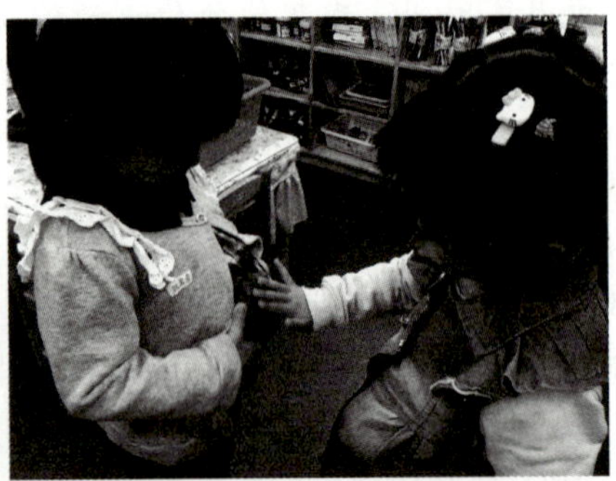

子涵妈妈肚子里的这个宝宝成了全班小朋友的妹妹。她出生后，大家给她起了小名“哒哒”，还隆重地欢迎刚满月的哒哒来造访幼儿园，并在哒哒两个月大的时候，大家抱着她一起登上舞台表演节目。

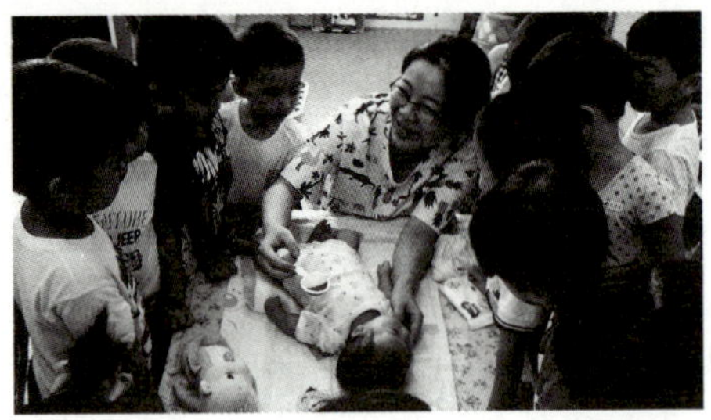

黄老师在学习故事《哒哒第一次造访幼儿园》的最后写道：

“亲爱的小哒哒，当你还藏在妈妈肚子里的时候，你早就成为小(一)班大家庭的一员了。对哥哥姐姐来说，从期盼你的出生，到见证你从小婴儿一天天长大，这个过程非常奇妙。今天，你 50 天了，小小的你第一次造访幼儿园，这里有爱你的子涵哥哥，还有对你呵护备至的哥哥姐姐，大家都恨不得像宝贝一样把你捧在手心，你感受到这份浓浓的爱了吗？看到你和哥哥姐姐对视的眼神，看到你们亲密无间的温馨画面，我想，你一定感受到了，大家都好幸福啊！谢谢你的到来，谢谢你带来的欢乐，欢迎你常来幼儿园、常来小(一)班！”

黄老师在《妈妈肚子里藏宝宝》里看到的“1”和想到的“许多”，是一段学习旅程的开始。在这个学习过程中，黄老师以“儿童为本”，持续践行着《指南》引导的科学学习，即激发探究兴趣，体验探究过程，发展初步的探究能力。成人要善于发现和保护幼儿的好奇心，充分利用自然和实际生活机会……帮助幼儿不断积累经验，并运用新的学习活动，形成受益终身的学习态度和能力。最重要的是，这样的学习是在黄老师、孩子、家长持续的对话、倾听和呼应中共同建构的，是基于儿童，以及儿童与周围世界的关系来发生和发展的，它的意义不只是科学探究，更是爱的多元连接和感知生命奇妙、成长的力量。

读了黄老师写的《妈妈肚子里藏宝宝》之后，你觉得和孩子在一起时，从“1”想到“许多”可能是什么样子的呢？

我想，孩子可能会说，请对我好奇！请跟我对话！请倾听我的心声！请看见我的很多个“1”！

老师可能会说，我好奇你在做什么？你在说什么？你在想什么？你为什么这么说、这么做、这么想？我好奇如果……还会怎么样呢？

家长可能会说，我想知道我的孩子在幼儿园里做什么、说什么、想什么？我想知道我可以为孩子提供哪些新的机会和可能？

《指南》会说，请珍视游戏和生活的独特价值，创设丰富的教育环境，合理安排一日生活，最大限度地支持和满足幼儿通过直接感知、实际操作和亲身体验获取经验的需要。

你可能会说什么呢？

四、“1和许多”与儿童的学习和发展有什么关系？

不同的儿童观，影响着成人眼里的儿童形象，从而影响着成人与儿童的互动、关系和相处模式。对学习的不同认知，影响着教师的教学实践。如果教师认为学习是一个按部就班、线性发展的过程，那么教学实践可能就会围绕预先设定的一步一个台阶的路径进行，而不是按照儿童的兴趣和好奇；如果教师认为一些特定的、先验性的知识和技能是非常重要的学习内容，那么教学实践中可能就会重视某些碎片化知识、技能的教授和学习，而非儿童在与周围世界交

互关系中发生的联结性认知；如果教师认为学习是教师教本领、儿童学本领的过程，那么教学实践就有可能变得更加重视教师的权威，而非赋权儿童，等等。

那么，《美的使者》系列学习故事和《妈妈肚子里藏宝宝》中所呈现的学习是什么样的学习呢？《深度学习：走向核心素养》一书对深度学习的五个特征进行了描述。[①] 这些特征和这几个学习故事中的学习有联系吗？

➤ 联想与结构：即经验与知识的相互转化，提出要将学习、教学与学习者的已有经验相连接，在联想过程中唤醒或改造以往经验，将这些经验融入当下学习并得以提升和结构化。——玛格丽特·卡尔对此也有相关表述，即希望老师看见的儿童“是背着装满了知识、经验和心智倾向的虚拟书包”[②]，并从中拿出东西，与我们的教学建立连接。黄羽欣老师与宝莹有关“蟑螂怎么生宝宝”的对话和“识别”中看到的好几个“1”，就是这样一个联想过程，黄老师试着唤醒宝莹的已有经验，从中提取信息，为后续的一系列教学实践提供许多灵感和方向，让儿童对“生命起源”的探究在教师、儿童和家长持续呼应中得以提升和结构化。

➤ 活动与体验：即学习者的学习机制，关乎深度学习的运行机制，重视学习者参与学习的内心体验，以及让这些体验得以生发的社会活动。——《美的使者》系列学习故事，就让我们看到了老师重视组织常规的“插花”活动，但更重视每“1”个孩子参与这个活动时的主体位置，以及各自发挥的主体能动力，让儿童在亲身经历中、在沟通合作中，用自己的身体、头脑和心灵，以全部的思想和精神去感受和体验学习活动的丰富复杂、细微精深，真切地去体验伴随活动而来的痛苦或欣喜的感觉经历。

➤ 本质与变式：即学习者对学习对象进行深度加工，通过一系列的思维过程，如质疑、探究、归纳、演绎或情境体验等，学习者加工信息、发现事物本质的过程。——“Te Whāriki”重视儿童正在发展的理论，如宝莹借助家里那个“会生宝宝的蝴蝶玩具”帮助她解释和建构“蟑螂妈妈生宝宝”的理论，到黄老师邀请孕妈妈进班，再到建议爸爸妈妈和宝莹讨论自己从哪里来，提供“许多”机会帮助儿童探究“生命起源”这“1”个话题。我想，对宝莹来说，这只是她探究的开始，随着时间的推移，在老师和身边成人的鼓励与支持下，她会建构和发展出越来越复杂和有用的理论，包括与自己有关的，以及与出现在她生活中

① 刘月霞、郭华：《深度学习：走向核心素养（理论普及读本）》，45～62 页，北京，教育科学出版社，2018。

② [新西兰]玛格丽特·卡尔、温迪·李：《学习故事与早期教育：建构学习者的形象》，75 页，北京，教育科学出版社，2015。

的他人、不同的地方和事物有关的理论。

➤ 迁移与应用：与“本质与变式”有着内在关联，迁移是经验的扩展与提升，应用是将内化的知识外显化、操作化的过程，也是将间接经验直接化，将符号转为实体，从抽象到具体的过程，是知识活化的标志，也是学生学习成果的体现。——在《妈妈肚子里藏宝宝》中我们可以看到这种迁移和应用，《美的使者》——《小小花艺师》中的昊昊，让我们看到了昊昊对花、插花、春节以及设计的认知和理解进行了迁移和应用。

➤ 价值与评价：即人成长的隐性要素，将教学的“价值与评价”自觉化、明晰化，重视学习者对学习过程的觉察。——学习故事，是一种形成性评价。海科幼儿园的老师们以及广州的黄老师在学习故事中分享自己对学习过程的觉察，赋予学习价值，传递与儿童、与学习、与成长有关的价值观。同时，他们也在分享和再读学习故事的过程中，邀请儿童、家长参与对学习过程的回顾、讨论和反思。

用深度学习的特征来解读《美的使者》系列学习故事和《妈妈肚子里藏宝宝》，让我看到，别看孩子们年纪小，深度学习却自然而然地在发生。虽然这些学习发生在不同地域的幼儿园和班级里，学习内容也不同，但是孩子们所呈现的学习状态和历程却是相似的。每个孩子都在通过自己特有的方式与周围环境互动，主动地探索周围的社会环境、自然环境和物质环境。[①] 孩子们的学习，既发生在“水面上”，即可以被看见的学习行为，某些领域知识和技能，某些学习策略的习得以及运用等——如插花、剪花、语言表达、使用工具、设计、绘画等；又发生在“水面下”，即不易被看见的一整套影响学习者识别、选择、编辑、回应、抵制、寻找和建构各种学习机会的机制——如对花的欣赏、对爸爸的爱、对大自然的好奇等，是学习意向，是对场合的敏感和能力的结合。教师在教学过程中，重视儿童已有经验，重视主体能动力和学习体验，重视在思维过程中探究的本质，重视学习的迁移和应用，也重视评价的隐性作用。于是，我们看到孩子们“准备好、很愿意、有能力”主动参与学习的过程，而这样的学习过程是复杂的、多元的、情境性的，又是文化性的，它与学习者的主体能动力和自我认知，学习者与周围世界的关系，以及他们已有知识技能的储备密切相关。[②] 教师基于这样的学习观促进儿童学习和发展的起点，就是发现儿童参与学习过程——即“准备好、很愿意、有能力”这三个维度的——许

① 李季湄、冯晓霞：《〈3—6 岁儿童学习与发展指南〉解读》，23 页，北京，人民教育出版社，2013。

② ［新西兰］玛格丽特·卡尔：《另一种评价：学习故事》，1～21 页，北京，教育科学出版社，2016。

多个“1”，以帮助我们理解和了解每一个儿童的学习和体验，并由此生发出“许多”的学习机会和可能。

那么，“1和许多”与儿童的学习和发展可能存在什么样的关系呢？

我可能会说，它们之间的关系，就是教师借助学习故事的理念和实践，努力看见许多个与儿童有关的“1”，思考“1”可能带来的“许多”，并在“许多”中看见每个独“1”无二的儿童。教师在与儿童对话、倾听的基础上，共同建构和发展基于儿童和关系的生成呼应式课程，让“1”和“许多”得以促进儿童螺旋上升的学习，并支持儿童用越来越复杂的方式获得知识技能和心智倾向。在以后的各章中，我们将借助各地老师们撰写的学习故事和课程实例，深入探讨如何在实践中从“1”开始促进儿童的学习和发展，体会为了促进儿童学习而评价对儿童与教师的意义和价值。

五、给读者的小练习

你在《约汉的鼻涕》这个故事中，看到了哪些“1”？想到了哪些“许多”？这个故事如果发生在你们班，你会如何看待这些“1”和“许多”？你有什么话想对肖方方老师和孩子们说的吗？

学习故事 1.10　约汉的鼻涕

作者：肖方方（杭州市西湖区文一街幼儿园　小班）

日期：2018年11月

厕所门口，五个小脑袋凑在一起蹲着在看什么东西。

老师很好奇，于是悄悄地凑过去蹲在旁边，只听大家七嘴八舌地说着，然后悦悦用手指着地板上一小块深色的地方告诉我：“鼻涕就在这儿。”

1. 鼻涕去哪儿了？

怎么回事呢？原来，大陈老师在洗手间看到约汉的鼻子上挂了两条“鼻涕虫”，正在她去拿餐巾纸的空当儿，一回头两条“鼻涕虫”不见了。

2. 寻找消失的鼻涕

“咦，鼻涕呢？怎么不见了？”大陈老师问，“你不会把它吃了吧？”约汉摇摇头。那奇怪了，大陈老师正疑惑，旁边的悦悦和亮子开始帮忙寻找鼻涕。两个人的寻找吸引了更多小朋友的加入，大家围在一起，蹲着看约汉的鼻涕：“为什么鼻涕会掉下来呢?”悦悦说：“因为鼻子是鼻涕的家啊，它在里面住久了就想出来看看呀，哈哈。”

嘟嘟说：“鼻子的家还有鼻血呢，我上次还流过鼻血呢!”亮子说：“是啊，鼻子家里还住着鼻屎呢。约汉的鼻涕不会是坐着降落伞下来的吧?”大家都哈哈大笑起来，悦悦对亮子说：“这是我们的战利品！我们要保护好它!”

3. 保卫“战利品”

过了一会儿，大家就遇到了麻烦：厕所门口总有人走进走出，万一踩到鼻涕了怎么办？于是，悦悦就演示跨大步：“我跨过去不就踩不到了嘛!”可是怎么让别人知道这儿有“战利品”呢？亮子索性搬了小椅子坐在厕所门口：“我提醒大家从边上走。”

又过了一会儿，他们发现不能一直待在这里。亮子去拿了一张餐巾纸：“我们可以用餐巾纸把鼻涕盖上，这样大家就不会踩到了。”后来发现还真的挺有用的，大家进出厕所都绕过纸巾走。

虽然鼻涕最后粘在纸上，跟餐巾纸一起去垃圾堆里冒险了，可是这个有趣的故事真的给大家带来了很多欢乐！

我看见：

你们能对周围的环境进行仔细观察和敏锐感受，你们对事物充满好奇，哪怕是一条小小的鼻涕也能激发你们的想象力和幽默感，你们用自己的经验建构起对鼻子的理解，并用“战利品”来形容自己对鼻涕的珍视，最后的保护行动也让老师看到了你们的智慧，你们发现问题之后解决问题，并且不断寻找更优的解决策略，必须送给你们一个大大的赞！

进一步的支持：

老师将这个学习故事写下来并讲给了全班的小朋友，大家听得很认真，听完哈哈大笑，觉得很有趣，这真的是一个很欢乐的故事！

自从讲完这个故事后，厕所门口那块地儿就成了网红地，大家会不时地蹲在那儿寻找约汉的鼻涕，鼻涕到底去哪里了？

这或许还会开启更多小朋友的好奇之旅。

后续的“许多”可能中，有一个大家想到了吗？那就是一位画画高手爸爸把《约汉的鼻涕》故事画成了绘本！这“1”本绘本，又会引发什么样的“许多”可能呢？

上篇

学习故事实例

SHANGPIAN
XUEXI GUSHI SHILI

慢脚兽

作者：十画

如果你遇见慢脚兽
你问了一声好
它不理不睬
不要怪它呀
它张开嘴巴
需要一天的时间呢
如果你遇见慢脚兽
不要伤害它呀
你如果逗得它哭
它的触角
会在一个星期以后
朝你发射密密麻麻的小泪珠
如果你遇见慢脚兽
一定要牵起它的手
跳舞转圈圈呀
这样的快乐足够它咀嚼一个月呢
如果你遇见慢脚兽
一定记得给它一颗糖
糖上印着一朵小花和三叶草
这甜蜜够它慢慢舔一年呐
如果你遇见慢脚兽
一定记得告诉它
我们一起慢慢走
然后花一辈子的时间
跟它说
我好喜欢你啊

学习故事，首先是一种学习评价体系，由明确的儿童观、学习观、发展观、课程观、评价观等价值观引领，通过注意、识别、回应、记录、回顾这样的评价实践，分析和解读儿童的学习过程，赋予学习事件以价值，为进一步促进儿童的学习提供信息、方向和线索，不是为了评判儿童知识技能习得情况和发展水平而评价。用学习故事理念和实践评价儿童的学习时，需要重视儿童视角，重视发现儿童正在发展的理论和有助于学习的心智倾向，并强调对儿童复杂学习过程——即儿童"准备好、很愿意、有能力"参与学习的过程——进行解读。这些既是重要的学习成果，又是驱动和影响儿童学习的重要因素。因而，学习故事所关心、关注和评价的学习成果，不只是单一的、碎片化的知识技能或策略，还是经过复杂、累积过程形成的融知识技能与环境的关系和动机意向于一体的预期学习成果，玛格丽特·卡尔用 4 个层次来描述她感兴趣的学习成果。①

表 2.1　经过复杂和累积过程形成的学习成果和实例

	学习成果的层次	实例
1	技能与知识	技能：会用剪刀、折纸。 知识：知道剪刀可以剪东西，知道纸的用途。
2	技能与知识＋意图＝策略(即为了达成一定目的而使用的一系列技能和知识)	会使用剪刀，知道剪刀可以剪东西＋制作窗花＝制作窗花的一种策略：用剪刀和纸剪窗花。
3	学习策略＋伙伴和社会性实践＋工具＝与当下情境相关的学习策略	用剪刀和纸剪窗花＋春节班里大家都在忙着装饰教室＋班里有各种剪刀、纸张和各种窗花图案欣赏＝装饰春节教室的一种策略：用剪刀自制春节窗花。
4	与当下情境相关的学习策略＋动机＝有助于学习的心智倾向	用剪刀自制春节窗花＋我喜欢大飞机＝准备好、很愿意、有能力剪了一个大飞机图案的春节窗花。

玛格丽特·卡尔从 4 个层次来分析复杂的教育过程。她认为，每一个层次都在前一层次的基础上加上另外一个要素。在最终的第四层次，她把学习描述成(学习者)准备好、很愿意并有能力在学习场和活动中参与(并改变它们)。这

① [新西兰]玛格丽特·卡尔：《另一种评价：学习故事》，5～12 页，北京，教育科学出版社，2016。

4 个层次形成了概念的层级体系，而不是发展水平的层级体系。我们在评价儿童的学习时，可以从这 4 个层次中的任意一层入手。然而，对第一层学习成果(技能与知识)的评价，并不适用于第四层(有助于学习的心智倾向)的学习成果。如果只是评价前面 3 个层次的学习成果的话，那么我们就是在用一种狭隘和毫无创造性的观点来理解儿童的学习。第四层的学习成果才应该是我们优先关注的。

玛格丽特·卡尔对学习成果的阐释，让我重新审视，在观察儿童、解读儿童过程中可以关注什么，即从以下 3 个维度看见与儿童有关的“许多”个“1”。

➤ 看见关于学习意向的“准备好”维度的“1”，即看见与儿童自身学习意向、内在动机有关的许多个可能的“1”——如好奇的东西，热衷的事物，心中的目标、意图、情感、自我身份认知……

➤ 看见关于学习情境、场域关系的“很愿意”维度的“1”，即看见儿童对环境的识别——如与周围人、事、物的关系……

➤ 看见关于已有知识技能储备的“有能力”维度的“1”，即参与学习实践所需要的知识和技能。

准备好、很愿意、有能力，这 3 个维度可能分别在前景和背景位置驱动或影响着儿童对学习活动的选择。那么，在行动中它们可能是什么样子的呢？第二章我们将重点探讨看见关于儿童学习意向和自我认知的“准备好”维度的许多个“1”。第三章聚焦的是关乎儿童与学习情境、场域关系的“很愿意”维度的“1”。关乎儿童知识技能储备的“有能力”维度我们将在第四章中来分析和探讨。

第二章　看见“准备好”维度的“1”

看见“准备好”维度的“1”，指向的是儿童内在的学习动机和自身的学习意向。它可能会受到儿童心中热爱和感兴趣的事物、儿童为自己设定的目标和意图、儿童的情绪和情感，以及对自己的认知（我能行）等因素的影响。

一、看见儿童心中的“1”份热爱

“当你对某件事情充满热情，你会想方设法让它发生——这是通往成功的灵丹妙药。”[①]在儿童的学习中，儿童心中的热爱，是促进他们学习的内在驱动力。

（一）看见那份持久的热爱

学习故事 2.1　小汽车系列

作者：杨懿暄（北京市通州区新城东里幼儿园　中班）
日期：2017 年 4 月—5 月

仔仔，你酷爱汽车，家中收藏了各种各样的汽车模型。每次玩具交换，你带的都是不同的汽车。仔仔，你也非常喜欢动手制作，美工区的剪刀、胶带都是你的好朋友。于是，当你发现美工区投放的废旧学具盒后，就动手把学具盒做成了小汽车，还连续多次进行了尝试。

---

① 出自著名企业家、演说家和作家金克拉 Zig Ziglar，原话为“When you have passion for something you find a way to make it happen—this is the panacea to success.”

2017 年 4 月 27 日　动物汽车

今天区域游戏时，你拿起了一个学具盒、两个卫生纸筒、一把剪刀和一卷双面胶，坐在了美工区。你拿着剪刀对准卫生纸筒大约三分之一的位置剪了下去。剪刀直接划了过去，没有剪开。你拿起剪刀又剪了下去，你皱起眉头，小手用力地攥着剪刀，还是剪不开。你反复了 5 次，扔下剪刀，看着纸筒，一下把纸筒拍扁了，压出了一个印。你又拿起剪刀剪了下去，这次你成功了！你剪下了一个圆环，又剪下了一个，反复多次后，你剪了两个纸筒，共 6 个圆环。同时，你还把圆环的边缘都修剪整齐。你在学具盒下面贴了两条双面胶，正在我疑惑的时候，你把圆环都贴在了上面，我惊喜地发现你做的好像是小汽车。你又拿起学具盒里的小动物贴在盒子里面，并露出了小脑袋，好像小动物在兜风，一下子就生动起来了！你还在盒子外面进行了装饰，真好看！

<u>什么样的学习可能在发生?</u>

在整个制作过程中，你非常有条理，能够一下拿齐自己需要的所有材料，知道自己要用什么，什么材料有什么用，还能按照顺序先剪车轮再做装饰。你的动手能力很强，剪刀的使用能力有了很大的提高，你还能修剪整齐没有毛边。你在轮胎制作过程中反复失败了 5 次，但是依然坚持了下来。你能大胆探索新方法，在没有人引导的情况下，你能把圆圆的纸筒压扁剪开，真聪明！你做事情认真专注，整个制作过程都很细致，也没有分心看别的小朋友。

<u>进一步促进学习的机会和可能</u>

我想把你的作品分享给其他小朋友，请你给小朋友们讲一讲你的制作方法。我还想请你看一看汽车的图片，自己分析自己的小汽车哪里还能改进，哪里还能变得更漂亮。我还想把你的作品投放到区域里，让小朋友们用来讲故事、做游戏。

对汽车的热爱，对手工制作的兴趣(准备好)，让仔仔在看到美工区有适宜的材料——废旧学具盒时产生了新灵感(很愿意)，把对汽车的热爱，拓展到“制作小汽车”(为自己设定的新目标)，并运用已有知识技能实现自己心中的目标，设计和制作了自己的第一辆“动物汽车”(有能力)，同时也发现了新方法和策略，发展了新技能。这样的热爱和兴趣，也在持续推动仔仔的学习和探索。

2017 年 4 月 28 日　橙色轮胎

今天你又来制作小汽车了，我很好奇你的小汽车会有什么样的变化。只见你用剪刀剪开卫生纸筒当作车轮，这一次你一下子就用了上次新发明的压扁、剪开的方法，非常迅速。剪开后你又认真地修剪了轮胎边缘的毛刺。只见你拿

来了橙色荧光笔，一笔一笔地为轮胎涂色，颜色均匀。你涂好一个就粘上一个，就这样你一直粘好了六个轮胎，每一个轮胎都完全变成了橙色，没有一点留白。轮胎做好了，你用手摸了摸轮胎上面，看看手上，没有颜色，你就翻过来在里面继续装饰小动物。

什么样的学习正在发生？

这次你的小汽车有了大变化，所有的轮胎都变成了橙色，没有一点留白，你是那么认真，让小轮胎颜色均匀。你一下子就用上了上次剪纸筒的方法，说明你已经记住了你探索到的好方法，不需要再花费时间重新研究了。你剪开纸筒后会马上把毛边剪掉，这已经成了你的好习惯，能让你的小轮胎更加漂亮。你大胆创新，在原有的基础上添加了其他颜色，你没有模仿生活中轮胎的黑色，而是变成了你喜欢的橙色。你用手摸了摸轮胎上面，又看了看手，发现手上没有颜色才翻了过来，你真细心呀，还能够注意到小细节。

进一步促进学习的机会和可能

我想请你当小老师给小朋友们讲一讲你的作品，还想请小朋友们参观比较你的两辆小汽车有什么不同，请小朋友们一起出主意，看看还能有什么创新。如果请小朋友们一起挖掘家里可以制作小汽车的废旧材料，带到美工区一起进行废旧材料的创新制作，你觉得怎么样？我也想请你回家看一看你收藏的那些汽车模型，看看哪辆汽车可能会给你的制作带来新的灵感。

仔仔对汽车的持续热爱，驱使他连续两天选择制作汽车。在这个学习故事里，杨老师不仅看到了仔仔对汽车的热爱，还关注到了仔仔对轮胎的重视——使用心爱的颜色，认真涂色，修剪轮胎边缘，以及他正在强化和发展的技能。杨老师也试着进一步建立与仔仔在幼儿园外的生活连接——收藏家里的汽车模型；与仔仔回顾和分享自己的作品，与其他小朋友的想法建立连接；也在思考如何建立与更多有助于汽车制作的材料之间的连接，由此激发更多的学习机会和可能。

2017 年 5 月 24 日药盒汽车

小朋友们带来了很多药盒、瓶盖、彩球、粗吸管等废旧材料。你在美工区浏览了所有材料，最后拿起了两个大小不同的药盒，挑选了 4 个颜色、大小都相同的药瓶盖子，并且准备好了双面胶。你熟练地在大药盒的顶部贴上了双面胶，撕开白纸把另一个小药盒粘在了上面。好像有点歪，你用力拿下上面的药盒摆在正中央。你满意地翻过药盒，用双面胶和盖子贴四个车轮。药瓶盖子太薄了，你贴上去一用力就倒了，反复几次你终于贴好了一个盖子，可是贴下一个的时候第一个又倒了。你皱起眉头，走到材料筐前继续寻找。你找了一个一样的盖子放在第一个瓶盖的背面一起贴好，这样瓶盖就变宽了，你按了按稳固多了。于是你又找来了三个一样的盖子把他们两两一起贴好了，这样把小汽车翻过来，车轮也不会倒了。

<u>什么样的学习可能在发生?</u>

你发现了美工区新投放的废旧材料，并且对它们分类挑选，你选择了自己制作需要的材料。你做事认真细致，上面的药盒歪了你会把它摆正，努力让自己的作品更好。盖子倒了的时候你没有放弃，而是坚持多次把它贴好。发现车轮不稳固的时候你努力想办法解决问题，大胆尝试，用自己的智慧解决了这个难题。你大胆创新，用新的材料做了一个两层四轮的小汽车，比以前更像小汽车了。

<u>进一步促进学习的机会和可能</u>

我觉得你制作车轮的方法特别棒，很想请你把这个方法分享给小朋友们。我好奇，如果把这个药盒小汽车用多种方式进行一番装饰，你会怎么装饰呢？下一次，你还会制作出什么样的车呢？好期待呀！

第一年参加工作的杨老师为仔仔撰写的《小汽车系列》学习故事，让我们看到了孩子心中的那份热爱对学习的激发和促进作用。杨老师对仔仔制作汽车过程的细致观察，让我们看到了有能力、有自信、积极主动学习的仔仔，也让我们看到了仔仔的兴趣，以及他投入制作的状态和遇到困难不放弃的精神。他用

自己的方式表达着对汽车的喜爱。

不过，仔仔的这几个学习故事也激发了我对仔仔更多的好奇：仔仔为什么会这么喜爱汽车呢？他在制作的时候，有没有说些什么呢？杨老师比较关注仔仔制作小车的过程和方法，那么，仔仔自己对制作小车会有什么样的描述和感想呢？做完小车之后，有没有因为小车，引发仔仔和小车之间、仔仔和小伙伴之间更多的互动呢？仔仔对小汽车的喜爱，除了激发他制作小汽车，还有没有激发他其他方面的游戏和学习呢？如果老师对儿童的这些“1”也有了解，又有可能带来哪些进一步学习的机会和可能呢？

(二)看见那份不易被看见的热爱

每个孩子都像仔仔那样，有自己喜爱的事情，关键是我们是否愿意、是否能够，看见每个孩子心中的那份热爱呢。有时候，孩子心中的那份热爱，不一定像仔仔“喜爱小汽车”那样容易被看见，如学习故事《送水壶的月月》中的月月。

学习故事 2.2　送水壶的月月

作者：张玲(成都市第十六幼儿园小班)

日期：2016 年 11 月

我们户外游戏时间到啦！孩子们纷纷拿着水壶喝水。月月，你也来到喝水的地方，这时你的举动让我备受感动。

我在一旁静静地看着，有的孩子忙着和其他小朋友聊天而忘喝水了，你慢慢地把水壶一个个送到小朋友的手上，在送水壶的过程中，从你的表情中我能感受到你很快乐。

你没有发出一点点声音，安静地忙着你的工作，似乎那是你最重要的事。只见你把水壶送到小朋友手上，小朋友对你说：“谢谢。”你转过头，微微一笑。

你又继续回到放水壶的地方看看谁还没有喝水。这时你发现有的小朋友在放水壶时没有盖壶盖子，你默默地把小朋友的水壶盖上盖子。我还发现你认识每一个小朋友的水壶，这样看来你平时对朋友的关注真是无微不至。直到所有的小朋友喝完水，你才停下来喝自己的水。我终于明白了为什么每次你都是最后才喝水的，原来你是在为其他的小朋友服务。谢谢你！

什么样的学习可能正在发生?

月月，你今天给小朋友送水壶的举动让我既骄傲又激动，温柔文静的你用行动告诉我你是怎样在关心朋友的。你真是一个善良和懂得关爱别人的人。今天，你为我们全班小朋友做了一个很好的榜样哦!

善良和关爱，我们都很喜欢它，也很喜欢你。无论在哪里，任何善良的举动都会得到欣赏。月月，我相信因为你我们班会有更多善良的行为出现。我也相信你走在哪里善良就会出现在哪里。

我的反思

教师需要珍视孩子们的点滴，换位思考，才有可能感受到像月月那样的强大内心，并为她创造条件，将她善良的行为和正能量传递给身边的所有人。我们教师要做的就是发现、保护以及继续传递孩子寻常行为中的真、善、美。

张玲老师说，月月在班级里年龄小、个头小、性格安静，但她总是默默地为他人做一些小事情：有的小朋友水壶没有盖盖子，她会一个人悄悄地去帮小朋友盖上；有小朋友忘记拿水壶她就帮忙递给朋友；水壶是谁的她都清楚。那么，是什么在驱动着月月，让她默默地、主动地做这些事情呢？张老师说，是月月对身边人的爱。她用“行动”这种语言，表达着自己的爱和关心。

二、看见儿童心中的“1”份兴趣

兴趣，有助于学习的心智倾向或学习品质，吸引人们投入工作、学习，兴趣可能源自渴望、好奇心和恐惧等情感，可能源自情境中有趣的人、事、物，也可能与个体在某个方面或某个领域高水平的知识技能储备和价值观相关。① 因此，看见兴趣，不仅需要看见孩子们对做什么、玩什么的兴趣，还需要看见孩子们在做、在玩时的想法、感受和情感，与周围世界的关系，以及知识技能的运用。

(一)看见由渴望激发的兴趣

学习故事 2.3 想方设法融入游戏的小米

作者：张玲(成都市第十六幼儿园　小班)

日期：2016 年 3 月 22 日

璇璇吃完早饭，又和几个小伙伴开始搭建帐篷了。她们比昨天更加娴熟，

① [新西兰]玛格丽特·卡尔：《另一种评价：学习故事》，53～55 页，北京，教育科学出版社，2016。

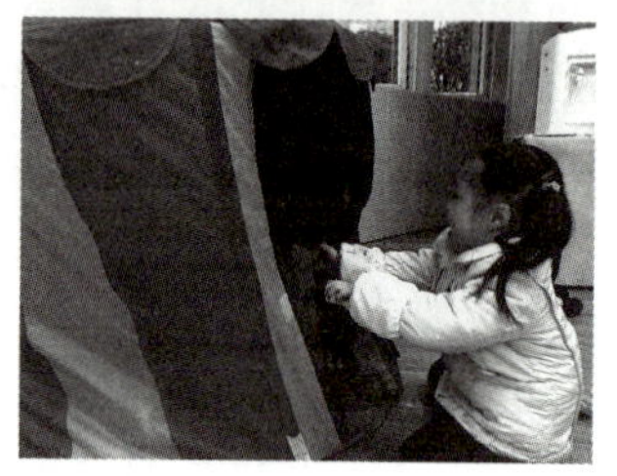

分工也更加明确，孩子们自己立的规则是参与搭建帐篷的小朋友才能进帐篷里面玩。看着小朋友在帐篷里玩，小米也很想进去，于是她说："外面下雨了，我可以进来吗?"小朋友拒绝了她，理由是她没有搭帐篷。

被拒绝的小米并没有因此感到沮丧，她马上调整自己的情绪说："太阳出来啦，太阳出来啦!"小米一直在帐篷外面望着里面游戏的小朋友，并没有放弃想要进去的意愿，她又接着对帐篷里的小朋友说："外面有怪物，我可以进来吗?"她再次被拒绝了。被拒绝后，小米又给帐篷里面的小朋友送吃的、玩具，可还是被拒绝。

但是小米并没有放弃，她用自己的方式融入了游戏，她在帐篷外面保护着帐篷里面的人，成了小朋友们的守护者。

在这里，我们看到了什么呢?

我被不放弃、想方设法想要融入帐篷游戏的小米的行为所感动。她不断地被同伴拒绝，但她不哭不闹，而是努力想办法实现自己的游戏愿望，当用尽全力都不能实现自己的游戏愿望时，她依然能够保持乐观的态度，并且能够转换一个思路(成为帐篷中幼儿的保护者)加入游戏，用自己的方式加入了璇璇她们的游戏。这让我看到了一个乐观向上、积极思考、越挫越勇、主动解决问题的学习者。

小米的渴望——渴望"进入帐篷"，激发了小米学习如何运用各种与当下情境相关的策略和方法来实现愿望；学习如何尊重规则，调整自己的游戏脚本——渴望"融入帐篷游戏"；学习如何在社会性交往中主动寻找适合自己和他人的位置。张老师看见了小米的渴望，选择相信和尊重她用自己的方式去面对"自己的渴望"与"约定的规则"之间的冲突，同时又在近旁默默关注着她，并在记录中赋予了这个学习过程价值。

(二)看见由好奇激发的兴趣

学习故事 2.4　线索

作者：张玲(成都市第十六幼儿园　小班)

日期：2017 年 4 月

户外活动快开始了，正打算请孩子们依次拿水壶的我，却发现有几个水壶掉到了地上。"为什么水壶会在地上呢?"我问。我的本意是想提醒孩子们慢慢

走路，不要碰到水壶。然而，孩子们却自动进入了破案模式。

诺一回答：“这里肯定有线索！”

“线索？什么是线索呢？”我被孩子蹦出来的新词“线索”吸引了。

硕硕：“线索是很重要的东西。”

想了一下，硕硕补充道：“线索就是小偷留下的脚印，我们跟着脚印走就可以发现小偷，张老师一定要注意，脚印转圈我们也要转圈，（脚印）直走，我们也要直走。我们看到狮子的脚印就是狮子，老虎的脚印就是老虎。”

老师：“那这里有线索吗？”

诺一：“有！”

老师：“那你们说一说线索在哪里？”

悠悠：“看，地上有脚印。”

老师：“谁的脚印，是它碰倒水壶的吗？”

硕硕：“嗯，肯定是老虎，这是老虎的脚印。”

硕硕：“肯定是老虎，我听到老虎的声音了。”

诺一：“不是，不是老虎，是大象，我听到大象的声音了。”

老师：“那水杯到底是谁碰倒的呢？”

硕硕：“老虎在前面，大象在后面。”

悠悠：“不对，是怪物。”

老师：“怪物怎么把水杯碰倒的呢？”

硕硕：“因为奥特曼打怪兽，把水杯不小心碰倒了。”

诺一：“是这样的，大家看桌子都是斜的。肯定是打怪兽时碰到桌子和椅子了。”

什么样的学习可能正在发生着？

孩子们，看着你们诉说想法时那认真的表情，我被深深地打动了。你们对“线索”有着自己的理论，感谢你们为“水壶事件”提供的线索，老师真喜欢你们的奇思妙想！你们清亮的眼睛里有一个奇妙的世界，你们用如此童趣的方式看待事物，这值得我学习。我是多么幸福能够和你们这群充满童趣，如天使般美好的孩子们在一起“工作”，我猜我一定会像你们一样富有想象力、一样有趣。

我的反思

孩子们的兴趣点在平时生活中随时会爆发，但我们不能为了影响正常的教育活动而放弃这么好的教育契机。发现和保护孩子的兴趣点、好奇心，充分利用现有的机会，抓住教育契机，让孩子们收获更多。他们童真、智慧、有强烈的学习愿望，他们身上仿佛隐藏着巨大的能量，随时准备给我惊喜！

"为什么水壶会在地上呢？"张老师不经意间的一个疑问，却吸引了孩子们的好奇心，也由此激发了老师对孩子们想法和理论的好奇。在互相激发中，孩子和老师的学习就这样自然而然地发生了。《线索》让我看到，如果老师变"陈述句"或"指令式"或"追责式"或直接指向"解决问题"的语言，为可能激发好奇的"疑问句"和"为什么"，会带来更多的意想不到。试想，如果当时张老师问的不是"为什么水壶会在地上呢"，而是"谁把水壶弄到地上了"，或是"谁来帮我们把地上的水壶捡起来"，情况又会是什么样的呢？

（三）看见由情感激发的兴趣

学习故事 2.5　给弟弟的信

作者：裘思源（杭州市西湖区文一街幼儿园　大班）
日期：2016 年 6 月

我要给弟弟写一封信

这天区域活动，你拿着穿线乐玩具安静地坐在椅子上独自游戏，我感到很奇怪：今天朵朵怎么不和小朋友一起玩呢？我走到你身边，你悄悄地在我耳边说："我要给弟弟写一封信。"用穿线乐玩具写信？这引起了我的兴趣。

一会儿工夫，你把穿线乐板举到我面前，一个信封图案出现在我面前："这就是我要写给弟弟的信！"

弟弟的婴儿车

说完，你快速地拆掉了板上的线，开始了新的创作，你到底想给弟弟写一封什么样的信呢？

你将第二幅图举到我面前叫我猜："是你的弟弟吗？"你笑眯眯地说："不对，这是我弟弟的婴儿车，我推着弟弟的婴儿车，在草地上玩！"哈哈，原来这是弟弟的婴儿车，老师觉得太好玩了！

和弟弟一起散步

没想到的是，你竟然又快速地拆掉了第二幅，继续创作。

“这次一个是朵朵，还有一个嘛，有点像小狗，我猜对了吗？”我很有自信地说。

“不对，这是我和弟弟。你说我在做什么呢？”“我猜你一定是推着弟弟的婴儿车！弟弟是躺着的。”我说。

“是呀，我推着弟弟在小区里散步！”你告诉我，“还有边上一条条的是太阳发出的光芒，暖暖的阳光照着我们，真舒服！”

手拉手幸福地生活下去

“我还有最后一幅，等我哟！”你笑着去创作。最后一幅是什么呢？我很期待。

“猜猜是什么？”“这是两个小人，小的是弟弟，大的是你，你们两个在……”还没等我说完，你一本正经地对我说：“这是我在告诉弟弟，我会和他一起，手拉手幸福地生活下去！”

不知道为什么，听完你的解读，我心里有一股暖流，这大概就是幸福的味道。

什么样的学习可能正在发生着？

◇ 现在的你，虽然还会“嫌弃”弟弟是只小懒猪只爱睡觉，也会说妈妈因为有了弟弟常常没时间给你讲故事，但从你的信中，老师看到了你对弟弟满满的爱，你想要和弟弟一起散步、给弟弟推婴儿车，看得出你的心里满满的都是他，在与弟弟的相处中，你一定也发现了弟弟的可爱，并有了满满的责任感，这不就是你爱弟弟的一种方式吗？

◇ 你的信这么特别，你只用一根线就在穿线板上变出了小人、婴儿车等，实在太有创意了！老师也相信你在接下来陪伴弟弟的日子里，还能用其他材料给弟弟写出更多的信。

◇ 虽然，随着弟弟的成长，生活中的你们还会有小矛盾、小摩擦，但是老师相信你一定有办法解决，你们一定会成为最亲密的姐弟！

后记

我把朵朵的"这封信"发到了 App 上。隔天，我就收到了朵妈的留言。她说："谢谢裘老师，我都看哭了呢！有了二宝后，我总觉得朵朵反而不懂事了，总爱黏着我，让我讲故事陪她玩。看了您记录的故事，原来朵朵心里都是小胖弟。仔细想想，其实现在的朵朵真的像个姐姐，她总是深情地看着小胖弟，跟他讲话，哭了哄他，弟弟看到姐姐，也是咿咿呀呀讲不停。我真的好开心！"

从妈妈的反馈中，我们可以体会到，对于小弟弟，对于自己突然拥有了"姐姐"这个身份，对于爸爸妈妈不能再像以前那样和自己在一起了，朵朵的情感和体验是复杂的，这种复杂的情感和体验，驱使她探索如何与弟弟相处，做"姐姐"意味着什么，以及与爸爸妈妈如何相处的问题。裘老师用学习故事记录朵朵的情感，让我们不仅看到朵朵在用自己的多元化"语言"——口头语言和穿线画——主动建立起她和弟弟之间的生活和情感连接，体会和建构着对"姐姐"这个身份的认知，也让妈妈重新认识了作为姐姐的朵朵的形象。我好奇的是，若干年后，当朵朵的弟弟长大一点，再读到这个故事里姐姐写给他的这封信，会有什么样的感受呢？

源自情感的学习兴趣，有时候也包括因悲伤或害怕等情感引发的学习。比如，当小蜗牛去世，伤心的孩子们学习如何面对死亡；当一只小蝴蝶突然停在自己的胸前，小女孩说："我好害怕，也好喜欢呀！"与此同时，她也体验着和小蝴蝶亲密接触的感受。看见这些源自情感的兴趣，并呼应孩子们的情感，有可能给孩子们带来"许多"对他们来说有意义的学习机会和可能。

（四）看见由环境中某些有趣特征激发的兴趣

学习故事 2.6　蓝色胶垫

作者：蔡颖（广州市越秀区东方红幼儿园　小班）

故事时间：2019 年 11 月 1 日

路路，自由活动时你发现"失物招领"的篮子里有一张蓝色胶垫，你过来告诉我，那是我们班的胶垫（很开心你用了"我们班"这个词，你对我们班有认同感，我们是一家人）。我远远看了一下，是蓝色的，但和班上的蓝色胶垫是不一样的蓝色。我说，其他班也有蓝色的胶垫，不一定是我们的，我们要去看一下才知道。

你走过去了，把胶垫拿下来，翻过背面，看了一下，说，不是我们班的。我问，你怎么知道呢？你说，上面没有星星（为了便于孩子们辨认胶垫，所以我们班的胶垫都是蓝色，而且都在背面写上了“小 A”字样，并画了一个“★”)。你把蓝色的胶垫放在地上，和自己的胶垫一对比，你说蓝色有点不一样，没有星星，肯定不是我们班的。

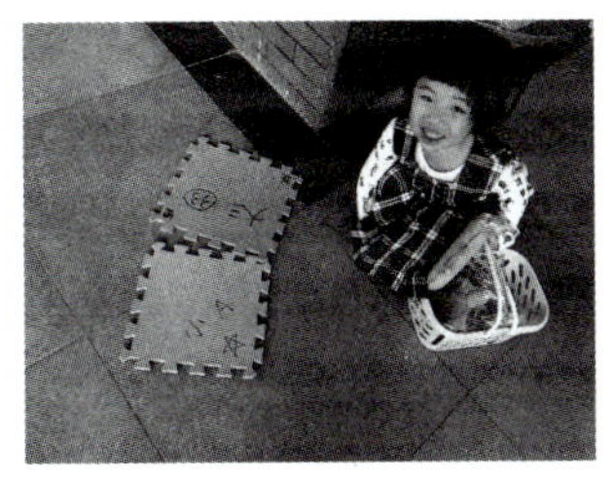

老师的话：

你很善于观察，你也很关心班上的物品，所以你发现了“失物招领”处的蓝色胶垫。你会分析你所掌握到的线索，从颜色到标记，判断胶垫到底是否属于我们班。你是个小小推理家，从发现线索(蓝色胶垫)—做出判断(我们班的胶垫)—检验判断(走过去看，检查标记)—得出结论(不是我们班的胶垫)，一步一步推理判断得出结论。

幼儿园“失物招领”处的一块蓝色地垫，引发了璐璐的关注和兴趣，并经过一番推理、判断，最后做出“肯定不是我们班的”地垫的结论。蔡颖老师撰写的学习故事，让我们看到，这个学习事件的价值，不仅是蓝色地垫引发的一系列推理过程，还是“水面下”小女孩内心对小(一)班的认同感、归属感和责任感。这也提醒我们，当我们看见孩子对外部情境中的一些特征感兴趣时，还需要继续看见是什么样的源自孩子个体内心的渴望、好奇或情感在激发着这样的兴趣。

源自情境中某些有趣的特征，不仅包括情境中的有趣物品，还可能包括情境中的有趣事件、活动或氛围。

学习故事 2.7　小小升旗手

作者：小逸爸爸(成都市温江区海科幼儿园)

时间：2019 年 10 月 1 日(祖国妈妈 70 岁生日)

地点：家里

今天是祖国母亲 70 岁的生日，全国人民一起给祖国妈妈过生日。电视里面正在举行升旗仪式，你不自觉地站了起来，眼睛注视着国旗，小声地唱起了国歌。

升旗仪式结束，你跑来坐到我的腿上问：“爸爸、爸爸，我也可以当升旗手吗?”

我微笑着回答：“当然可以！只要宝贝努力，没有什么是不可以的。那你有什么升旗的好主意吗?”

你突然离开我，跑进房间。没过一会儿，你从房间里面拿出一面小红旗，特自豪地告诉我：“看，这是我的五星红旗，这是妈妈前两天给我买的。”

我说："红旗是有了，但是没有旗杆怎么升旗呢？"

第一次，你从厨房里拿来了几根筷子。

我摇摇头："筷子实在太短了，而且也不好看，你再去找找还有别的材料吗？"

第二次，你不知道从哪里拿来了一根和我胳膊一般粗的木棍。你将木棍和小红旗放在一起，红旗显得那么小，木棍太粗了，而且也不好站立，你自己摇摇头说："哎！看起来好像不怎么好看，我还是再找找别的吧。"

第三次，你又拿来了拖把杆，虽然比木棒细一点，但是还是太粗了。

第四次，你拿来了以前玩坏了的风车杆，风车杆还好，就是有点短。

我说："我们这个风车杆挺好的，就是有一点短，我们需要长长的旗杆，所以还要一截与它粗细差不多的杆子。"你又找到一根风车杆，我们将两节中空的风车杆用一根细筷子插在接头内连接了起来，一根旗杆的雏形就完成了。

旗杆是弄好了，但是还差线。

你向妈妈要来了一根大概五十厘米长的毛线，一比，线比杆还要短。为了不让你失望，我将我自己在工作中使用的尼龙线剪了 2 米装到了旗杆上。

然后，我们在旗杆的顶部和底部分别装上线轴，固定卡圈，我又在旗杆的底部安装了一个重重的底座，还蛮像那么回事呢！最后我将红旗挂上，一切准备就绪。

当我以为已经全部完成的时候，你却对我说："爸爸，我们学校的旗杆不是这样的，我们旗杆顶上还有一个圆球，那样更好看。"

"那我们到底怎么弄呢？"当时的我也很好奇。

只见你去自己的玩具堆里，找来了一颗大点的黄色"子弹"，涂了一点胶水，黏在了旗杆的顶端，得意地对我说："爸爸，看吧，还是我弄得更漂亮！"

你叫我帮你扶住旗杆，妈妈帮你放了音乐，你摇身一变成了一个小小的升旗手。

宝贝，你知道吗？我发现你是一个有国家荣誉感的孩子，一个做事情特别认真的孩子，一个永不言弃、坚持自己初衷的孩子。在我们一起做旗杆的过程中，虽然遇到了一些困难，但是你没有放弃，一直坚持到最后。看着你升"国旗"时那份专注、那份喜悦，爸爸为你骄傲！

<u>后期支持：</u>

➢ 在学校体验升国旗；

➢ 学习走正步；

➢ 了解小逸的理想。

2019年10月1日，举国欢庆新中国成立70周年，国庆、升旗、阅兵等成了激发学习兴趣的情境中的有趣特征，也激发了小逸要当升旗手的愿望，并与爸爸一起为了实现这个愿望而努力。又一次，当情境中的有趣因素激发了儿童内在的渴望、好奇和情感时，学习就发生了。小逸爸爸不仅在识别和回应着“水面上”的学习——制作国旗和升旗，还看见和呼应了“水面下”的学习——爱祖国、体验和建构“升旗手”这一身份，也激发了爸爸对小逸理想的好奇，多好！

(五)看见由高水平知识技能储备激发的兴趣

学习故事2.8　妈妈，我自己可以的

作者：小文妈妈(林芝市第二幼儿园　小班)

时间：2019年9月26日

地点：家中洗漱间

妈妈的发现：

和往常一样，睡觉时间到了，你自觉地放下手中心爱的玩具，默默地走进卫生间，出于平日的习惯，我也立马紧跟在你身后，想去帮你倒水、拿毛巾、脱鞋……

结果刚走到卫生间门口，我却被你无情地拒绝了，你伸开胳膊堵住我，用坚定的小眼神看着我说：“妈妈，我自己可以的。”仿佛给我下了“命令”，我当时很疑惑但又窃喜，说：“那好吧，我在旁边和你一起洗漱，怎么样?”

征得你的同意后，我就和你同步洗漱，你从洗脸盆里拿起毛巾，洗洗眼、洗洗鼻、洗洗嘴、洗洗脖子，最后再擦擦小耳朵，动作很到位。你还自言自语地说：“妈妈看，我的小脸洗得真干净。”然后，你自己又主动拿起牙膏、牙刷，你拿着小杯子，有模有样地跟着我刷牙，咱们俩动作一样，上下、前后、左右，一遍遍仔细地刷干净，你嘴里还说：“妈妈晚上不能吃糖糖，要长虫虫哦!”刷完牙，你乖乖地把自己的小凳子拿过来，坐在上面脱鞋袜。虽然你脱了几次都没成功，还差点儿摔跤，但是你还是坚持自己动手，再次拒绝了我的帮助，经过几次尝试你终于成功脱下了鞋袜。然后开始洗脚，你学我用手搓搓脚背。洗完之后你不忘将自己和我的袜子一并洗掉，最后还把袜子弄得平平整整的晾晒好。我以为收拾好一切后你会离开去睡觉，结果令我出乎意料的是，你居然拿起刷厕所的刷子使劲地刷马桶，看到这里我被震撼到了，我很惊讶地问

你："儿子，马桶这么臭，你不觉得脏吗？"你回答说："再刷刷就干净了，妈妈你出去吧，很臭的。"虽然我不知道你内心是什么想法，也不知道你为什么会做出这些举动，但是你的这些行为让我感到骄傲和感动。

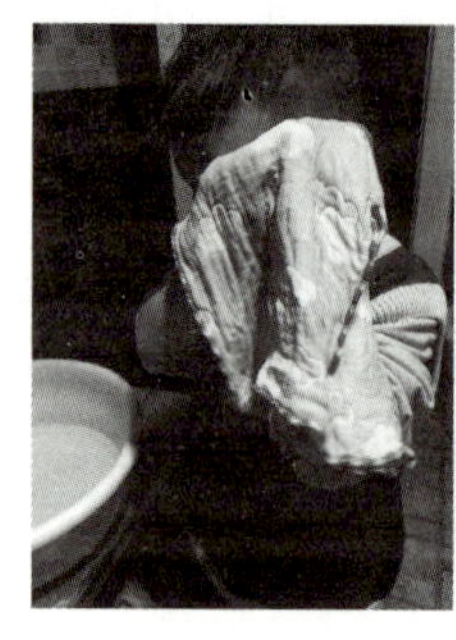

在这里什么样的学习可能发生了？

在自己洗脸、刷牙、洗脚、洗袜子、刷马桶的这整个过程中，妈妈看到了一个有独立意识和愿意主动承担家务的好孩子。在面对洗漱过程中的一些困难时，你没有接受妈妈的帮助，而是通过自己的努力，相信自己可以的，独立完成了这些事情！虽然看着你洗脸的时候水没有拧干，衣服也被打湿了，但是妈妈还是很惊喜，惊喜你在日常生活中学会自我管理，谢谢你让妈妈看到你为这个小家主动承担和付出的一份力量！

下一步学习的机会和可能

"我们不可能一辈子陪在孩子身边，他终究会长大，面对自己的人生。"对于这句话，我相信很多家长都不陌生。孩子从出生的那天起，就是一个逐渐走向独立的过程。我们应该在孩子小时候就鼓励和发展他的自主性、独立性，为孩子的成长插上双翅，这不是一蹴而就的事情，而是一个慢慢积累的过程，就像房子垒砖瓦一样，每一步都是为下一步做打算，慢慢地，孩子能够一天天独立起来，在修建"独立"这所房子时，孩子亲手垒建的砖瓦越多，就会感到越自信，独立源于自信。

在妈妈眼里，孩子洗脸、刷牙的技术水平可能并不高，但在孩子自己心中，他们认为："我已经准备好了！""我是可以的！""这些我都知道，我都会！"在这里，能激发学习兴趣的"高水平知识技能储备"，不是成人心中的"高水平"，而是孩子心中的自我认知，那份"我能、我可以"！正如小文妈妈在学习故事最后所写的："独立源于自信。"有了这份自信和自我认知，才有可能激励孩子有勇气参与更多的学习活动，知识技能储备也才有可能越来越丰富，其水平也越来越高。

有时候，高水平知识技能储备还可能体现在儿童对周围世界中的现象和事物的熟悉和了解程度，教师要激发他们在游戏中对这些认知的深度加工，为他们带来新的学习机会和可能。

学习故事 2.9　夏天的“雪”

作者：白玛普赤（林芝市第二幼儿园　中班）

时间：2019 年 6 月 12 日

区域活动时，米玛次仁激动地跑来叫我：“普赤老师，快来看！下雪啦！”米玛次仁拉着我来到益智区，我一看，满地的泡沫，曲杰正开心地用木棍制造“雪”，他拿着木棍像切菜一样不停地切、捣泡沫盒，时不时还用手去抠，泡沫盒子由原来完整的正方体变得越来越不规则，“雪花”也越来越多。当泡沫盒子完全改变了形态，变成零碎的小雪花后，你们开始玩雪：你们抓起雪花用嘴去吹，看雪花飘落地上；你们变换着姿势，由趴着到跪着、到蹲着、到站着，你们尝试不同的高度，看雪花飘落；有时抓一点点，有时又把所有的雪花聚拢成一小堆，抓起一大把然后扔向半空，桑旦次仁嘴里还喊着，下雪喽！下雪喽！沉浸在快乐中的你们都不知道时间是怎么过去的。

在区域分享时，你们热情地邀请小朋友到你们制作雪花的地方看你们制造的“雪”，小伙伴们争先恐后地挤在周围，用惊讶的表情看着你们，有的已经忍不住伸手摸地上的“雪”，你们还像小主人一样提醒：“不要把雪花洒出来，雪花只住在我们这个区域里。”

区域结束后，你们把身上的“雪花”拍落，然后坐下来再把脚上粘的“雪花”拍落，还不忘互相拍掉头上的“雪花”，当你们发现走廊里有散落的“雪花”时，你们又把散落的“雪花”一点点地抓进手里放进垃圾桶里。

在这里什么样的学习可能发生了？

亲爱的孩子们，我很庆幸能分享你们的快乐。当我看到场面一团脏乱的时候，我的第一反应是很想马上让你们停下来，并让你们当时就整理干净，但是，我很快就打消了这个念头。我想，我应该静下心来，认真地、用心地感受你们探索雪花的快乐。

在这个过程中，老师看到了你们对雪的喜爱和好奇，你们愿意用身边的材料来模拟制造心里想象的雪，你们试着用木棍把一个简单的泡沫盒通过切、捣

等不同的方法制造出“雪花”，还从不同的高度去探索“雪花”的飘落时间、角度，并发现了“雪花”数量不同也会使“雪花”飘落的形态发生变化的规律。孩子们，你们的想象力和创造力真是出乎成人的意料，你们能够利用身边常见的材料制造出许多不一样的惊喜，对材料可以说是拿来就用，甚至不受物体形态的约束，可以根据自己的想象变化不同的形态，并重新赋予再造物体不同的意义，你们根据物体的特点和颜色重新对其定义和命名，你们可以把正方体变成小颗粒状，并加以利用变成新的游戏。看到你们认真专注、积极探索的样子，老师在心里为你们默默地竖起了大拇指！老师会默默地欣赏、真实地感受你们探索的快乐，我想我的默默支持也能帮助你们得到心理上的满足。

下一步学习的机会和可能：

看到你们对雪花的喜爱，我们下一次是不是还可以试着用不同的材料去制造雪花呢？老师期待你们下一次的奇思妙想。

从林芝市第二幼儿园教室的窗户向外望去，就能看见远处的雪山和山顶的积雪。雪域高原的孩子们对雪并不陌生，他们对雪的认知和喜爱通过想象和迁移，借助泡沫盒这个材料，创造出了泡沫雪花，编写了专属于自己的“造雪”和“下雪”的游戏脚本。感谢普赤老师看见并尊重了孩子们的游戏兴趣和创造，也让我们看见了不仅爱雪、会玩，还愿意承担责任的孩子们——“互相拍掉头上的‘雪花’”和“把散落的‘雪花’一点点地抓进手里放进垃圾桶里”。

三、看见儿童心中的“1”个目标或意图

（一）暂时放下成人的目的和意图，觉察成人的偏见和局限

每个孩子的每个行动背后，都有一定的目标和意图，关键是我们能否看见和接纳，我们会如何理解和呼应。在前文的所有学习故事中，每个正在参与学习的儿童，都有自己的目标和意图，撰写这些学习故事的老师们也在努力发现和看见孩子们各自的目标和意图，并尽力理解和呼应。但这样做并不容易，因为很多时候，老师的目标和意图可能和孩子们的相互矛盾，如学习故事 2.9《夏天的“雪”》中普赤老师所写的：“当我看到场面一团脏乱的时候，我的第一反应是很想马上让你们停下来，并让你们当时就整理干净，但是，我很快就打消了这个念头。我想，我应该静下心来，认真地、用心地感受你们探索雪花的快乐。”普赤老师选择从儿童的立场理解和尊重孩子们想要“造雪”和“下雪”的意图，才有了孩子们的想象和创造！可见，老师的换位思考，暂时放下自己的目标和意图，觉察自己的偏见和局限，可能是看见儿童目标和意图的一个前提。

学习故事 2.10　编三股辫

作者：马晓燕(广州市越秀区东方红幼儿园　大班)

时间：2020 年 1 月 7 日

分区开始，你过来问我："马老师，我可不可以去假发区?"我有些惊讶，居然有男孩子要学编发，而且这个男孩子还是皓皓！我问你学会编发要给谁编啊，你说要给妹妹，可是妹妹的头发跟你差不多短，还得等妹妹留长头发呐。你说要给妈妈编，嗯，我想妈妈一定会很高兴的。

我拿出打印好的三股辫步骤图解，或许这可以帮你重温昨天中午陈老师教的编三股辫，你看了一会儿，就直接"实战"，可是那假发还没分成三股，就已经在你的手下散成了好多股。

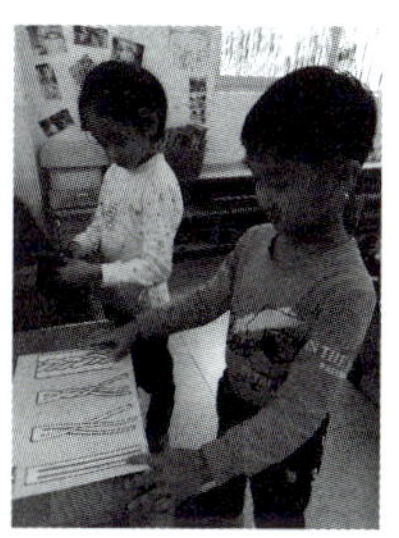
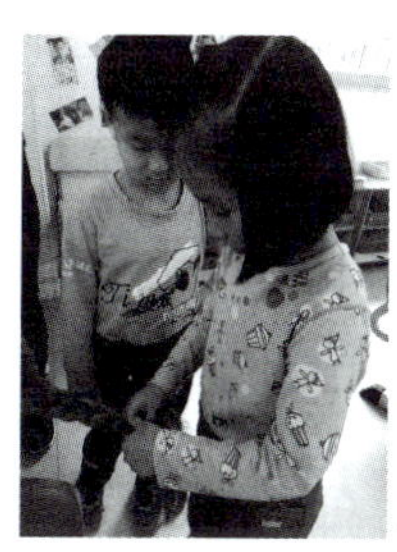
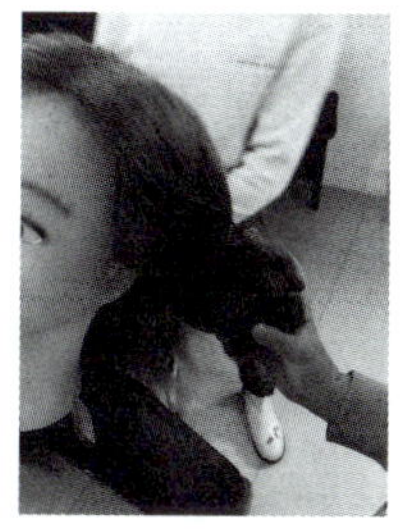

路过的依依见了说："还是我来教你吧!"说完便熟练地编起辫子来，三两下就编好了，到了最后该用橡皮筋绑紧时，你说让你来，既然你这么踊跃，依依便让给你绑。你一手抓着假发，一手拿着一次性橡皮筋，可是那橡皮筋就是不听话，绑到了你的两个小手指上，怎么也绑不到假发上，最后还是依依帮你绑到了假发上。

接下来，你继续琢磨着这束假发，原来你想做个丸子头，看来你昨天是十分认真地听了陈老师教的编发啊。你将编好的假发卷好后，就成了一个丸子形，你拿着 U 形夹插进去，一个接一个，篮子里的 U 形夹都用完了，但只要你的手一松，它就掉了下来……旁边的大琪说："可能因为太松了。"这时依依过来帮你重新调整了 U 形夹的紧度，最后，丸子头算是顺利完成了。

今天皓皓的编发历程就这样一次次以失败告终了？难道事情就这样结束了？

不，坚毅的你还是没有放弃！接下来，你拿了三根毛毛条，对着三股辫图解，就这样练了起来，为了让你练得更加顺手，我建议你将毛毛条挂在挂钩

上，你就犹如一个安静的美男子，静静地在一边练习着三股辫。

练习完毕，你再次“实战”，这次的你看上去更加淡定、更加熟练了。尽管最后编得还是有些松散，尽管一旁的依依不断帮你撸起一边编一边掉的散发，但起码，今日皓皓编的三股辫算成型了！

皓皓，你今天编发的过程令我一遍又一遍地感到惊喜。从一开始你说要在假发区编发到全程你的投入专注和尝试、练习、再尝试，你是多么能坚持啊，我觉得你能沉得住气在假发区编发编将近一个小时的时间，真的很了不起！

当皓皓心中有了去假发区学习编发的目标时，马老师立即觉察到了自己存在的偏见——对男孩子的刻板印象和对皓皓的已有了解。但她没有让自己的偏见影响皓皓设定的目标，反而激起了对皓皓的好奇，这样才有了后续细致的观察和陪伴。可以说，皓皓实现目标的过程，充满了千般滋味，从一开始因“爱”——想给妹妹和妈妈编发而激发的学习兴趣，到学习过程中遇到各种困难和挑战不放弃，还尝试各种办法，在同学的帮助下终于把三股辫编成了。谁说男孩子不能学编发，编不好头发，好多顶尖发型师都是男士呢！

（二）在持续注意、识别、回应中揣摩儿童心中的目标和意图

有时，儿童心中的目标和意图，是需要我们在持续的注意、识别、回应中仔细揣摩的。《玩帐篷》一书中，成都市第十六幼儿园张玲老师记录了小（四）班里发生的一幕“怪兽来了，快躲到桌子底下去”，张老师写道：

晨间游戏时，天天大喊：“怪物来了，我们快躲起来吧！”达布、天天、璇璇三个小朋友便趴到了桌子底下。她们还拿了一些海洋球、雪花片、纸筒等材料在桌底下玩起来了。这个游戏持续了好几天，每天都有人大喊一声：“怪兽来了！”然后几位小朋友争先躲到桌子下面玩起来。①

那么，这些小朋友的目的和意图可能是什么呢？

- 玩躲避怪兽的游戏？
- 在桌子底下玩？
- 想要一个相对私密、自由的游戏空间？

想要发现儿童的目的和意图究竟是什么，就需要回到儿童身上，在不断与儿童的对话、倾听、观察、解读和回应中，不断接近儿童的心思。例如，张玲老师选择通过一一回应儿童这些可能的目的和意图来验证。

---

① 付国庆、张玲、赵三苏：《玩帐篷》，4～5 页，上海，复旦大学出版社，2018。

➢ 张老师跟孩子们分享了怪兽的故事，还玩了相关游戏，但孩子们似乎没有太多关于怪兽的回应，怪兽好像只是孩子们钻进桌子下的一个理由。

➢ 张老师把教室里的几张桌子拼在一起，桌子下的空间大了，孩子们很高兴，把很多东西都搬到桌子底下，趴在桌子下面玩。而“怪兽”也不再出现了，似乎因为老师的认可，孩子们已经可以不用理由，就钻到桌子下面去了。孩子们开始在桌子下玩起了“娃娃家”、买水果回“家”、养宠物等游戏。

➢ 可是，孩子们真的就是想在桌子下玩吗？张老师并不愿意孩子们在桌子下玩，因为各种健康和卫生等原因，那么什么样的材料可以代替桌子，给孩子们想要的那个“相对私密和自由的游戏空间”呢？——帐篷。于是，许多新的学习机会和可能随之而来。

（三）在环境创设和耐心等待中，激发儿童设定目标和意图

有时候，儿童的意图和目标可能会因为老师意图明确的环境创设和耐心等待而被激发。

学习故事 2.11　你们的帐篷你们做主

作者：赵茂筠（重庆市两江新区上林幼儿园　小班）

时间：2016 年 6 月 3 日

我发现你们经常喜欢在两个柜子之间的空隙中玩。你们似乎开始对半私密的空间感兴趣了，难道这样的环境会带给你们安全感吗？于是，我为你们做了一个帐篷。帐篷的外壳是用米白色的亚麻布做的，没有漂亮的色彩，一开始我很想用颜料涂上漂亮的颜色来装饰，可是转念一想，这个帐篷是为你们做的，是属于你们的，那至于如何来装饰帐篷就交给你们吧，由你们来做主！我期待那一时刻的到来……

可是，帐篷和你们在一起都已经整整三个月了，你们对于帐篷是米白色的并没有感到有什么不一样……看来我还得再等一等……

直到今天午睡起床以后，你们像往常一样坐在帐篷边穿鞋袜，突然糖果指着帐篷对我说：“筠筠老师，为什么我们的帐篷没有颜色呢？我妈妈星期天带我去商城玩的帐篷都是有颜色的。”其他宝贝听到糖果这样一问，也若有所思地问了同样的问题。

我想，我期待已久的这一刻终于来了！

我们一起把帐篷搬到活动室中间来。我满怀期待地问：“你们想把帐篷打扮成什么样子呢？”

洋洋说："我想画一只青蛙在上面，青蛙还会呱呱叫。"

糖果说："我要画黑猫警长！"

Q仔说："我要画山，山上有猫咪在跑！"

你们争先恐后地表达着自己的想法，我还帮你们记录下你们喜欢的颜色有红色、黄色、黑色、蓝色……

你们天马行空地想象着，我很期待你们将要做的一切，可是你们会用什么方式把你们想象到的这些事物全部表现出来呢？

寻找材料的小能手

你们首先去活动区寻找材料，你们东瞧瞧、西找找，小小的身影在活动室里忙碌起来。不一会儿，只见你们拿着自己找到的材料兴奋地向我招手，你们从各个区角找来了颜料、塑料吸管、卡纸、贝壳、彩笔、剪刀、双面胶……你们开始了天马行空的表达和创作，接下来让我们看看你们的成果吧！

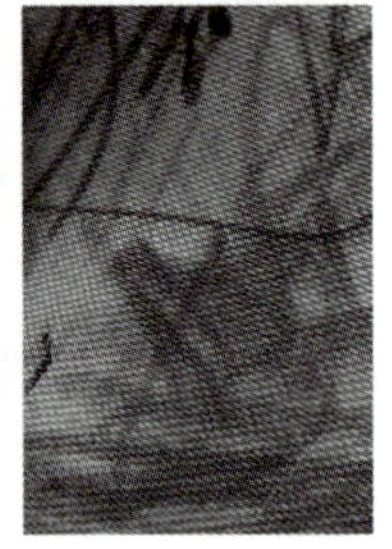

Q仔用蜡笔画了一座山，你还告诉我："山上还有猫咪在跑！"你丰富的想象力和对土壤颜色的识别力让我感到惊讶！

洋洋用手指蘸了橙色的颜料画了一只不一样的青蛙，还兴奋地学着青蛙"呱呱呱"地叫！

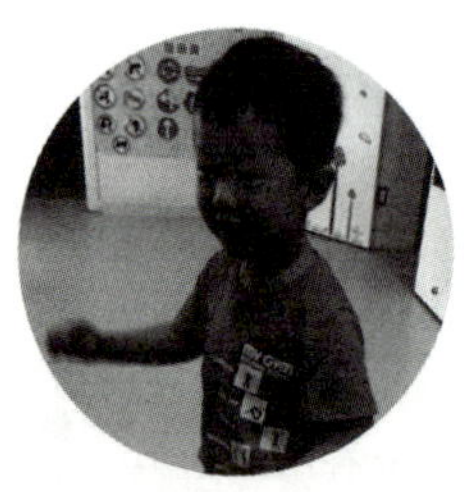

糖果把手直接伸到黄色的颜料瓶里，抓了一把颜料抹在帐篷上，说这是黑猫警长。

小宝用水彩笔画了一条长长的线，告诉我这是轨道！

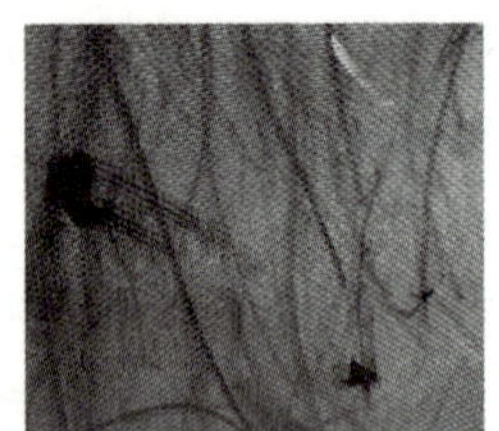

在这个过程中你们获得了哪些经验呢？

渝翔宝贝运用了彩笔涂鸦，创作了轻轨站！

波仔用手指点画愉快地创作了雨！

拉得、涵涵找来了双面胶、塑料吸管、各种颜色的卡纸进行了综合材料的拼贴！

糖果大胆地把手伸进了颜料里，开始用手掌印画的方法来创作小房子！

波仔、洋洋、小宝、涵涵用双面胶把找来的塑料吸管粘到帐篷上，你们先找到双面胶的一端，用小手指头轻轻地撕开一个小口，在不断的尝试下终于成功地将双面胶撕下来粘在了帐篷上。

在这个过程中你们的心智倾向得到了哪些发展呢？

你们从寻找材料开始就独立思考，找到材料以后独立创作，遇到问题自己想办法解决！

开始创作了，你们非常专注，都沉浸在自己的小小世界中，丝毫不受外界的打扰！

你们自主解决问题，并且认真思考怎样来实现自己的想法！

老师的甜甜话

宝贝们在这个过程中你们选择了不同的材料，用不同的表现方法表达了你们想象中的画面。此刻，我认为画得像与不像一点也不重要。重要的是你们在这个过程中体验到了自主、积极、创意和互助。重要的是你们在这个过程中感受到了快乐、自信、被信任以及被尊重！

分享时刻

你们让我感到惊讶！我一定要把你们今天的表现分享给你们的爸爸妈妈，独一无二的帐篷、独一无二的想象让我坚信你们是有能力、有自信的学习者和沟通者！

又是一个关于帐篷的故事。赵老师一开始提供帐篷，也是因为她发现小班幼儿喜欢在私密空间里玩，但赵老师还有个小意图，那就是希望白色帆布小帐篷也能激发幼儿艺术创作的欲望。不过，她愿意等待三个月，等到幼儿自己被环境激发时，再即时呼应，和幼儿一起想办法让帐篷变得有颜色。赵老师让我们看到：尊重幼儿的自主性，不仅包括尊重幼儿对材料、表现方式等的选择，还包括尊重幼儿为自己选择的学习时机、场合和内容等。

四、给读者的小练习

看见儿童参与学习时，在“准备好”维度的许多个“1”，意味着看见与动机

相关的方方面面，如儿童心中热爱的人、事、物，儿童感兴趣的人、事、物，儿童的情感和儿童心中的目的和意图等，以及儿童的自我身份认知，即与“我是谁”相关的认知和情感。儿童在参与学习的过程中，也在拓展、延伸着自己的兴趣、情感、目的和意图。当然，他们也在不断建构和丰富着作为学习者的积极自我身份认知。在《帘子后的娃娃》中，你看见了儿童哪些与“准备好”有关的“1”呢？你对了解这个儿童的“动机和自我身份认知”还有哪些好奇吗？如果你是这个儿童的老师，你会如何在持续对话、倾听、理解和回应中深入了解他的动机和自我身份认知呢？

学习故事 2.12　帘子后的娃娃

作者：祁萌（贵阳市白云区第一幼儿园　大班）

时间：2017 年 10 月 20 日

第一步：拿出白纸，贴上很长的双面胶。

第二步：拿出毛线，开始剪，比着一根接着一根，贴在双面胶的位置上，到帘子中间的位置时，你画了一只动物藏在里面。

第三步：加上蝴蝶结，帘子做好了。动物就可以洗澡了。

你亲抚动物：“来，姐姐帮你洗澡，不要怕，没人看见，你看我给你做了帘子，好看吧？你快洗吧。”

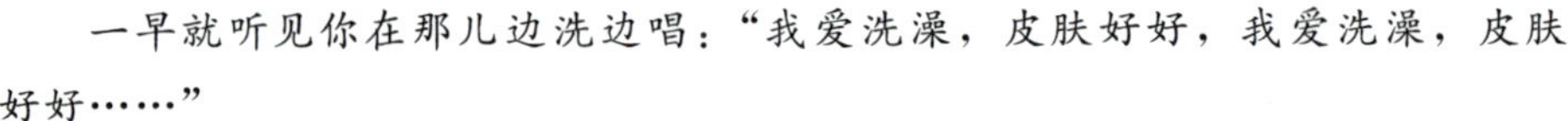

一早就听见你在那儿边洗边唱：“我爱洗澡，皮肤好好，我爱洗澡，皮肤好好……”

这里可能发生了怎样的学习

看完你整个制作的过程，你真的是一个美工达人。小手肌肉发达，二指捏的动作娴熟，撕双面胶、使用剪刀的技能你都很熟练，这说明你的美工技能、技巧和素养都是平时反复不断练习的结果；你认真专注，有计划、有想法的模样让我不忍心打断你，所以我就在一旁关注你就好；你很有审美能力，瞧你做的这个小帘子真漂亮。

下一步的机会和可能

1. 提供多种类的线供你做帘子。2. 提供木板让你有多种背景可选择。3. 把你的做法分享给大家，请大家互相借鉴学习。4. 讲述你长期坚持练习的过程。

两年多后的今天，当我问祁老师，再读这篇学习故事有什么感受时，她说，现在的她可能会再进一步了解儿童为什么会想到做这样一幅作品。我可能会说，如果我是老师，我可能会好奇，如果在娃娃家也挂上浴帘，放上小浴盆的话，萱萱会有什么样的回应呢？

第三章　看见“很愿意”维度的“1”

学习故事重视看见、解读和记录儿童与周围世界的关系，因为儿童不是孤立存在的个体/学习者，而是“关系中的个体/学习者”，学习发生在儿童与周围世界的交互关系所形成的“中间地带”。例如，有时我们会用“洞里老虎”来形容儿童，因为他们在家里可能会很自信、很大胆地参与各种活动，但在一个陌生环境中他们可能会比较谨慎、安静。可见，不同环境和关系影响着儿童做出不同的和参与相关的选择和决定。因而，看见儿童的许多个“1”，不仅需要看见儿童在个体层面——“准备好”的“1”，还需要看见儿童与周围人、事、物的关系，以及这种关系对参与和学习的影响——即“很愿意”维度的“1”。

一、看见儿童与周围人的交互关系

（一）与同伴的交互关系激发的学习

学习故事3.1　冬梅

作者：刘娟（新疆生产建设兵团第四师师直幼儿园　大班）

时间：2018年12月

这周的主题是让孩子们感受冬天的梅花。我们在美工区投放了制作梅花的一组材料，也增加了制作梅花的难度。由此，让我们看到了你们互相帮助、互相学习的一幕。吹出梅花的树枝对你们来说已经没有难度了，难度是剪出梅花的形状，在弧度和大小上你们不好把握。

看看，我给你俩完成的作品点一个赞！你们制作的梅花的花瓣也成型，梅花图创作出来的效果也很棒！你俩的交流很融洽，赫赫认真地教，浩浩认真地学，教者专注，学者也专注。

什么样的学习在这里发生了?

动手对你们来说是一件很开心的事，你们善于学习，更善于向同伴学习。你们现在更加喜欢研究有难度的材料，在寻求老师和同伴的帮助后，你们勇于尝试，努力克服后面操作出现的困难。

机会和可能

你们那么勇敢地面对有难度的制作，看来有同伴的交流和支持，什么挑战都难不倒你们。好想知道，下回你们还会选择共同面对什么样的挑战，还会有什么样的想法和方法呢?

赫赫和浩浩，一个教，一个学；在交流互动中，更擅长制作冬梅的赫赫“支架”着浩浩的学习，浩浩则为赫赫提供了梳理自己经验、分享表达和体会“小老师”身份的学习机会。因而，在这个学习故事中，赫赫和浩浩在一起，相互依存，交互影响，并彼此成就，为彼此的学习贡献了自己的一份力量。

(二)与教师的交互关系激发的学习

学习故事3.2　一封神秘的来信

作者：王彤莉(广东省育才幼儿院一院 中班)

时间：2018年12月18日

一大早，齐齐和齐妈来到班门口，齐妈递了一个厚厚的小纸包给我：“王老师，齐齐说是给你的信，还让我写了一些字。我也不知道里面是什么，他昨晚弄了一晚上呢!”我眼睛一亮，马上接过来：“哇，这么神秘?是什么东西呀?”只见，这纸包用双面胶粘得严严实实的，上面写着：“王老师，这是我送给你的一个礼物，猜猜是什么?”齐齐晃晃小脑袋，一脸神秘地看着我。

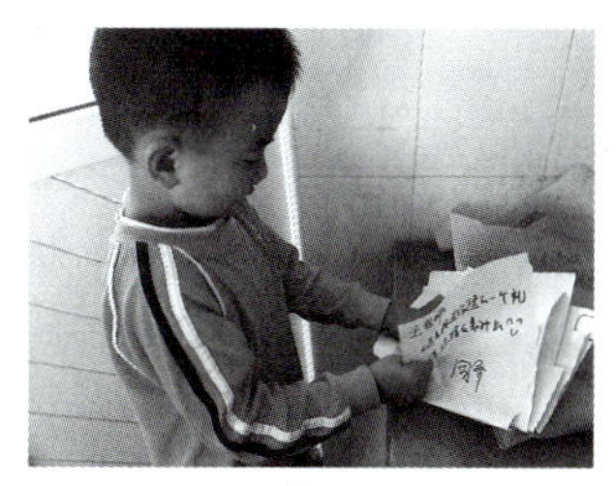

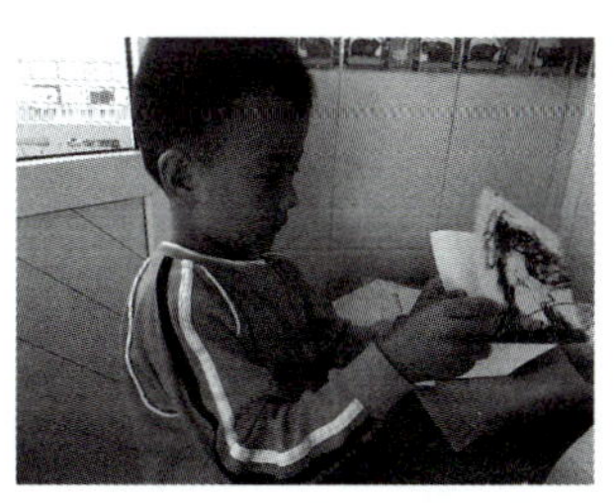

我把你搂在怀里，问：“齐齐，这里面究竟是什么呢?”你马上开始动手拆礼物，你撕得特别慢，生怕把纸弄坏了，只要一感觉手里的纸有点撕不动或者快被撕坏了，你马上就换一个地方重新开始撕。这里里外外一共包了4层纸，我忍不住上手帮忙，终于打开了！我看见了一幅画！

“这是什么呢?”我问道。

齐齐：“这是一只企鹅。”

我：“哦，你画了一只企鹅，对吗?”齐齐用力地点点头。

我：“是一只怎样的企鹅呢?”

齐齐：“企鹅肥肥的，像一只大猪。肚子白白的，身体黑黑的，脚丫红红的，嘴巴蓝蓝的，眼睛大大的。它在和朋友玩捉迷藏，它就像你，你就是每天和我一起玩的人。”

我：“哇，原来是我呀，我这么可爱!”

齐：“嗯，蓝色折纸上面画的这个，是我和我的朋友。”

我：“为什么外面要包这么多层纸呀?”

齐：“我怕坐地铁时，拿在手上会掉，也怕它被挤破了，就用4层纸包着，我自己包的。你看这是我的名字‘周齐’。”

王老师的话：

一早，齐齐就给我这么大一个惊喜——一封神秘的来信。你还一层一层、小心翼翼地揭开神秘的面纱，谢谢你这份纯真的心意!

很开心，我是那个每天都陪你玩的胖萌企鹅，有点搞怪还有点萌，你还画了朵小花做装饰呢！为了保证这封神秘的来信能完好无损地送到我手上，你还那么细心地用4层纸包出一个大信封，就怕把画弄坏了。谢谢齐齐送给我的小企鹅，这是带着你的爱和童真的小企鹅！这一周开家长会，我要把这个故事告诉全班的爸爸妈妈们听!

学习什么时候会发生，在哪里会发生？从社会文化建构理论视角来回答这两个问题，那就是当儿童与周围人、事、物产生交互关系时，学习在任何时候、任何地方都有可能发生。《一封神秘的来信》中的学习发生在放学后，发生在齐齐家里，但却因“齐齐和王老师的交互关系”而得以发生：齐齐学习用绘画、写信来表达自己对王老师的情感和认识；王老师则在齐齐的信中，看到自己在他眼里的形象和自己存在的价值，也感受到了齐齐的一份心意。

(三)与家长/家人的交互关系和共同生活激发的学习

学习故事3.3　76路公共汽车

作者：洪英惠老师(广州市越秀区东方红幼儿园　中班)

时间：2018年6月7日

今天分区时，骏阳来到美工区说想画76路公共汽车。我问你：“76路公共汽车是去哪里的?”你告诉我76路公共汽车可以从东山口坐去小北花园。只见你很快地画了一辆公共汽车，你画的公共汽车比之前的具体多了，有车前灯和倒后镜。你告诉我公共汽车前面的车灯是可以亮起来的，倒后镜可以看到后面的东西。你的观察越来越仔细了。你还给汽车画上了门和座位，每一个座位上都标上了“76”。可能你觉得这样才更能显示出这辆公共汽车是76路公共汽车吧！

你告诉我，你是跟爸爸妈妈一起坐76路公共汽车去小北花园坐小果虫车的，每次你都玩得很开心。

哈哈，看来你不仅仅是享受坐小果虫车的快乐，更是享受与爸爸妈妈在一起的欢乐时光！

骏阳对地铁和汽车非常着迷，洪老师为骏阳写了一系列学习故事，取名“骏阳的车”，记录了骏阳在与各种车的交互关系中激发的多元化、有意义的学习。不过，这个学习故事让我们看到，骏阳的学习不仅发生在他与车的交互关系中，也发生在他与爸爸妈妈的交互关系和共同生活中：那么多公共汽车，为什么76路公共汽车对骏阳那么重要，一定要画它？因为那是他和爸爸妈妈经常坐的一趟车，因为这趟车会带他去他喜欢的那个地方。很高兴洪老师看见、记录并呼应了这个学习故事中这些对骏阳来说非常重要的关系和情感。

（四）与身边其他人的交互关系激发的学习

学习故事3.4　淘淘的小记者之旅

作者：罗兰兰（浙江工业大学幼儿园　大班）

时间：2019年11月10日

在感恩月“谢谢您”的主题学习中，孩子们对各行各业的职业展开了大调查，博文小朋友在介绍爸爸消防员的职业时，引起了你和好朋友的好奇，你冒出了许多关于消防员职业的疑问。你的心中埋下了一份深深的英雄情结，对消防员的职业更感兴趣了，产生了参观消防局的想法。

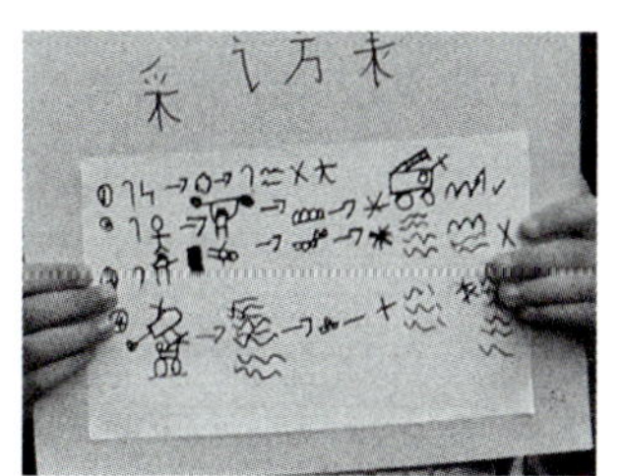

终于，在博文爸爸和你们几个热心小朋友的努力下，大家出发去消防局参观了，你满怀激动！参观结束后，朱老师提问：“小朋友还有问题吗？可以现场采访消防员叔叔噢！”大家热烈报名的兴奋之余，你还站在原地，但当你看着同伴和朱老师正在准备工作后，你慢慢进入了状态，你随着他们的动作和神情一会儿微笑，一会儿举手，一会儿大声提问。看着你一个人对话的样子，我忍不住笑了起来。一旁的梵可小朋友读稿子时，你也拿出了自己的采访稿认真地念着。

这时梵可小朋友采访完了，正好有个消防员叔叔有空了，你赶紧上前，身

体笔直地站在消防员叔叔面前："消防员叔叔，你好！""小朋友，你好！"你有礼貌地打着招呼。我一脸惊讶，开玩笑地说道："淘淘小记者，可以采访喽！"你点点头，淘淘小记者闪亮登场！

当我再次把摄像头转过来时，你已经和消防员叔叔开心地交谈起来了，一点儿也不怯场。"叔叔，请问插电板着火了用泡沫灭火还是用水来灭火？"你声音响亮，我在边上都能清晰地听到！"一般来说，插电板着火我们先拔掉插头断电，再用……"消防员叔叔解答的时候你眼睛紧紧地盯着他，听得特别认真。"哦，原来是这样啊，我知道了！"叔叔解答完第一个问题，你又紧接着问了第二个问题："请问叔叔，你们平时会做哪些训练？"问这个问题的时候你眼睛睁得大大的。"叔叔，你们救火的时候会不会跳楼啊？""叔叔，消防摩托、消防直升机这些什么时候可以用到？"

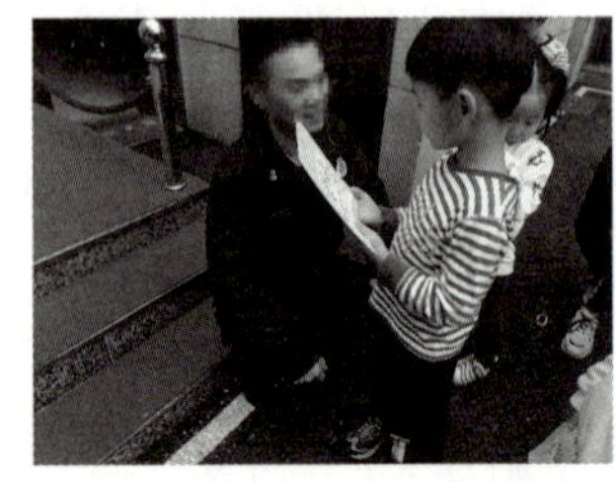

4 个问题都问完了，你热情地说道："叔叔，我们能一起合照吗？"叔叔爽快地答应了，还热情地让你站在他的身边，镜头里你的笑得格外甜。

淘淘语录

今天是我第一次当小记者采访消防员叔叔，有点紧张，有点激动，不过更多的是开心。

我眼中的你

亲爱的淘淘，今天的你让我看到，学习就是一个由兴趣驱动的过程：你在旁观时先积累信息和经验，准备自己的"采访表"，然后再在自己"准备好、很愿意和有能力"参与的时候，勇敢而自信地投入自己想做的事情中——现场采访消防员叔叔。在采访过程中，你知道使用敬语，这让我看到了你对消防员叔叔的尊重。你声音响亮，大胆表达；采访的问题也很犀利，都是小朋友没有问过的问题，真令我刮目相看；同时你的问题贴近被采访人的工作，可以看出你对消防员这个职业很感兴趣。在这个过程中你大胆地表达自己的情感，传递爱的信息，感恩、感谢消防员叔叔，建构与社会他人的亲密关系。你从一个围观新手，变成了采访专家，老师为你感到高兴。

我还想对你说

我们的淘淘小记者真的很厉害，今天的采访中，你收获了哪些答案呢，可以告诉老师和小朋友吗？晚上也可以讲给爸爸妈妈听，请他们帮忙记录答案，明天带到幼儿园分享你的收获！

我知道你很喜欢消防员，这次的参观、采访时间比较仓促，你想想你还有哪些关于消防员的问题想知道？下次我们可以邀请消防员叔叔来我们幼儿园。

这次的采访任务你完成得很好，老师喜欢你自信、微笑的样子！你回家可以看看电视里的小记者是怎样采访的，学学他们的样子，期待再次看到淘淘小记者的模样！

你也可以认真想想这次的采访有什么特别开心的地方和可以改进的地方，到时告诉老师和没有参加采访的小朋友，欢迎你做我们的小老师。老师期待你的回音！

范梅南把教学定义为一种际遇。因为老师和博文爸爸为孩子们提供了与消防员叔叔相遇的机会，于是学习发生在淘淘小朋友与作为消防员的博文爸爸的交互关系之间，以及与消防局的消防员叔叔的交互关系之间。《淘淘的小记者之旅》也让我们看到，当小朋友们与消防员相遇之后，又各自建立了与消防员叔叔的专属关系，就好像淘淘，从旁观到走近，再到主动采访消防员叔叔，每个人都获得了独一无二的学习体验和感受。

(五)与周围人的多元交互关系激发的学习

学习故事3.5　有温度的铃声

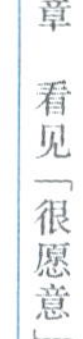

作者：李悦(杭州市下城区武林幼儿园　大班)

时间：2020年3月

“铃～”接通你发过来的视频，只见视频对面是一双红彤彤刚哭过的眼睛，你在边上闹着情绪不肯开口，妈妈作为“代言人”在一旁解释说：“刚刚和她爸爸通完视频，爸爸今天开始要去照看重症病人了，以后更不方便联系了，她太想爸爸啦，哭得上气不接下气，我让她和你聊一会儿。”你噘着嘴巴和我说：“李老师，我好想我爸爸呀，我爸爸说他要打病毒怪，不知道什么时候能回来，我好想他呀。”(你本是个性格开朗的小女孩，自从你的爸爸去了江干区的新型冠状病毒肺炎隔离点，家里只有妈妈一个人撑起一片天后，你好像变成了一个爱哭包)。

我安慰你说：“其实爸爸在那边也很想你，只是他有比回家更重要的事情去做，老师知道爸爸看到你在视频里哭，他一定会难受和不安。这样吧，我们一起来想个办法，让爸爸在工作的时候也能知道你在家的情况，知道你很棒，也很想他！”

你抹了抹眼泪说：“好！”

我说：“这样吧，我们先一起来种一颗蒜，等到蒜长到10厘米高的时候，爸爸就会回来了。”

“10厘米高是多高？”你好奇地瞪大眼睛。

我说：“10厘米高就如同我们幼儿园的小椅子那么高，你看看你家里有哪些东西和小椅子一般高呢？”

你看了看四周，突然跑开，过了一会儿拿来了一只垃圾桶，兴奋地说：“李老师，这个垃圾桶差不多10厘米高。”

我点点头，你又兴奋地找来保鲜膜内筒、报纸卷等。我接着说：“要想让大蒜早点发芽长大，你有什么好办法？”

“我要每天给蒜浇水、带它晒太阳，还要给它唱歌……”

我高兴地说：“你真棒！”

“铃～”又一次接通视频，我看到的是一张画。你高兴地说：“李老师，这是我给爸爸写的一封信。”“好啊，能读给我听吗？”

“爸爸你好，我是小西瓜。我好想你！爸爸你是不是超人，手上有武器，会把很多很多的病毒怪兽打败？我昨天晚上做了一个梦，梦到你一个人要打败那么多的病毒怪兽，好辛苦啊！你什么时候回来？小西瓜和妈妈想你了！”

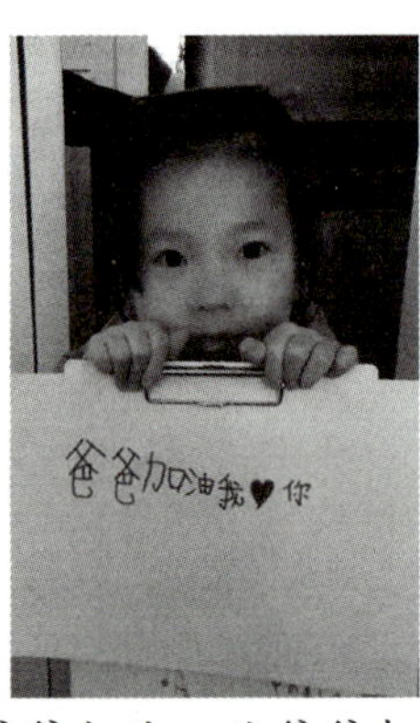

“李老师，我的信写得好不好？”

“小西瓜真棒，下一次跟爸爸视频的时候，把信念给爸爸听吧。李老师会和小西瓜一起给爸爸加油，让爸爸打败病毒怪兽后，早点回家。”

…………

“铃～”再一次接通视频，小西瓜无比兴奋地跟我说：“李老师，你看我的蒜，已经有长高了，再过一半的日子，爸爸就会回来了。”

什么样的学习可能正在发生？

每天短短的和爸爸视频聊天的时间，是缓解小西瓜紧张情绪和思念爸爸的一种方式。在一次次和爸爸、老师的视频连线中，小西瓜在慢慢学习应对因为生活环境的变化而带来的情绪变化，学习用不同的方式与想念共处，如当无法用语言表述时，可以把这些情绪画出来，画一封信寄托小西瓜对爸爸的思念；又如以种植来表达对爸爸回家的期盼，还学习着比较与测量的小知识，以及借种植来应对等待和对生活的积极态度。

后续

在有序安排自己的时间后，你渐渐地开心起来，在和我每天的视频中，你开始向我“炫耀”起你的作品来：和妈妈一起做了好吃的小汤圆、搭了一个有趣的乐高……对了，有天你还隔着屏幕给我跳了一段《跳跳糖》的舞蹈。你一边跳一边说：“我要好好锻炼身体，长大后跟爸爸一样去打病毒怪兽。等爸爸回来，我还要教爸爸眼睛操，我们都要保护好自己。我会听话的，我会坚强的！”看着边跳边说的你，我热泪盈眶。在这个特殊的时刻，我们通过视频对话，彼此陪伴。我们共同约定，期待春暖花开！

2020 年伊始的一场新型冠状病毒肺炎疫情，改变了我们每个人的生活。小西瓜在这个时期最重要的学习，就发生在她与爸爸彼此的想念关系中、与老师的视频陪伴关系中，以及与妈妈的朝夕相处中。在这场疫情中，还有很多老师像李老师那样，识别着孩子们与周围人和事之间独一无二的关系，并给予着孩子们相应的回应，“隔空”和孩子、和爸爸妈妈一起，共同学习和成长。

二、看见儿童与身边的事、物和地方的交互关系

（一）看见发生在儿童与身边的事/活动交互关系中的学习

学习故事 3.6　跳绳这件小事

记录人：吴思佳（杭州市下城区凤栖幼儿园　大班）

时间：2018 年 3 月—4 月

上学期末，我们结合园外游学在城东公园举行了一次平行班跳绳比赛。赛后，为了记录比赛成绩，我们请孩子们设计表格记录，表中记录了前十名幼儿的跳绳数量，并按数量由多到少排序。

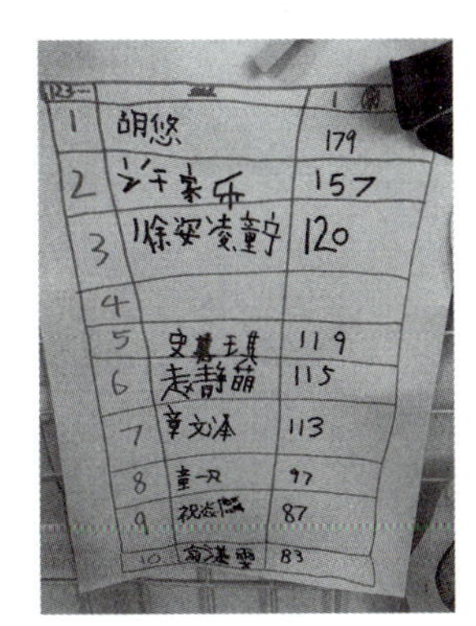

开学初，园长妈妈来到班里和孩子们交流开学的心情。小葡萄指着表格说：“我不开心，你看我在这。”

小葡萄的话让我很诧异，第十名是很不错的成绩，为什么不开心呢？当我们回头看记录表时恍然大悟。在这张表中，虽然是第十名，但却是表格的最后一列。这不禁让我思考：原本仅仅只是出于记录成绩，让孩子有记录意识，但最终却伤害了孩子的自尊心，并且时隔那么久孩子依然如此在意。这不得不让我们反思，我们的一言一行，是为了达成老师的目标，还是尊重孩子的意愿，基于孩子的真实想法来做支持和引导呢？

第一次对话

于是，我和你们围坐下来聊天，你们说出了自己的想法。

问题一："你喜欢跳绳吗?"你们有的说："跳绳很好玩。"有的说："跳绳太累了，我不喜欢。"也有的说："跳绳可以锻炼身体。"

问题二："你是怎么跳的？有没有进步?"

"我可以连续跳了!""我练了很久还总是断掉，经常踩住绳子。""我比昨天多了十个。""我昨天不想练了，可是妈妈鼓励我，我又坚持跳了五分钟。""我和悠悠双人跳，连着跳了八个。""我每次都是跳到后面就没力气，跳不动了。"

问题三："你的跳绳目标是什么?"

"我的目标是跳起来不累。""我的目标是超过许家乐，他上次跳了 148 个。""我的目标是能坚持跳 1 分钟。""我的目标是跳绳的时候能连续，不是跳一下，顿一下。"

老师的发现

原来，你们每个人对跳绳都有着不同的感受、想法以及目标。这些恰恰是你们最真的感受和想法。其中，有表达情感的，有表达对数量追求的，有表达自己竞争目标的，也有表达自己在意志方面需要努力的。原来你们已经能够非常清晰地认识自己、表达自己，并且确立自己的目标。

你们让我感到欣慰的同时也感到惭愧。你们对自己那么了解，也有那么多元化的目标，而我却还停留在追求数量和技能的习得上，忽略了你们的真实想法。

孩子们的设想和实践

你们说："我们要把每个人跳绳的成绩记录在表格里。""我们还要画下自己跳绳的样子。"于是，我们将单一的数量、名次排序表格调整为以数量区间来呈现，每达到一个数量区间就多一种色彩，并取名为"跳跳堂"。

经过一周的实践后。你们又议论开了："她们几个还是在最高的地方，我们总是在第一格。""我们跳绳的样子好像都一样，感觉在跳绳比赛。"

老师的反思

当我听到时，内心有一种难以名状的惭愧。虽然，我进行了讨论和调整，但最终还是停留在形式的改变上，呈现的方式依然存在比较，依然在追求跳绳的数量和学会这一技能，而且在绘画过程中没有建议你们仔细观察，让你们有了"好像都一样"的感觉。

第二次对话后的新尝试

于是，我们又进行了对话，你们提议每个人自己记录。

一周以后，你们的记录表出炉了。我发现，你们有的记录了自己跳绳的心情，有的记录了一周里自己跳绳的数量变化，有的为自己当天的表现画上了特殊的鼓励符号，还有的记录了自己的新目标。

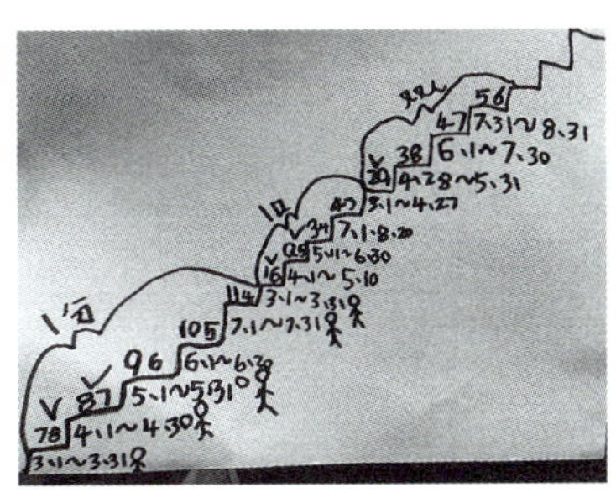

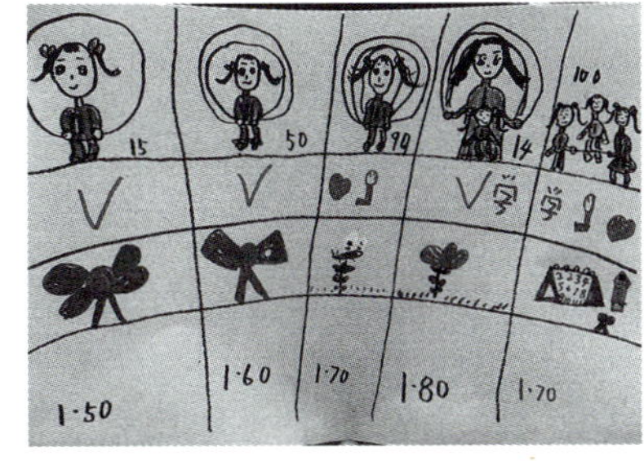

原来，在自主、自发、自愿的前提下，你们可以关注那么多与跳绳相关的状态和呈现方式。你们纷纷介绍："子俊跳绳的时候双手的距离太大了，我提醒他怎么做。""这是我的好朋友，我想和她一起跳绳。""我先跳，乐乐帮我数，然后我再帮他数。""我想学会跳大绳。"

<u>老师的发现</u>

你们每个小朋友都在进步，有的小朋友从跳一会儿玩一会儿，变得能够坚持练习了；同伴之间也常常互相鼓励和互相帮助……

<u>机会和可能</u>

小朋友和跳绳还可能擦出什么样的火花呢？是跳大绳这种有关绳的新玩法，如"别踩到蟒蛇""拔河"，还是来记录自己的跳绳故事，如"自制跳绳书"呢？好期待呀！

跳绳，是幼儿园大班的一项重要的学习活动，老师一般会根据自己的目标、计划和策略来组织跳绳活动。这个学习故事让我们看到了，通过倾听和对话，老师发现儿童与跳绳产生的独一无二的交互关系，即他们心中的目标、计划、感受和策略对儿童与教师的重要性。对儿童而言，吴老师写的《跳绳这件小事》让我们看到了孩子们对学习的体验和感知，可能比我们关注的东西更为真切、丰富。他们知道自己的感受，对自己有一定的自我认知，也有自己的目标和策略，关键是老师是否愿意和能够看见、理解和呼应孩子们在与活动的交互关系中产生的那些感受、认知、目标或策略，愿意给孩子发挥主体能动力的机会，让他们做学习的主人。对教师而言，就像吴老师在这个故事中边倾听、

对话，边进行识别和反思的那样：我们的理念在发生转变，从追求数量转向在引导孩子自主、自愿、自发的前提下关注跳绳带给他们的有关学习品质、意志品质的形成与提升。这些转变，是在向孩子学习的过程中发生的。

幼儿园里每天都会发生各种各样的活动，如生活活动、游戏活动、庆祝活动、体育活动……有些活动可能是事先计划好的，有些可能是偶发或随机发生的，有些可能是教师发起的，也有些可能是儿童或家长发起的。如果我们认同，在早期教育中活动不是重点，儿童才是重点的观点，那我们可能就会像吴老师那样，倾听儿童的心声，与儿童对话，了解他们参与活动时的想法、感受等，给儿童创设机会，让他们可以参与活动的决策过程，并看见每个儿童与活动所建立的独一无二的连接，支持每个儿童在活动中的专属体验、进步和成长。那么，即便是在“跳绳”这样的集体活动中，《指南》的教育理念——尊重个体差异，重视儿童的主体能动力，让儿童成为自己学习的主人，也是有可能实现的。

（二）看见发生在儿童与周围物品交互关系中的学习

学习故事 3.7　魔法牛奶壶

记录：杨青青（贵阳市中心实验幼儿园　中班）

时间：2019 年 5 月

喝牛奶时，第一组的小朋友不停发出“哈哈”的笑声，还做出鬼脸、摆出搞怪动作，不时说出“快看我的手变长了”“我的嘴也变大了”“我还有两个头”这样的语言。

不锈钢材质并且表面光滑的牛奶壶就像一面镜子照着你们的小脸，但这面镜子又把你们的脸都照变了模样。它的“魔法”让你们很开心，于是你们就做怪动作，发出“哈哈”笑声。

我走近你们，问道：“什么好玩的事这么开心，能和我分享吗？”

芷柔：“快看，牛奶壶把我们的脸和舌头都照变形了，我们在和牛奶壶玩游戏。”

我又问：“牛奶壶为什么会照到你们呢？”

等等："因为这是铁的，可以照到我们。"

奥斯卡："对，对，以前我也发现过。"

我："那为什么它把你们的脸、舌头和手都照变样了呢？"

芷柔："因为牛奶壶有魔法呀。"

老师："还有什么物品有这种魔法呢？"

等等："只要是铁的都会照到我们。"

小葡萄："这个水杯也可以，吃饭的碗也可以。"

老师："为什么洗手池边的镜子没有变形的魔法，而牛奶壶会有呢？"

等等："因为那是个普通的镜子，牛奶壶是魔法镜。"

你们确定这就是铁制品的魔法，继续沉浸在这有趣的魔法中。

老师的话

生活中到处都有知识，随处都能游戏，其中自己发现的游戏是最有趣的……牛奶壶的镜面效果让你们找到乐趣，提出了问题，引发了思考，知道原来还有和梳妆镜不一样的镜子存在。我想，这面镜子的神奇魔法还在等着你们慢慢去探究。接下来，我们可以讨论一下为什么牛奶壶能让我们的五官变大、变小，我们身边还有什么物品有这样的魔法呢？

不锈钢牛奶壶是孩子们每天都会用到的物品，一边喝牛奶，一边用会把脸照变形的牛奶壶做游戏，多有意思呀！老师在倾听和对话中，好奇着孩子们的好奇，并看见了孩子们与牛奶壶建立的独特连接——兴奋地发现牛奶壶像"魔法镜子"，以及他们自己关于"魔法镜子"的理论，于是引发了一系列与"魔法镜子"相关的探索和学习：寻找教室里的"魔法镜子"；发现能把脸变大、变小、变反、变正的《勺子的凹凸面》；研究放大镜背后的《凸透镜原理》；几个小朋友在家里和爸爸妈妈一起研究《水滴放大镜》和《放大镜做游戏》，并跟大家分享；在悄悄屋把放大镜和手电筒放在一起玩时，发现了光影变化，开始了《有趣的皮影戏》《踩影子》《太阳钟》《地面上的形体艺术》等一系列探究。在杨老师记录的这一系列学习故事中，我们可以看到，孩子们在不断拓展着自己与身边不同物品的连接，不断带来新发现、新理论和新体验，与此同时在老师和家长的共同关注、支持和促进下，建构着专属于他们的学习旅程和课程。

（三）看见发生在儿童与不同地方交互关系中的学习

学习故事 3.8　我想看大熊猫

作者：周清（长沙市教育局幼儿园　小班）

记录时间：2017 年 6 月

前些天一大早，你妈妈就告诉我："明天睿睿要请假去四川旅行。"我好奇

地问："怎么突然想去四川呀?"妈妈告诉我，因为你马上要过生日了，你想要的生日礼物就是去四川看大熊猫。你说，是因为我教你画了国画熊猫，还告诉你熊猫是中国的国宝，四川有。我太开心了，因为我也好想看大熊猫，很期待你和妈妈的旅行，也期待你回来把看熊猫的有趣事情跟我们分享。

我记得你从四川回来那天，你开心地告诉我："周老师，我看到大熊猫了。"我问你见到的熊猫是什么样子的，你高兴地说："大熊猫有红色的、棕色的，还有黑色和白色的，它们还很危险，会攻击人呢!"我从妈妈那里也了解到，在去看熊猫的那一天，你一大清早早早地起床，和爸爸妈妈一起开启了你的生日之旅："成都熊猫基地亲子一日游"。你们一路跟随讲解员听到了很多和熊猫有关的故事，如熊猫有不同的颜色、熊猫有一定的危险、熊猫的种类等。

妈妈说，在参观中你充满了好奇，还问妈妈："熊猫可以活多久?"当你看到红色的小浣熊时，你不敢相信它是熊猫，直到讲解员说大的是大熊猫，小的红棕色的是小熊猫后你才相信。当你看到熊猫生宝宝的视频后还模仿给爸爸妈妈看。通过这段旅行，周老师发现你更喜欢熊猫了。除了书包上挂了一个熊猫的小挂饰，在手工活动时你还主动邀请我陪你做一个大熊猫的蛋糕!

<u>这个故事发生了什么样的学习?</u>

真没想到，一次国画熊猫的体验，会激发你去四川看熊猫的生日愿望。在这趟亲子旅行中，你对大熊猫充满了期待，主动问妈妈和讲解员关于大熊猫的各种知识。看到不一样的熊猫，你会主动提出自己的质疑，并希望得到解释。看到大熊猫生宝宝，你也会感兴趣地模仿起来，你对世界的各种事物充满了好奇也有强烈的探知欲望。真棒!

要谢谢爸爸妈妈帮你实现了愿望，用最直接的行动带领你感知世界的神奇，让你有机会探索你的好奇，相信你也感受到了爸爸妈妈对你最用心的爱。我想，这次熊猫之旅只是一个开始，今后你将继续积极、阳光地探索更多的未知!

机会和可能性

在日常生活中，老师无意间的言语会深深地影响孩子，同时父母又是孩子最直接的榜样。平日里父母的忙碌可能会忽略孩子内心的需求，如何通过家园互动、亲子交流促进幼儿的发展是教育的一个契机，家长和老师可以随时沟通，通过了解幼儿在幼儿园和在家的情况，从而更好地促进幼儿的身心健康发展。在亲子共育中，家长也可以把幼儿的精彩故事记录下来，为幼儿的童年留下珍贵的回忆。

《我想看大熊猫》中，睿睿的学习发生在他和环境的多元交互关系中，如与人的交互关系中——老师、爸爸妈妈、讲解员等；与动物/物品/人工制品的交互关系中——传统艺术“国画”和用具(人工制品)、熊猫(动物)以及与熊猫相关的故事和知识、手工胶泥等；与事/活动的交互关系中——国画活动、生日、旅行、手工等；与特别的地方的交互关系中——幼儿园、四川熊猫基地等。学习就这样在睿睿和周围人、事、物、地方的交互关系中被激发，它跨越了家园边界、地域边界、学习领域边界，并不断被拓展和延伸着。睿睿身边的老师和爸爸妈妈，也一直在与睿睿的倾听、对话和呼应中，保持着持续共享思维，共同促进睿睿的学习和成长。

三、给读者的小练习

儿童在与周围世界互动互惠的关系中学习。因此，教师需要为儿童创设一个能够激发学习发生、发展的“周围世界”，帮助儿童建立与“周围世界”的连接，提供一个“启发网络”，即包括人、活动、环境、物品等在内的“必要的、有用的资源或某种教育设计”①，以支持儿童实现心中的目标，以及教师心中的预期学习成果。那么，在以下《围观》一文中，你觉得教师为儿童创设了一个什么样的“周围世界”，可能会激发儿童什么样的学习，教师心中预期的学习成果又是什么样的呢？

围观

摘自广州市越秀区东方红幼儿园微信公众号

(2016 年 10 月 20 日)

幼儿园里，乌篷船边，一篮子花花绿绿的毛线，一堆大大小小的枯叶，

① [新西兰]玛格丽特·卡尔、温迪·李：《学习故事与早期教育：建构学习者的形象》，32 页，北京，教育科学出版社。

一位慈祥的奶奶坐在木凳上织着围巾，一位颇有艺术范儿的老师盘膝坐在旁边，在做好的十字架上一圈又一圈地绕着毛线……

清晨的阳光透过叶间的缝隙，跳动在地下、奶奶的后背上、老师的巧笑倩兮中，调皮而温暖。周围慢慢多了嬉笑玩耍的孩子，老奶奶依然安详而专注地织着毛线，时光似乎凝驻。一个孩子悄悄地走过来，静静地站在老奶奶的背后，看着奶奶的织针飞走；又一个孩子走过来，蹲下身来用手摸着篮子里的毛线；又一个孩子走过来，弯着腰似乎在琢磨什么。一个又一个，越来越多的孩子围拢过来，终于有一个孩子轻声问："奶奶，你在干什么？""我在织围巾，天快冷了。""奶奶，我可以试试吗？""可以啊。"于是，有些孩子拿起针线边看边模仿起来，奶奶也时不时放下手中的针线活，向孩子们讲着……

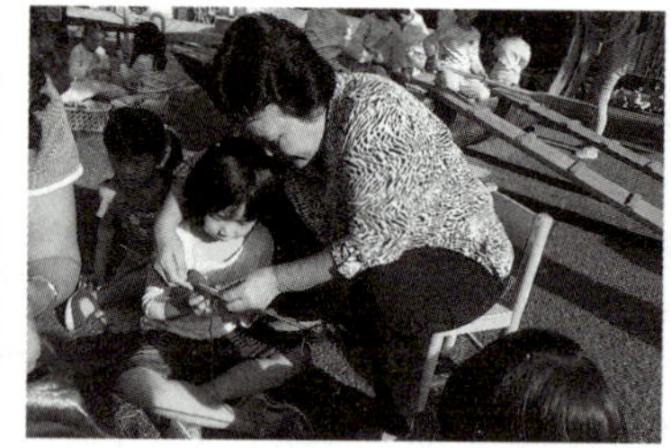
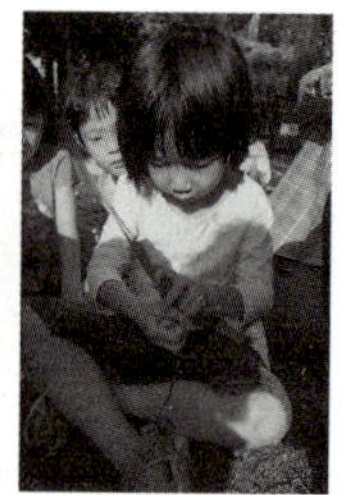

收玩具的音乐声响起来了，孩子们放下手中的毛线，依依不舍地离开了。突然，有一个小女孩又跑回来，大声地问："奶奶，你明天还来吗？""来。""你明天一定要来呀，我还来！"这一幕如水般的画卷铺展在东方红幼儿园里，像清晨里的阳光，暖暖的……

一静一动，织物为景，本是静态的，当围观的孩子们由观到问，由问到动时，静景瞬间生动、活跃、丰盈起来。景原本是花，静待蜜蜂的靠近；景原本是石子，等待投射在孩子心底的涟漪。

在《围观》中，我好像看到把很愿意这个维度放在了前景位置上进行学习场景设计的样子，以及老师们可能思考和讨论的话题。

➢ 如何创设一个让儿童会很愿意去看一看、摸一摸、试一试的情境？

➢ 如何让儿童可以在这个情境中根据自己的意愿和能力识别出适合自己的学习机会？

➢ 如何让这个儿童很愿意参与的环境激发出多种学习的机会和可能性，

让儿童得以深入学习和发展某些方面的知识和技能呢？

我感到，东方红幼儿园的教师们在试着让这个情境自然地融入孩子们日常生活环境中，不给孩子们带来必须参与的压力，而是让它成为孩子们可以选择的众多活动中的一个，赋予孩子们识别当时、当下这个“情境”中是否有适合自己学习的权利和机会。

我也感到，东方红幼儿园的教师们想要试着让这个情境给孩子发出无声的邀请，颜色鲜艳的毛线、艺术性的摆放、老奶奶的工作、教师的参与、大树底下惬意的氛围，孩子可以根据自己的意愿和兴趣，选择与周围不同的环境建立连接，从而进行探索，如有的孩子可能被环境中的物品——毛线吸引，与毛线建立连接，自己开始学习；有的孩子可能被环境中的人——老奶奶或教师吸引，与老奶奶和教师建立连接，在与她们的互动中开始自己的学习旅程；还有的孩子可能被环境中的活动，如在大树下、在操场上、独自或和自己的小伙伴/成人一起玩毛线、编织等吸引，并用自己的方式参与。教师设计这个学习情境的目的，可能不是为了组织一次“认识毛线”或“学习编织”活动，而是对孩子发出学习邀请，为他们提供与周围人、事、物、地方多元化连接的可能，激发他们的探究兴趣，让他们主动选择并用自己的方式融入这个学习场景。

在这个过程中，教师就有机会通过观察和倾听孩子在玩毛线时的所做、所说和所感，从而发现每个孩子在玩毛线过程中呈现的不同兴趣点、知识储备和擅长技能，而这些发现又有可能为教师进一步保持、调整或重新设计相关情境提供线索和依据。

那么，这样的《围观》还要继续吗？教师回答当然要继续啦！可以定期邀请老奶奶来，给那些没有参与的孩子选择参与的时机，也可以根据那些已经参与过的孩子玩毛线时的兴趣点和知识技能进行解读，投放新材料或创设新的相关情境，拓展和延伸学习。

《围观》让我们看到，教师除了可以通过观察、倾听、对话来看见儿童与周围世界的交互关系中的许多个“1”，并以此为线索拓展和延伸儿童的学习，还可以主动为儿童提供与周围世界建立多元化连接的机会，创设有助于儿童开创和共创学习，或者让学习得以拓展和延伸的环境，并根据儿童与教师创设环境所建立的独一无二的交互关系，想到由此带来的更多学习机会与可能。在瑞吉欧幼儿教育创始人马拉古奇看来，为儿童编织一个能启发学习的关系网络是教师的基本任务，他用希腊神话“阿德涅的线”①来形容教师最根本的和主要的角

① 注：“阿德涅的线”常用来比喻走出迷宫的方法和路径，源于古希腊神话故事，克里特国王米诺斯的女儿阿德涅给了特修斯一根线，使他能够杀死牛头怪（每年人们都需要将年轻的雅典人献祭给他），并逃出牛头怪所居住的迷宫。

色，即为学校和儿童的各种经验提供指引，赋予意义和价值(走出“迷宫”的一种方法)。教师是拿着线的人，她建构和组织错综复杂的关系网，并将它们转换成具有重大意义的互动和交流。①

① [意]卡丽娜·里纳尔迪：《对话瑞吉欧·艾米利亚　倾听、研究与学习》，32 页，南京，南京师范大学出版社，2014。

第四章　看见“有能力”维度的“1”

儿童的学习得以发生和发展，除了需要有来自儿童内在的学习意向、适宜的外部学习场合和情境外，还需要一定的知识和技能储备做保障，以支持儿童探究感兴趣的事物。玛格丽特·卡尔在《另一种评价：学习故事》中列举了五个方面的知识技能储备。①

➤ 能够支持儿童探究自己感兴趣事物的各种能力以及相关的知识储备。

➤ 有助于参与活动和保持专注的策略。

➤ 发现问题和解决问题的知识与技能；将犯错视为解决问题的组成部分。

➤ 学习一种或多种语言的天赋（广义上的）；熟悉一些与情境相关的“体裁”；有关熟悉事件的脚本知识。

➤ 承担责任、做出决定和被请教的经验；对公平和公正的理解；承担责任的策略。

这五个方面的知识技能储备与有助于学习的心智倾向/学习品质即好奇和兴趣、专注和参与、坚韧不放弃、自信沟通和承担责任密切相关，影响儿童做出和学习有关的选择、行动和状态。

一、看见支持儿童探究自己感兴趣事物的知识技能储备

学习故事 4.1　我的蒙古包

作者：康慧芳（鄂尔多斯市东胜区铜川第一幼儿园　大班）

时间：2019 年 11 月 29 日

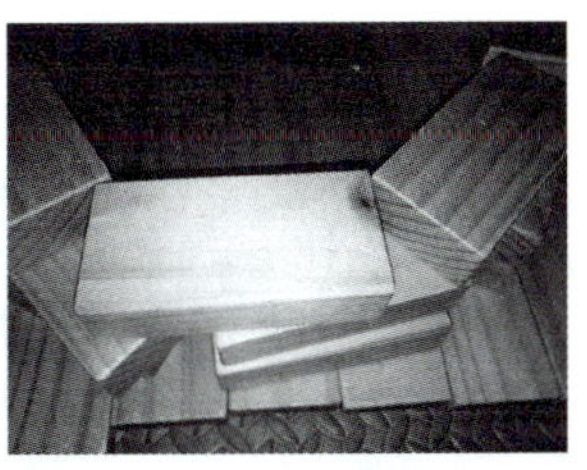

① ［新西兰］玛格丽特·卡尔：《另一种评价：学习故事》，50 页，北京，教育科学出版社，2016。

今天，你选择了建构区，搭蒙古包。一进建构区，你就开始铺地砖，开始打地基了，你找来了最长的长方形木板并平整地铺好。可是，在你不注意的时候翰翰开始往地板四周堆木块，你着急地说："你见过长方形的蒙古包吗？它应该是圆的！"

只见你用大小一样的长方形木块一个拐角对着一个拐角地盖起了墙壁。

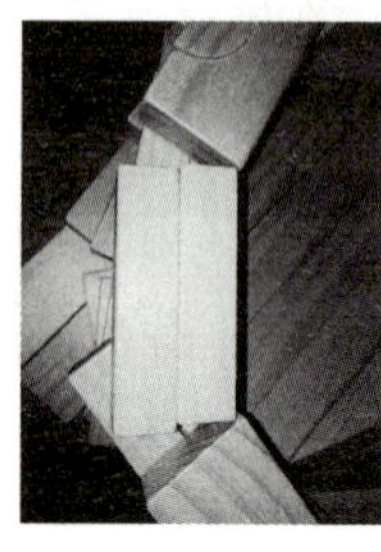

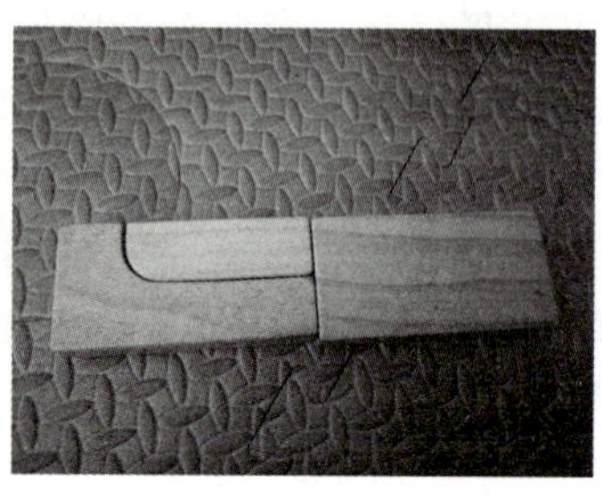

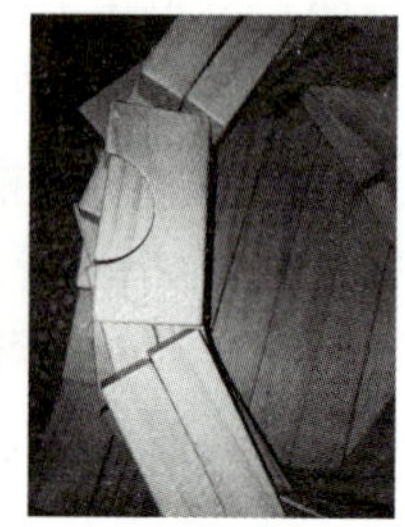

盖了五层后，你发现你们一开始用的长方形木块没有了，于是你找到了两个小一点的长方形木块，并且还发现这两块合并起来就和你们一开始用的一样大，你们立刻就用上了。

还有L形的和小细长条拼起来也可以！像是发现了新大陆似的，你开始寻找各种拼起来可以替代原来长方形木块的方法。你和翰翰乐此不疲地找着……

你们找到了很多，蒙古包也搭建得越来越高。你俩想着可以盖顶了。可是蒙古包的顶又不是平的，该怎么盖呢？你来试一试、比一比……这样似乎不行，中间似乎还得有一个支撑点才行。于是你往蒙古包中间立起了一条长长的木板，试图把倾斜的木块靠在这个长木板上。

可是，一靠上去才发现搭好的墙壁"噼里啪啦"被砸倒了。该怎么办？我说，我看到大二班的小朋友似乎有好办法，要不你们去看看？

看到他们的蒙古包顶，你说："这是用纸做的，可是我们班没有哇！"

我笑着摇摇头说："你们怎么知道没有？"

你俩就在办公室找到了蒙古包的圆锥形房顶，开心地把它运到了建构区。这顶一盖上去，你就发现这顶有点大，你的蒙古包有点矮，这时候你说："加高，加高点。"

又加高了四层，你们小心翼翼地把顶盖了上去。你们开始欢呼起来！

子轩，在搭建过程中，你一直专注地搭建着，遇到木块不足的困难，你也能静下来想办法解决，而且还尝试用不同的方法去解决问题！老师为你不断尝试、用多种办法解决问题的行为感到自豪，你真是一个爱动脑筋的孩子！

在《我的蒙古包》中，我看到了支撑子轩探索自己感兴趣的事情——搭建蒙古包的一些已有的知识技能储备。

- 与蒙古包相关的知识：外形、结构。
- 与搭建相关的知识和技能：不同材料的认知和使用、搭建方法的运用。
- 与形状空间相关的认知：长方体和长方体组合方法、尖顶、高矮。
- 与参与和解决问题相关的策略：静思、观察、寻找替代材料、勇敢尝试并验证。
- 与承担责任相关的策略：表达自己的想法、听取建议、协商、合作。

在撰写学习故事的识别部分时，可以像康老师那样，基于对眼前这个孩子的了解，重点聚焦对孩子来说这个学习事件中有重要意义的领域来识别，如子轩的参与状态——"专注"，以及"解决问题"的能力。不过，选择聚焦把对某些领域的识别写进学习故事里，并不意味着教师不需要尝试对儿童的学习进行多角度的识别，包括那些选择不写进学习故事中的维度，因为它们也有可能为进一步拓展和延伸儿童的学习提供线索。比如，在这个故事中，我读到子轩发现不同形状积木可以拼成长方体之后就像"发现了新大陆"。所以，如果我提供一些与"拼形状"有关的材料或游戏，会怎么样呢？如果我建议子轩把自己发现的拼长方体的各种方法记录下来，跟大家分享，又会怎么样呢？

二、看见有助于参与活动和保持专注的策略

学习故事4.2　害怕与挑战

作者：高赢(杭州市东新实验幼托园　大班)

时间：2019年12月

幼儿园这学期有新的大型玩具，孩子们看了非常兴奋，都想去试一试。这一天，孩子们一起玩树屋游戏，从贝贝区的攀爬网一直爬向二楼感统室，有些高，也有些挑战。小月亮刚开始就手脚发抖，没爬上去就害怕地向后退。你看到了身体也颤抖了起来，往后退了两步。但是当你看到小樾、小贝都开心地一点一点向前走，玩好了还想再玩一次的时候，你的表情放松了点，不再皱着眉头了，开始尝试起来。

一开始你眼睛看着下面，两只小手努力地拉着两边，小脚一点一点向前走，身体有些发抖。但当你发现前面小朋友蹲下身子，眼睛看着前面，手扶着两边慢慢向前走时，你也尝试着改变自己的动作，一点一点向前移，身体也不再发抖了，渐渐地你爬得也越来越快了。最后你成功完成了树屋挑战，脸上挂满了笑容，说着“一开始真有点害怕，现在感觉真厉害”，还兴奋地和我击掌，和小朋友合影留念。

小聚焦——我的识别

真高兴看到你能够大胆面对自己害怕的事物，并勇敢地挑战自己。当发现自己有点害怕时，你没有退缩，而是尝试开动脑筋寻找更好的方法，通过观察比较、分析其他小朋友的动作发现保护自己的方法，从而进行改变来保护自己，这样的品质值得我们学习。

我的策略跟进

害怕是我们常有的情绪，面对害怕我们可以保护自己，选择放弃或者直面挑战，这并没有不妥。今后老师会提供更多需要挑战的活动，你愿意试试吗？你可以用自己的方式去面对挑战，保护自己。

在《害怕与挑战》这个学习故事中，老师看见并详细记录了孩子在参与一项有难度学习活动时的状态，以及她所运用的各种应对情绪和挑战的策略：

- 观察他人，被他人鼓舞；
- 自己尝试，边行动，边评估风险；

➤ 借鉴他人经验，调整自己的动作；

➤ 体会成功感，自我评估、自我激励，分享喜悦。

学习和认知的过程总会伴随着各种情绪、情感和体验。看见、识别儿童参与学习活动时所运用的各种策略，清晰地记录下儿童的参与状态和运用的策略，可以让儿童看见学习中的自己，并在此基础上拓展和延伸对学习的认知和体验。当然，儿童参与学习的状态，不仅仅有《我的蒙古包》中子轩的专注，《害怕与挑战》中小月亮的勇敢，还可能有默契、热情、认真、幽默、愉悦……

三、看见关于犯错、发现和解决问题的知识技能储备

学习故事 4.3　我一定会做好

作者：池雨蒙（北京市西城区三义里第一幼儿园　大班）

时间：2019 年 9 月 18 日—2019 年 9 月 20 日

9 月 20 日是世界爱牙日，你接到了一个小任务，即在这一天要当着全园小朋友的面表演故事《义夫家的烦恼》，你在故事中扮演一名医生，从接到小任务到表演仅仅三天时间，还记得你做过哪些努力吗？

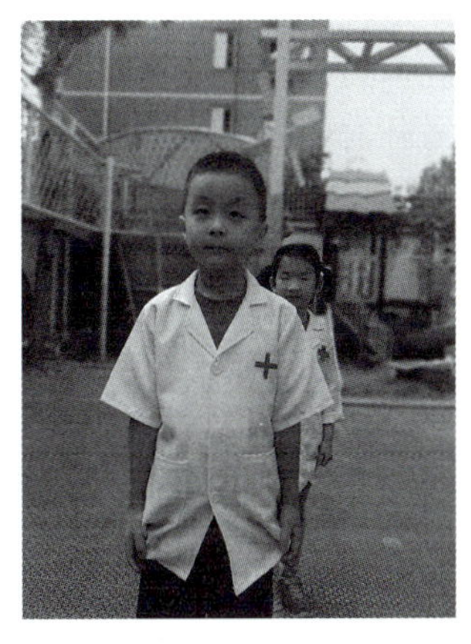

9 月 18 日

这天早上来园你对我说："池老师，我昨天回家练啦！不过还不太熟，今天我要继续练习！""想着自己的事就对啦！期待你的表演啊！"这一天，我体会到了你的用心。

9 月 18 日晚

我收到了妈妈的一条音频，音频中你的语气抑扬顿挫，我知道能练得这么流畅很不容易。这一天，我感受到了你的努力。

9 月 19 日早上

你早来园的路上还在拿着自己的手表一遍一遍地听自己的录音，连妈妈都说你可上心了！这一天我感受到了你想做好一件事那颗强大的上进心。

9 月 20 日

所有表演的小朋友要在上午彩排，你练了一遍后问我："池老师，还能再练一遍吗？我好想再练一遍！"当时我听了感到无比温暖与震撼，这可是你们玩游戏的时间啊！你却这么严格要求自己。

最后，功夫不负有心人，你在全园小朋友面前脱颖而出，你的台词最长并且最难，但你的表演非常精彩，小朋友们和老师都对你刮目相看。你的小脸上，终于露出了无比骄傲的笑容……

老师的话

我是班上的新老师，阳光、积极是你留给我的第一印象。最近，我认识了一个不一样的你，之所以有如此精彩的表演，不仅说明你有很强的记忆力和表现力，还说明你很有勇气。但我最想说的是，我惊讶你——一个六岁小朋友对一件事情的重视和所付出努力的程度，这样的你让我们成年人都需要向你学习。铭铭，你知道吗，在未来的人生道路上，如果每一件事你都像这次这么认真对待，你的将来一定很了不起，所以一定答应我，要一直一直这样坚持下去，好吗？

孩子的话

我特别感动池老师记录了这么多。我的台词不少，有个词语的发音我老发不好，我就努力听，上学和放学路上让妈妈帮我录在手表里听。那几天回家我就和妈妈练习。其实当天的表演就是一小会儿，我看着台下的老师和同学们开始特别紧张，我想清清楚楚地把我知道的都说出来，让大家知道怎么爱护牙齿。因为我原来有蛀牙，知道补牙很难受。等我上场的时候，我大声地背诵了出来，大家笑了还鼓掌了。回家妈妈就表扬了我，还给我看了老师录的视频，我特别开心。

爸爸妈妈的话

我好像不那么熟悉老师笔触下的孩子。在我的记忆中铭铭还是个会笑、会闹、会淘气、常年跟着哥哥后面转的小不点儿。今天读着老师写的点点滴滴，我突然间觉得孩子一夜长大，和孩子一起走过的日子也是我们互相学习的美妙旅程。每个孩子都是一个小宇宙，无限的可能、无穷的能量和不断的惊喜正等着我们去发现和感受。

这次扮演牙医，是铭铭特别自豪和感兴趣的事情。回家以后一有时间他就拉着我们听他背诵，在这个过程中不是没有困难，但孩子能克服、能坚持，甚至还能自己想办法在上学和回来的路上听录音，这些都是特别出乎我意料和让我感动的地方。铭铭，在爸爸妈妈眼里你在练习中的认真、努力和坚持都在最后的表演中，在和小朋友的合作中充分展现了出来。通过这次表演，你变得更加自信和主动。爸爸妈妈希望长大的你是自由的、快乐的、有收获的，并且是充满能量的……加油！

在全园小朋友和老师面前表演，对任何人来说都可能是一件充满不确定因素、困难和挑战的事情。因为池老师持续的观察、倾听和记录，让铭铭、铭铭爸爸妈妈和我们，都看见了铭铭应对挑战的态度、行动、策略和感受。

➢ 态度：有兴趣、自豪、想“清清楚楚地把我知道的都说出来”。

➢ 行动：主动练习、用各种方式帮助练习、利用各种可能的时间练习；大胆、自信地表演。

➢ 策略：识别任务中的难点——需要记住很多台词、有的词语不容易发音；努力练习；在别人的反馈中评价自己的表演效果，收获满足和成功感。

➢ 感受：紧张，结合自己的补牙体验，与观众共情，理解自己扮演“牙医”这件事的意义和价值。

以上这些，池老师都看见了、记录了。和我冷冰冰的罗列不同，池老师用自然、温暖和专业的语言，把这些对铭铭娓娓道来，并赋予了这次学习体验短期和长期的价值——表演成功和努力的力量。铭铭说他很感动，我也是。

四、看见与语言、情境和熟悉事件相关的知识技能储备

学习故事 4.4　打造“盒马”初体验 1.0

作者：戴丽丽、顾佳力（上海市徐汇区宛南实验幼儿园　大班）

时间：2019 年 10 月

你与禾禾在教室里打造了“盒马超市”。你们用货架做隔断，围出了一个小小的区域。接着，你在货架上摆放了琳琅满目的商品（薯片、饮料、饼干等）。禾禾搬了一张方桌放在货架旁，并摆上了玩具收银机，简易收银台完成了。

你用蜡笔画出了一个大大的盒马标志，贴在货架上，并大声吆喝：“盒马超市开门啦！”

你的吆喝声吸引了边上孩子们的注意，大家纷纷走了过来。嘉嘉说：“这里一点儿都不像盒马超市，我去的盒马超市没有收银员，机器一扫就能结账了。”新新说：“我也去过，超市里还可以吃东西。”“空中还有一条会移动的带子，上面挂着许多的购物袋。”希希补充道。小宇说：“我看到盒马超市里有许多海鲜，大大小小的海鲜池，想吃什么都有。”小朋友们纷纷对盒马超市提出了建议，你对禾禾说：“我们把大家的建议画下来吧，重新改造一下我们的超市。”

随后，你还邀请嘉嘉、新新和小宇等一起参与盒马超市的设计。

回顾与分析

在最初的“超市游戏”中，你与禾禾用货架和桌椅打造出了超市自选的购物

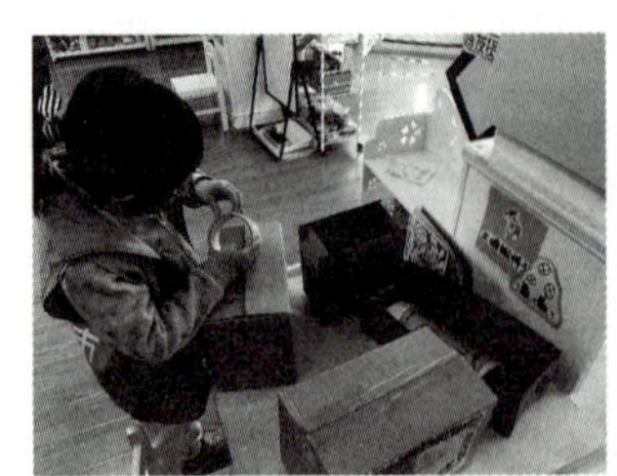

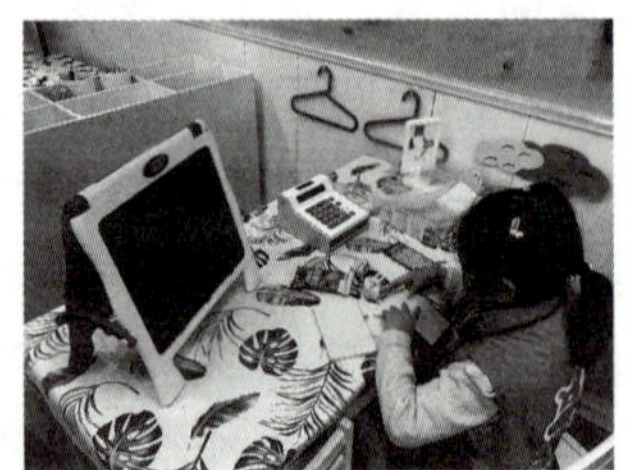

环境，这是因为你们对超市有一定的基本认识。虽然超市里的环境简易，但你们享受着游戏并沉浸其中。

你的卖力吆喝是吸引同伴的方法，能让超市游戏玩起来。但同伴们似乎对超市有着不同的想法，他们认为新超市可以堂吃，可以有外卖，可以更美观，等等。你非常乐于接受同伴的意见，倾听他们的想法，并用绘画的方式记录下大家的想法，更主动邀请同伴一起来打造新型智能的超市。

活动中，我看到了你愿意接纳同伴意见、愿意思考解决问题。

<u>支持与回应</u>

(1)抛出问题，引发讨论

在交流分享时，针对在超市游戏中你们产生的问题，就“如何让游戏中的超市像‘盒马’一样”这个话题展开集体讨论。你们小组和小伙伴们一同分享着超市购物的经历，一同记录着大家对“盒马”想要了解的问题。面对大家形形色色的话题，你们共同商量，在老师的帮助下设计出一张“盒马鲜生调查表”。

(2)实地调查，发现特别

你们带着亲子调查记录表和爸爸妈妈到实地开启了一场“盒马探秘”的活动。看一看、找一找，盒马超市与普通超市的区别；体验一回新型超市的特别；感受一次智能化的购物体验，并将这些特别之处用直观的方式记录下来，为你们的超市游戏积累经验。

让孩子们得以在幼儿园里《打造“盒马”初体验 1.0》的知识技能储备包括：

- 孩子们对“盒马鲜生”“超市”“智能化购物”这些情景的经验；
- 孩子们对与“超市购物”这一熟悉事件相关脚本的知识；
- 孩子们运用口头语言、身体动作语言和绘画手工等语言进行沟通表达的认知和技能。

孩子们在游戏过程中，在与同伴、成人互动交往的过程中，拓展了这方面的知识和技能，并让自己的游戏脚本得以进一步延伸，出现了“智能收银机”和尝试制作“超市传送带”的《升级盒马多发现 2.0》，以及发明“自动收银购物车”和把教室里智能机器人改装成“感应拖地机器人”的《变身盒马再创意 3.0》。

我们不仅可以在上述的角色游戏中看见儿童运用多种语言表达，呈现关于某些情境的经验，以及对熟悉事件脚本的知识，还可以从儿童的绘画、舞蹈、音乐、建构等游戏中，儿童与同伴、成人的对话和交流中了解。关键是我们是否对儿童这些知识技能和经验好奇，愿意去倾听、去对话、去呼应。

五、看见与责任、公平等相关的知识技能储备

学习故事 4.5 “摔倒”的小花

作者：葛秋晗（亳州市利辛县旧城学区中心幼儿园　小班）

时间：2019 年 4 月 1 日

“你怎么一个人坐在这里啊？”

“老师，这个小花花怎么摔倒了？它好可怜，会不会很疼啊？”别的小朋友都在开心地跑来跑去，你安安静静地看着一朵倒了的小花，皱着眉头说。

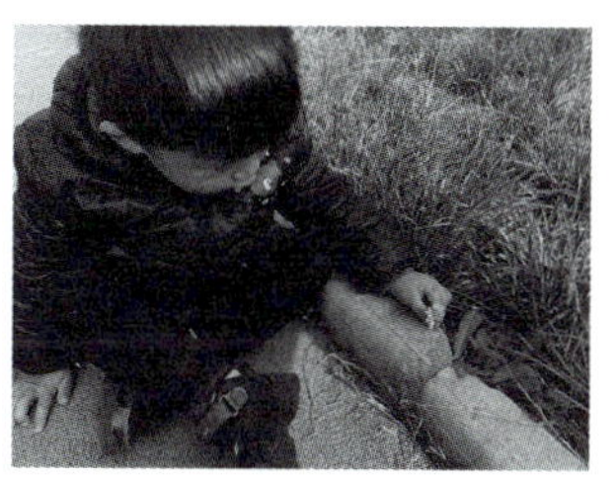

“呀，小花真的摔倒了呢！”

“不行，它这样一定会很痛的！”刚说完，你就用小手轻轻地扶起了歪倒的小花。

“小花，小花不疼了，我给你吹吹。”只见你扶起小花后，还轻声细语地安慰着小花。

其他小朋友都如放飞的鸟儿，自由自在地在大自然的怀抱里奔跑，只有你安静、有耐心地陪在小花的身边。

这时，涵涵看到你一个人坐在这里，也好奇地走了过来。

“你在干什么呀？”

“我在帮助小花啊，它摔倒了，很可怜。”

“那我们可以一起帮助小花，我也很喜欢小花。”

看你好像有点累了，但是还是没有放弃手中的小花，依然用小手扶着它。

“老师，太阳快要下山了，我回家了就不能扶着小花了，怎么办呢？”你

一边看着小花一边皱着眉头说。

"那我们可以想一个什么办法呢？"看着你担忧的样子，我有些感动。

"老师，你看，小花站起来了！"我好奇地凑过去，小花站起来了？

原来是你用聪明的小脑袋帮助了小花，把它轻轻地搭在小草身上，于是小花真的"站"起来了！

"嗯，你好棒啊，小花也很棒，你帮助了小花，小花也很感谢你。"

"你是美丽的小花，也是我的好朋友，我放学的时候再来看你吧，漂亮的小花。"看着小花"站"起来了，你很开心也充满了帮助别人的自豪感，老师也很自豪，你是一个有爱心、有耐心的小朋友。

责任，意味着心中有他人，尊重身边的人和一草一木，并愿意为了各自的幸福与和谐而努力。故事里的小奔，手累了也要扶着"摔倒"的小花，让我们看到了这份爱背后的尊重：对小花的尊重、对生命的尊重。小奔与这朵"摔倒"的小花共情——"一定会很痛"，好像听到了它的心声——"谁来帮帮我，把我扶起来"，他主动承担起了照顾这朵小花的责任。在新型冠状病毒肺炎疫情肆虐的当下，小奔对小花的关爱，着实令人感动，它值得珍惜和被看见，这是儿童可以体验到的生命教育。当然，看见儿童与责任相关的知识和技能，还包括看见儿童对自己的行为负责，看见儿童对周围同伴和成人观点的尊重和共情，以及为集体生活、社会生活的和谐幸福做出的贡献，如遵守规则和秩序、关爱环境和他人等。

六、给读者的小练习

你能从以下学习故事中看见哪些与"有能力"维度有关的"1"呢？

学习故事 4.6　小小巴布工程师

作者：董思宇（银川市第一幼儿园　中班）

时间：2018 年 4 月 17 日

今天下午的户外活动，孩子们选择了田园生活区。

"快多弄些沙子！"一个响亮的声音吸引了我。小博说："这是我们做的沙子滑梯。"小洲不停地将沙子放到滑梯上，小博则用手帮助沙子快速下滑。煜程一脸担忧地说："放太多沙子，滑梯会塌的！"

后来，你们看到小弋的沙子滑梯比你们的高，于是，你们便决定给自己的沙子滑梯搬家。

小博选择了一个长管子，在小弋旁边搭了一个滑梯。

佳琪被你们的滑梯吸引了过来，并提了一些建议。听完他的话，你们对滑梯进行了改造：用铁锅接住沙子，用更多的材料运输沙子。你们分工明确，小博负责倒沙子，佳琪则用手拨弄沙子以使沙子快速滑进铁锅里。

过了一会儿，你们想让沙子滑梯更惊险、更刺激，便设计出了以台灯为底座的两层滑梯，还是拼接的呢！但是，当小博把满满一罐的沙子倒入滑梯的时候，意想不到的事情发生了——滑梯“不堪重负”，倒塌了！

为了让滑梯稳固一些，你们尝试了很多办法。然而，还是失败了。你们又请教了“智多星”——小坤。小坤说：“台灯是圆的，容易掉。”于是，你们用奶粉罐替代台灯，使劲将其插入沙地后进行了新的尝试。小博迫不及待地将一罐沙子倒向管子，滑梯又一次倒塌了。小坤说：“沙子太多了，把管子压得太重了！”佳琪便一点一点地将沙子倒下去，大家都屏住了呼吸，期待自己的“工程”能成功。

这一次，滑梯没有倒塌，但是管子连同沙子一起滑了下去。这时，你们有点灰心了，打算放弃你们的“滑梯工程”。佳琪马上发现奶粉罐有边沿，可以把管子卡在上面。新一轮的探索开始了。这一次，沙子终于可以顺利滑下了。

佳琪兴奋地说：“小小巴布工程师终于成功啦！”

你们的探索并没有停止，向三层“沙子滑滑梯”发起了挑战。大家总结前面的经验，每一层滑梯都搭得十分仔细，并且一次就成功了！

<u>在搭建的过程中，老师看到了你们</u>

◆ 对空间知识感兴趣，能利用不同的材料通过多次尝试搭建出有分层的多层滑梯。

◆ 解决问题的能力很强，你们遇到困难不会轻易放弃，总是想办法解决。

◆ 能与同伴友好地交往，你们在合作游戏中会进行恰当的分工，遇到问题也会寻求同伴的帮助，并且能虚心接受他人的建议。

明天，我们还会来田园生活区玩，老师会给你们提供更多的材料，有绳子、大块积木、各种长短的梯子，期待你们搭建出更多层、更惊险、样式更多的滑梯，并且能探索出更精彩的玩法。期待小小巴布工程师们给我们带来更多的惊喜！

在对支持孩子学习的知识技能储备进行识别时，可以基于《指南》五大领域的维度，如在《小小巴布工程师》中，我们可以看到。

➢ 健康领域：与情绪调节、手部动作等方面相关的知识和技能。

➢ 语言领域：与倾听、表达等方面的相关的知识和技能。

➢ 社会领域：与人际交往、同伴相处、自主自信、尊重他人等方面相关的知识和技能。

➢ 科学领域：与探究态度、能力和方法以及形状空间等方面相关的知识和技能。

➤ 艺术领域：这整个过程难道不像一次装置行为艺术的体验吗？

现在，请试着从本章我们讨论的基于有助于学习的心智倾向/学习品质的知识技能储备来识别，看看你会有什么样的发现和感受。

➤ 能够支持儿童探究自己感兴趣的事物——“搭建沙滑梯”等各种能力以及相关的知识储备。

➤ 有助于参与活动和保持专注——“持续搭建”的策略。

➤ 发现问题和解决问题——“滑梯总是倒”等的知识与技能；将犯错视为解决问题的组成部分——对待“失败”的态度和认知。

➤ 学习一种或多种语言的天赋（广义上的）——运用哪些“语言”在沟通；熟悉一些与情境相关的“体裁”——“玩沙”等；有关熟悉事件的脚本知识——“沙滑梯”等。

➤ 承担责任、做出决定和被请教的经验；对公平和公正的理解；承担责任的策略——每个孩子为“搭建沙子滑梯”所做出的贡献。

在前四章中，我用了许多学习故事实例来分别呈现儿童参与学习活动时在“准备好、很愿意、有能力”这三个维度的许多个“1”。事实上，这三个维度是“三维一体”的一个整体，共同影响着儿童的学习过程和体验。只是，有时候，某一个维度会在比较明显的前景位置，起着更为决定性的影响，而其他两个维度可能就在背景位置发挥作用。因而，任何一个学习事件都需要、也都可以从“准备好、很愿意、有能力”这三个维度识别，关键是教师是否愿意并能够进一步发现它们在儿童学习过程中所处的位置和影响，以及进一步拓展和延伸儿童学习的许多机会和可能，让儿童在螺旋上升式的学习过程中，不断形成新的学习意向，不断强化与周围人、事、物、地方的关系，并不断用越来越复杂的方式拥有知识技能和有助于学习的心智倾向。

第五章 “学习故事”与看见每“1”个儿童

“儿童为本”是《指南》所追求的核心价值取向。《指南》提出，了解儿童是一切教育行为的前提，强调每个幼儿在沿着相似进程发展的过程中，各自的发展速度和到达某一水平的时间不完全相同。要充分理解和尊重幼儿发展进程中的个别差异，支持和引导他们从原有水平向更高水平发展，按照自身的速度和方式到达《指南》所呈现的发展“阶梯”，切忌用一把“尺子”衡量所有幼儿。这里的幼儿指的是每天走进幼儿园、走进教室的每一个独“1”无二的、具体的幼儿，而不只是抽象、普遍、泛指的幼儿。“掌握观察、谈话、记录等了解幼儿的基本方法”“有效运用观察、谈话、家园联系、作品分析等多种方法，客观地、全面地了解和评价幼儿”也是幼儿园教师必须具备的专业知识和能力。① 因而，看见每个儿童，并让自己的教学实践基于自己对儿童的了解，是很多幼儿园教师每天都在付出的努力。从本书第一章开始，我们可以从各个学习故事实例中看见撰写这些故事的老师们为了看见每一个儿童的具体实践。可是，看见每一个独“1”无二的儿童，看见每个儿童的独“1”无二之处，在实践中不易。那么，借助学习故事看见每一个儿童是一个什么样的思维和行为过程？为什么有些“1”不容易被看见？看见与儿童有关的“1 和许多”，以及撰写学习故事究竟有什么意义呢？

一、借助学习故事看见每一个儿童的思维和行为过程

学习故事，是在儿童观——每一个儿童都是有能力、有自信，积极主动学习者和沟通者的引领下，通过注意、识别、回应、记录、再读和回顾这一形成性评价过程和实践，发现儿童的兴趣和擅长的方面，并以此为切入点促进每一个儿童的学习和发展。社会文化建构理论和生态系统理论是学习故事的主要理论基础，因此，学习故事的评价实践需要重视儿童的主体能动力和对话，重视儿童与周围世界互动互惠的关系，承认学习和发展的不可预测性和无限可能性，为儿童建构自己对世界的认知以及有助于学习心智倾向的发展做出贡献。那么，这样的评价愿景和原则在实践中是什么样的呢？

---

① 中华人民共和国教育部：《幼儿园教师专业标准(试行)》，2012 年 9 月。

(一)“注意”时的思考和行动

在学习故事语境中，“注意”是评价实践的第一步，与我们常说的“观察”相似，即调用各种感知觉和方式去留意、去看、去听和体会儿童的学习。可是，在“注意”或“观察”儿童学习的过程中，我们应该如何思考，应关注些什么？为本书作序的李薇博士对此进行了梳理，并给教师提出了以下建议。

教师在观察学习事件的过程中可以关注并思考以下几个问题。

- 孩子在做什么？没有做什么？
- 孩子做的是你期待的吗？
- 孩子说了什么？（有声和无声的，包括值得注意的身体语言）
- 你会如何描述孩子当时的状态(包括情绪)？
- 孩子是一个人在玩吗？与其他人(其他孩子和成人)有没有互动，什么样的互动？
- 孩子和环境(当时所处的特定地方和材料)有互动吗，什么样的互动？
- 孩子可能在想什么？孩子的意图可能是什么？
- 孩子为什么会这样做、说、互动和想？

“注意”或“观察”时，教师可以在“看见＋听见”中发现儿童的目的、意图、兴趣和理论。

益智区里××手里拿着放大镜到处照来照去。他右手拿着放大镜，先对准左手上的一张白纸，斜着左眼仔细地看着放大镜里的白纸。大约有6、7秒钟的时间他将白纸换到了自己的左手上，这次他闭上了左眼，用右眼紧盯着放大镜，并将放大镜拉近右眼，认真地看着放大镜里边的左手，他一会儿照照手心，一会儿又照照手背，嘴里还不停地嘟囔着。

在这段“注意”中，可以看见老师细致地观察并记录了儿童在做什么——手里拿着放大镜时包括手、眼在内的肢体动作，以及儿童、放大镜和纸之间的关系。可是，儿童拿着放大镜左看右看时，心里在想什么？为什么这样看呢？如果老师对儿童的想法充满好奇，就可能在适宜、不打扰儿童探索的时候，与儿童对话，收集相关信息，于是就有了以下对话。

看到××这样，我问他：“你在看什么？”他瞪着大眼睛对我说：“我在看有没有细菌？”“那你看到了吗？”他很失望地说：“没有。”我鼓励他说：“你知道细菌是什么样子的吗？”“嗯，细菌就像毛毛虫一样。”“我想到别的地方找找有没有。”我朝他笑了笑，对他说：“你知道你拿的是什么吗？”“放

大镜。”“你觉得放大镜能看到细菌吗?”“当然可以。它能把所有东西放大，这样肯定就能看到。”

老师发起的与儿童的这段对话，收集了很多他拿放大镜的目的和意图，以及他的探究兴趣和正在发展的理论的信息——关于细菌、关于放大镜、关于如何可以看到细菌的理论，正是这些信息让我们可以了解儿童当时的所思、所想和所感，并为进一步促进儿童的学习提供了方向和线索。

教师也可以在“看见＋听见＋共情”中，走进儿童的情感世界。

学习故事 5.1　我的小床

作者：佟爽(北京市大兴区第二幼儿园　大班)

时间：2018 年 6 月 29 日

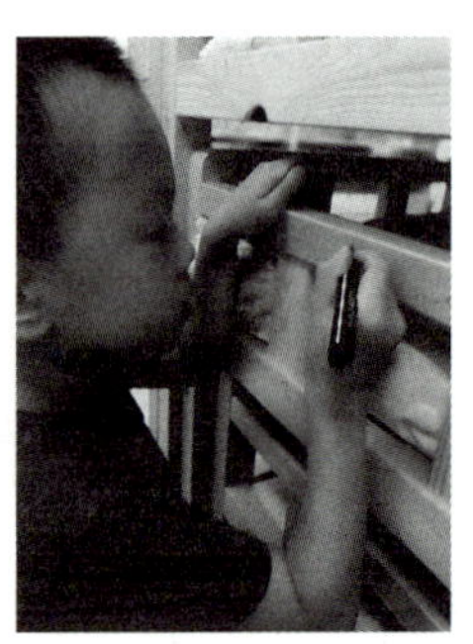

今天是你最后一天上幼儿园了，你似乎没有什么不同，依然做着你平时喜欢的事，但在区域活动的时候，你拿着笔在睡室里转了好几圈。我问你在做什么，你告诉我：“写名字”。

我好奇地走过去看，你在自己的小床边画了几个道道。

“这是你的名字!”“嗯!”

“为什么要写名字?”“我的!”

“你舍不得你的小床，是吗?”“嗯，我的!”

看着你坚定的目光，我冲你点了点头!

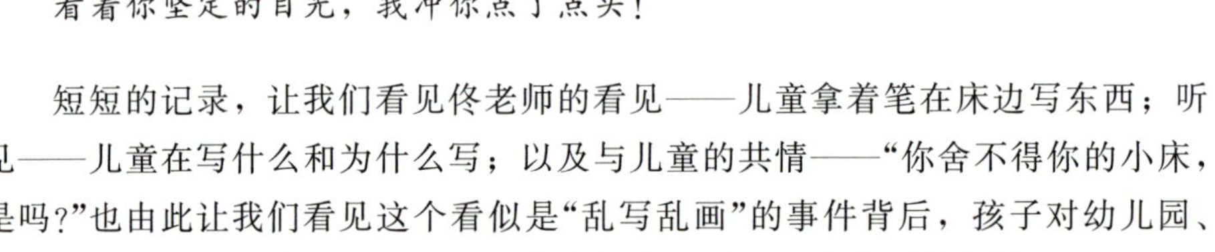

短短的记录，让我们看见佟老师的看见——儿童拿着笔在床边写东西；听见——儿童在写什么和为什么写；以及与儿童的共情——“你舍不得你的小床，是吗?”也由此让我们看见这个看似是“乱写乱画”的事件背后，孩子对幼儿园、对班级的那份归属感和不舍，正如佟老师在识别和回应中写的那样。

“有一种离别是不言而喻的，我能感觉到你对小床、对班级和对幼儿园的留恋和不舍，即便你没有用语言表达出来，但是你依然让我深深感动！我刚刚得到一本《再见了，幼儿园》的小书，我读给你听好不好?”

“注意”或“观察”，是一个尽可能收集与儿童复杂学习过程有关的多元化信息的过程，并且这个过程，对于促进儿童学习而进行的评价来说至关重要。因为教师收集到的关于儿童的信息是识别(分析、解读和评价)的依据，并且识别是否贴近儿童、效度如何，与老师看见、听见和感受到了什么密切相关。有教师可能会说，在“观察”时要想顾及那么多有点儿困难。诚然，这些问题如果在“观察”过程中能顾及，当然最好，但也可以在完成了学习故事之后再去反思“观察”过程中教师的所思、所为。例如，注意“孩子在说什么”，强调的是倾听儿童，不仅倾听有声的声音，还要倾听儿童的心声，这心声可能是通过肢体语言、动作、表情等传递出来的。倾听要用心去听。再如，围绕“孩子做的是你期待的吗”的思考，是在提醒教师觉察自己的期待，觉察你在“注意”时，重视的是“你希望看到的样子”，还是“儿童自身本来的样子”。“注意”儿童的学习，意味着教师需要全身心地投入到对儿童的观察、倾听、共情、记录和反思中。

(二)“识别”时的思考和行动

和儿童在一起的每一天里，教师会“注意”或“观察”到很多儿童的活动或状态，但是只有其中一部分会被他们“识别”为“学习”的活动或状态。“注意”和“识别”的不同之处是专业知识和评价的运用，只有在教师对注意到的学习事件识别时，才能让“观察”转化成“评价”，无论这个“评价”是发生在观察当下的识别过程中即非正式评价，还是发生在过后被记录下来的写入文本的识别中即正式评价。那么，教师在“识别”时应该如何思考呢？

新西兰教育领导力项目创始人温迪·李建议用疑问句来开始自己的识别过程，试着在识别中回答“在这里，什么样的学习可能正在发生”，或“这个学习事件让我对××又有了什么样的了解”，或者“这个学习事件给我带来了哪些反思”等，并提醒大家不仅要识别儿童的知识技能，还要识别影响儿童学习状态和选择的且有助于学习的心智倾向/学习品质。

在本书中，借助“1和许多”这个隐喻，我建议教师从“准备好、很愿意、有能力”三个维度来分析、解读儿童学习过程中的许多个“1”——如在第一章到第四章中所讨论的那样，并赋予学习事件以价值。

➤ 从“准备好”的维度识别——识别学习意向。①驱动这个学习事件发生的儿童的内在动机可能是什么？儿童感兴趣的、好奇的可能是什么？儿童心中的目标或意图可能是什么？②什么样的情绪或情感可能伴随着儿童？③是什么样的自我认知可能影响着儿童的参与？

➤ 从“很愿意”的维度识别——识别儿童对学习情境和场域的认知和关系。①环境中的哪些因素可能激发了儿童参与的兴趣——因为某个人或群体，因为某个活动，因为某样东西或者人工制品？②儿童在所处场域中可能处于什么样的位置和角色——边缘、中心、新手、学徒、专家？③儿童在置身的场域中可能的感受是什么，对这个场域的认知可能是什么样的？

➤ 从“有能力”的维度识别——识别儿童的知识技能储备。①儿童正在建构和发展着哪些方面的理论？②儿童的哪些已有知识技能在支持着他的兴趣、参与、坚持、沟通和责任？③可能存在什么样的认知失衡带来的“认知结”？

➤ 跨越“时间”维度识别——以前哪些学习事件有可能与这个学习事件有连接，什么样的连接，可能是哪个维度的连接？从这些连接的学习事件中，我们可能看见了儿童的哪些变化？

➤ 跨越“空间”维度识别——儿童在家庭中和幼儿园外的哪些人、事、物有可能与这个学习事件有连接？儿童的家长可能会如何看待这个学习事件？

➤ 从“儿童的视角”反思：我识别到的这些是儿童希望我看见的吗，他们希望我看见的是什么？

学习故事 5.2　你看我这样像蝴蝶吗

作者：付雁（北京市西城区教育研修学院 教研员）

时间：2019 年 6 月 5 日

【故事发生在北京市西城区蓝天宇锋幼儿园小班】

看到你时，你正在用架子把你的作品展示到墙上。我问你时，你大方地告诉我，作品是太阳和蝴蝶在玩捉迷藏，还有藏在草里的蝴蝶。我被你的自然大方吸引了，想要为你和作品照相。你露出自信的笑容并把你捏的青蛙妈妈和小蝌蚪宝宝的作品展示给我，你高兴地给我讲起来。接着，你又拿起放在柜子上的观察记录本，告诉我，这也是你画的，青蛙妈妈找到小蝌蚪宝宝很开心。也许是拿着的动作启发了你，你竟然双臂交叉着煽动起小手，兴奋地说：“我这样像蝴蝶吗？”

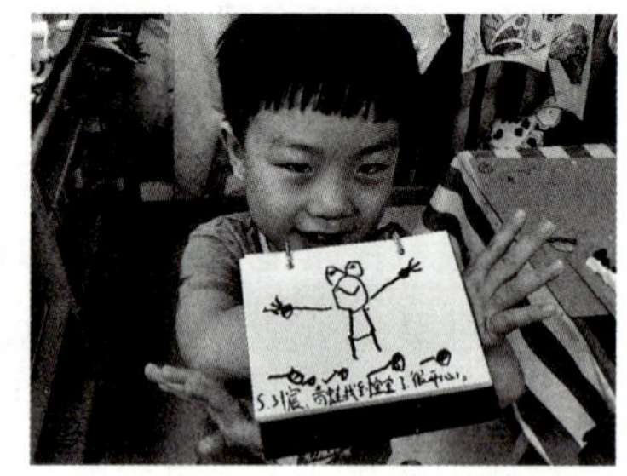

简直太像了！你的想象创造和表达简直太赞了！还可以怎样表现？期待你更多的创造！

这是一次付老师去幼儿园观摩后写下的学习故事。付老师在和儿童、班级老师的对话和交流中，建立了她所注意到的学习事件与之前的两个学习事件间的连接，让我们看到了儿童的持续的兴趣，以及用多元化的语言和表达方式建构着自己对蝌蚪、青蛙、蝴蝶的认知、想象和相关脚本。不过，读着这个学习故事中的“识别”，总让我感觉不过瘾，我很好奇，也想知道，为什么这个孩子那么自信，那么会想象？是什么让付老师觉得这个学习事件值得被记录下来呢？

于是付老师告诉我：“这就是那个饲养蝴蝶，看见蝴蝶羽化的那个班。今天，我感受特别深的是班级的文化氛围和老师对孩子学习的陪伴和支持。老师巧妙的环创和孩子的举动，都吸引了我，让我感受到自主支持的氛围。”付老师说完这些话，意识到了“很愿意”维度对学习事件的重要影响，于是，她把“很愿意”置于前景位置，重新进行了识别：

> “我想，每个走进你们班的人可能都会感到，为什么你能那么了解蝴蝶、青蛙，在你的泥塑、图画和故事里，它们为什么会那么生动、有爱又充满想象？是那些饲养青蛙、陪伴毛毛虫羽化成蝶的日子，将你和它们连接在一起。要感谢老师为你们创造了一个亲近自然，有机会学习和青蛙、蝴蝶友爱相处的环境。我也好想成为你们班的小朋友。”

从付老师所写的学习故事和我们后续的交流中，不难发现，“识别”常常离不开“对话和讨论”——在现场与儿童、教师围绕学习对话和讨论；在“识别”时与自己的所思、所想、所感对话和讨论；也可以与身边的同事、家长对话和讨论。目的是①多元视角解读学习发生发展的过程；②就一些观点达成共识；③凸显学习事件的价值和意义；④寻求儿童对自身学习的看法；⑤通过与家庭分享写下来的学习故事，把家庭也纳入学习和评价过程中；⑥决定下一步可以做什么。如果儿童身边的成人——包括老师和家长注意、识别儿童学习的能力越强，那么越有能力让更多即时又专业的回应得以发生。

偶然进入这个班的付老师对这个儿童并不了解，但这不妨碍她从自己的视角分析、解读和评价该学习事件，为班级教师提供另一个理解这个儿童和这个学习事件的视角，让班级教师也有可能从另一个视角看见自己的班级，看见自己的工作意义、价值和对儿童的影响。作为“客人”的付老师，没有观察和记录这个班儿童学习的责任和义务，但是因为相信每个儿童都值得被看见，付老师又被这个班的小朋友吸引、打动了，所以她愿意带着爱和喜悦去看见、去识别、去记录这样一个对她来说值得记录的时刻。

“识别”，是教师将自己的专业知识、情感和价值观运用到对儿童的分析、解

读和评价的过程中。因此，在识别中，凸显的不仅是儿童和学习，还可以一窥教师对教和学，对儿童、世界和人生等的态度和理解，呈现教师的专业性。

（三）"回应"时的思考和行动

"注意"，是发现儿童生活中与学习有关的"故事"；"识别"，是通过分析、解读和评议，赋予某个或某些学习事件以价值的"评价"；"回应"，是利用我们观察和分析的信息来理解和支持儿童的学习，让这一"评价"过程成为以促进儿童学习为目的的"形成性评价"，也被视为教师为进一步拓展和延伸儿童学习所想到的"机会和可能"，以及为了让这些"机会和可能"与儿童相遇而制订的"计划"。新西兰国家早期教育课程"Te Whāriki"建议教师在"计划"时可以从以下疑问开始讨论。

➤ 关于儿童的学习和发展，我们秉持着什么样的信念？

➤ 我们对眼前的儿童有哪些了解？

➤ 我们、家长和社会对儿童有哪些期望和愿景？

➤ 为了实现这些期望和愿景，儿童需要学习什么？

➤ 作为儿童身边重要的成人，想要支持儿童这样的学习，我们需要知道些什么，做些什么？

➤ 我们需要提供什么样的环境才有可能让这样的学习发生？

围绕这些话题的对话和讨论，有助于幼儿园、教师和家长明晰什么对儿童来说是最重要的。虽然这些话题很宏观，但给我们提供了一个如何将"回应/计划"与我们的愿景、理念和原则编织在一起的思考框架。这个思考过程也适用于幼儿园每日生活中的各种计划，如具体到某个儿童、某个活动、某个区域或者某个领域的计划等。也就是说，在日常学习和生活中，教师的计划包括：①基于对眼前儿童的了解和期待；②关乎教师的认知、行动、与儿童的互动和关系；③重在创设可能进一步激发学习机会和可能的环境，包括计划提供哪些可能的激发物、组织哪些可能的激发活动、建立儿童与哪些人或地方的新连接等。《指南》也指出，教师要创设丰富的教育环境，合理安排一日生活，最大限度地支持和满足幼儿通过直接感知、实际操作和亲身体验获取经验。

学习故事 5.3　给朋友写信

作者：顾晓洁（广州开发区第一幼儿园　中班）

时间：2016 年 3 月

小麦，今天你躲在一个角落里，专心致志、神情严肃，甚至有点紧张地在做一件事情。我走过去，终于知道你做的事情了：原来你正在给好朋友写信。

   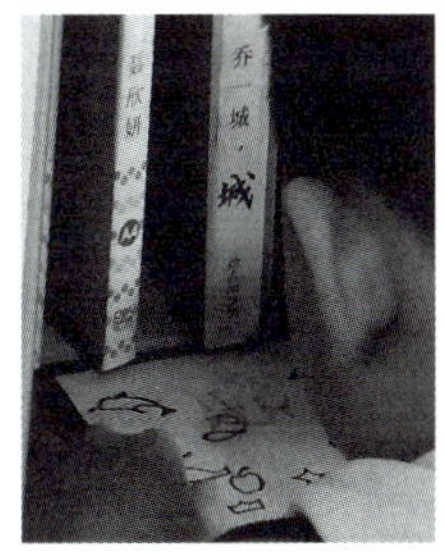

你右手拿着笔，左手放在档案册的名字条上，轻轻地抚摸着，并按照打印的名字一笔一画地临摹。每抚摸一个笔画，你就在“信纸”(画纸)上“画”上一笔，我意识到，你不会写好朋友的姓名。你认真地慢慢临摹，直到把好朋友的名字写完。

<u>教师的思考：</u>

小麦，今天你心里有一个很明确的任务，你很清楚地知道你想要做什么：给你的好朋友写一封信。不会写好朋友名字的难题显然并没有把你难倒，聪明的你想到站在档案册旁边，根据老师打印的姓名一笔一画地临摹、描画。这告诉我，你正在发展独立书写的能力，出现了探索文字、学习笔画的愿望。在模仿文字的过程中，你表现出超强的观察、独立和善于思考的学习能力，这都是很优秀的学习品质。在临摹的过程中，我看到了你的坚持和对友谊的重视，为了让你的朋友收到一封属于你们的信，你坚持认真完成了自己的工作。

最近一周的时间里，老师发现，班上儿童对写信非常感兴趣，每天都在给好朋友写信。可是不会写字是孩子们进行这个游戏的难题和障碍，遇到不会写的文字或语句，他们会想到找老师帮忙。今天的小麦却想到了一个不一样的解决方法，你尝试临摹档案册上的名字标签。我在想，或许应该在教室里提供一些甲骨文图片、文字卡片、临摹字帖、笔画图等一些资料，并在大家的名字标签旁贴上你们的照片。当然，如果你和你的朋友都愿意的话，我们也可以分享你今天的发现。

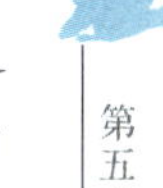

在最后一个自然段中，我们看到了顾老师对如何回应小麦写信的思考。这些思考，不仅基于她对小麦最近一段时间的注意和识别，还有她所看到的班里一些儿童的共同兴趣，以及可能存在的“知识技能储备”共性特点和共同面临的“认知结”。支持儿童写信的兴趣，帮助儿童拓展对汉字的认知和写信的技能，是她的愿景和期待。为了实现这样的愿景和期待，顾老师设想了具体的行动计划，包括创设丰富的汉字环境，将汉字与儿童建立连接，以及鼓励儿童之间分享彼此的认知和经验。虽然，这份计划在形式上不同于我们常见的活动计划、日计划或周计划，但却让我们看到了一份计划所需要的主要元素：对儿童的分

析和解读、教师心中的愿景/目标、具体的设计和行动。那么，在构想有助于拓展和延伸儿童学习的具体行动时，教师可以从哪些方面思考呢？

➢ 促进“频度”的回应，让相似的学习事件更为频繁地发生：儿童究竟好奇的是什么，可能的兴趣是什么，如何能让环境中“有”与儿童好奇的、感兴趣的东西相关的物品/材料，如图书、玩具、其他实物等？

➢ 促进“长度”的回应，让相关的学习可以持续发生：如何安排时间，什么样的空间和地方，可以让儿童投入地“玩”起来，主动参与进去？

➢ 促进“深度”的回应，让儿童的学习越来越深入，得以用越来越复杂的方式学习：如何支持儿童探究感兴趣的事物的本质，帮助儿童在自己的兴趣与更广泛的“多元化语言”“情境”和“生活脚本”间建立连接，迁移和应用自己知识、技能和有助于学习的心智倾向？

➢ 促进“广度”的回应，儿童得以“准备好、很愿意、有能力”参与越来越广泛的各种社会文化实践和学习活动：什么样的师幼关系和互动、班级文化、幼儿园一日生活等，有助于赋权和激发儿童参与和学习的力量？

学习故事 5.4　哇！小蘑菇

作者：史粤宁(广州开发区第一幼儿园　小班)

时间：2019 年 3 月 13 日

“哇！小蘑菇！”晨练时，我被孩子们激动的声音吸引了过去。

“老师，你看，这里有一个小蘑菇！”

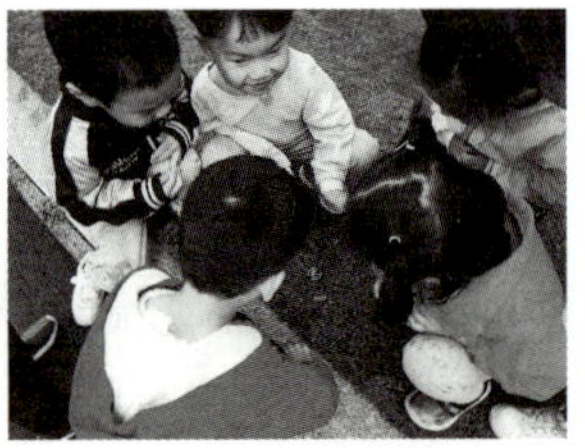

跑道旁攀爬网下面的叶子下面藏着一颗小蘑菇，斐然想伸手去摸摸它，又不敢，几个小朋友围着攀爬网仔细地观察着小蘑菇，满心欢喜。

多多：“这里怎么会有小蘑菇呀？”

佳淇：“我会唱《采蘑菇的小姑娘》！”

多多：“蘑菇不是长在树林里吗？”

斐然：“这里也是一个小树林吧？”(指着矮矮的小草堆们)

小朋友们：“好可爱的小蘑菇哦！”

乐潼：“你看你看，这里还有一个蘑菇干。”(指着网旁边的一朵被采摘下来的风干的蘑菇)

多多："哇！蘑菇干！原来蘑菇干长这样呀！"

乐潼："好可怜的蘑菇干，都扁扁的啦！"

在孩子们身上发生了什么样的学习？

善于观察的你们，发现了"藏在"草堆里的小蘑菇，认真观察的你们真可爱。对于幼儿园里生长的植物，善良的你们特别珍惜，遵循"眼看手勿动"的原则。看到旁边被踩扁的小蘑菇，你们把它想象成蘑菇干，流露出满心的可惜之情，老师为善良的你们点赞，愿你们用会发现"神奇"的双眼寻找到更多的自然风情。

机会和可能性

我会把你们的小故事读给其他小朋友听，如果你们感兴趣，我们将继续研究蘑菇的成长环境，了解蘑菇的分类。我也会准备一些蘑菇的图片和超轻黏土作品，鼓励你们用各种材料制作你们喜欢的小蘑菇。

这个小故事记录的只是一个小小的事件——儿童在操场上发现了一个小蘑菇，但是这个小事件，让老师看见了儿童主动与小蘑菇建立的连接：①关于蘑菇，儿童正在发展的理论——蘑菇生长在哪里、蘑菇和蘑菇干之间有什么关系等；②儿童了解的关于蘑菇的多元化表现——歌曲《采蘑菇的小姑娘》；③儿童对蘑菇的情感流露。于是，在回应中，老师也围绕这些线索进行了构思，但并没有及时组织一系列相关的活动，而是决定"把你们的小故事读给其他小朋友听，如果你们感兴趣……"在这样的对话、倾听和持续呼应中，小蘑菇激发的学习旅程就此开启了，老师为儿童撰写的一系列学习故事也让我们看到了这段由几个儿童引发的学习旅程在"频度、长度、深度和广度"上的拓展和延伸，也在吸引越来越多的儿童和家长参与持续探究和学习。

有些学习故事呈现的是教师对某个儿童持续的注意、识别、回应，让我们看到儿童在参与某一领域的学习或与某个有助于学习的心智倾向有关的学习，以及在参与"频度、长度、深度和宽度"方面的变化、进步和发展。例如，《凡心健康领域系列学习故事》(学习故事 5.5)，就是凡心小朋友从小班到中班的几位老师撰写的她在健康领域的学习故事，从中我们可以看到凡心在这个领域的进步和发展，也可以看到有助于凡心学习的心智倾向——特别是面对身体挑战和困难时的勇气、自信和责任感在不断增强。

学习故事 5.5　凡心健康领域系列学习故事

(广州市越秀区东方红幼儿园)

2018 年 10 月 24 日　和小朋友们一起玩呼啦圈

作者：钟雨瑶

今天，我们来到操场上和大班的哥哥姐姐一起进行体育游戏。你似乎对呼

啦圈很感兴趣，看到摆放在地上的呼啦圈，就蹲下来玩。但一开始你并没有拿起呼啦圈进行游戏，而是在旁边看别的小朋友游戏。我正和其他小朋友玩“抓小鱼”，邀请你参加，你没有加入，只是站在旁边看我们玩。

看到我们玩得这么开心，你终于忍不住了，拿起一个呼啦圈，跟我们玩了起来。就这样，你慢慢融入了小朋友们的游戏。

后来，看到摆放在地上的几个呼啦圈，你尝试着双脚并拢跳过一个个圈圈。呀，这是一种新玩法呢，其他小朋友看到了也觉得好有趣，忍不住跟在了你的后面，玩起了这个跳圈圈的游戏。慢慢地，你更加投入体育游戏里面了，开始主动地去其他地方探索更多的体育器材。

短短一个小时的体育游戏，你从最开始的观察者慢慢变成了游戏者，你不仅尝试了和呼啦圈做游戏，更鼓起勇气和其他小朋友做游戏。这对于你来说，是一个很大的改变。小朋友们都很喜欢和你做游戏哦，下一次，我们继续一起玩吧！

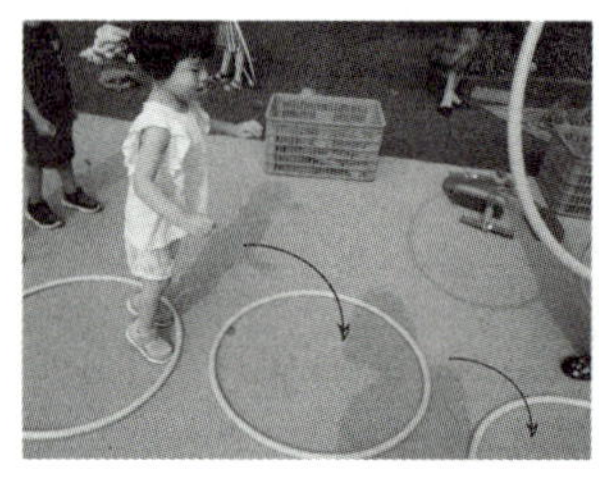

2018 年 11 月 6 日　棒棒的你

作者：麦肖明

体育游戏时，小朋友们玩了一个特别好玩的平衡游戏。从低水平到高水平，大家在平衡木上走着。瞧，女孩子们当走到高水平（又高又窄）的时候，个别女孩子害怕起来，你也有点害怕不敢过。玩了几次之后，你让我眼前一亮，只见你小心翼翼地左右脚慢慢交替着行走，哇！太厉害了！佩服你的勇气，给你点十个赞！

2019 年 3 月 6 日　驰骋中的你

作者：陈颖

今天体育活动，我跟你们玩了一个叫“揪尾巴”的游戏。一开始，你气势很高涨，跳进“鱼池”，跟其他小伙伴一同玩起了游戏。在游戏的过程中，有几次差点就把你抓住了，但是你都灵活地避开了“追捕”，看起来你非常认真又紧张。

玩了一会儿，越来越多的小鱼被我“揪掉”了尾巴。忽然，你“哇”一下哭鼻子了，边哭边说：“老师，我不想玩了。”你的眼神很恐慌，小拳头攥得紧紧的，我猜，可能因为游戏太刺激了，你有些紧张就让你到旁边休息一下。

又玩了一会儿，我看到小朋友们的躲闪技巧有了很大的进步，就重新制定了游戏规则：玩一对一的游戏。

这个时候，在一旁观察着的你把小手举得高高的，我一看，眼泪早已从你的脸颊上消失，你自信地说：“老师，我要当大鲨鱼！”

这简直就是一个太棒的主意了！我很开心你又重新加入游戏！在接下来的游戏里，你勇敢、自信地担任着大鲨鱼的角色，你跑起来的时候好看极了，真的像一条遨游在大海里的大鲨鱼！虽然我不知道你从哭鼻子到勇敢举起手这个过程中经过了多少心理斗争，但我在你的眼神里感受到了一股强大的力量——让我为你拍手叫好的力量！我真的好喜欢那个在赛场上驰骋的凡心宝贝！

2019 年 3 月 18 日　大鲨鱼就是你

作者：陈颖

上周，你在玩“揪尾巴”游戏的时候，表现得非常勇敢和自信，还主动要求参加了“2V2”的挑战比赛，大家都对你赞不绝口。

在我心里，你当时的表现给我留下了非常深刻的印象。我越发感受到你在体育活动中的巨大进步：从一开始你不愿意参加各种锻炼体育技能的活动，到慢慢尝试加入，再到如今主动地接受挑战。你的眼神里没有一丝畏惧，像小战士一般英勇！

今天，轮到另外一组的小朋友玩“揪尾巴”游戏，你跟着麦老师在另外一组玩其他游戏。正当我们这组小朋友玩得如火如荼时，你忽然跑过来对我说：“老师，我也要加入！我要做抓人的那个大鲨鱼！”你坚定地提出自己的要求，字字铿锵，我没有拒绝你的理由。

担任“大鲨鱼”角色的你，要比上周玩游戏的时候显得更娴熟了。上周的你，还处在游戏的摸索阶段，今天的你已经在思考怎样才能把这个游戏玩得

更好了。在赛场上，你的眼睛紧紧盯着前面的“小鱼”，想尽办法追逐，把“小鱼”逼到无法逃脱的境地，并且你还有意识地伸手去“揪”小鱼的尾巴！这一系列看似简单的动作，我知道对于小小的你来说一点儿都不简单，这些都是需要思考的！你让我见到了一个既能勇敢面对挑战，又懂得思考问题的小孩子！

2019 年 3 月 22 日　借胆

作者：陈颖

一圈，两圈……你在旁边徘徊。

老师问：“要不要来试一试？”

你说：“我怕！”

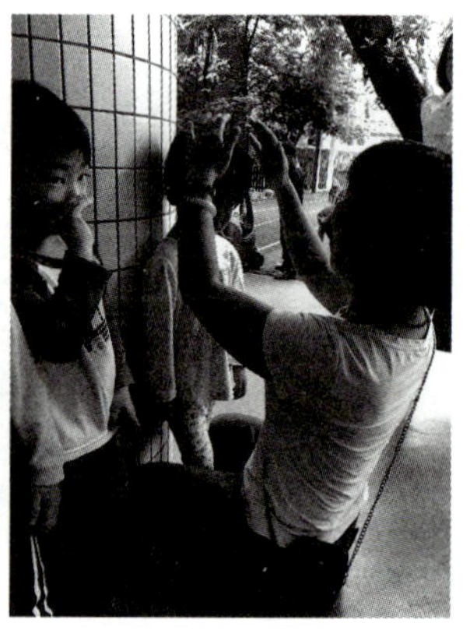

“别怕，我把我的胆借给你。”

前面的小男生也说：“我也把我的胆借给你。”

高高的梯子在你面前就像一个巨人。

你一步一步地向上爬着，

时而稳当，时而晃荡。

你坐在“巨人”的“肩膀”上。

“老师，我怕！”

“别担心，老师在下面接着你！”

“老师，我怕！”

“加油！你的脚已经迈过来了，真有力量！”

“老师，我怕！”

“我再把胆量借给你！”

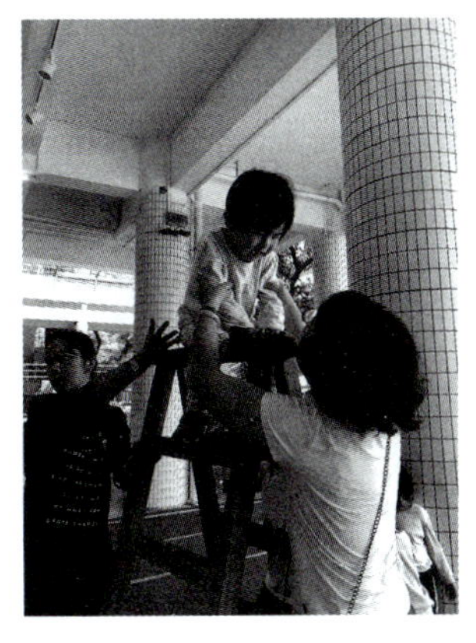

终于，你“翻”过了“山岭”！

你流着眼泪，却从未止步。

这是你的第一次翻越，你努力地克服了恐惧。

这是我们见过最勇敢的挑战！

“下次还要再借胆给你吗？”

你点点头：“嗯！”

2019 年 11 月 4 日　助力

作者：陈颖

我发现你的胆子越来越大了，好像现在已不需要我们再把胆量借给你了。就像上周我们去探索幼儿园新修的地道一样，我问你们谁敢做排头兵去试一试，你第一个就把手手用力地举起来：“我敢！”这声音坚定而又充满力量，大家听了身上瞬间充满电。

今天，园里新的大型玩具正式开放了，你一口气从地面爬到了第二层，足足有两层楼那么高，你一口气爬上去不带一丝怯懦和犹豫，你好厉害！从第二层爬到第三层的时候，你的尝试了好几次都没爬上去。下面的两个小伙伴就把你的小屁股和双脚用力地往上抬，协助你往上蹬。你特别信任他们，没有一丝犹豫，借着他们的力量，再加上你双手用力抓紧栏杆，一下子就蹬到最高的第三层上面去了！你还伸手把下面两个小伙伴也拉到了第三层。他们把力量借给了你，你同样也把力量借给了他们。

虽然你还是那样恬静而内敛，喜怒不容易让我们察觉，但我从这些照片里看到你偷偷地在小伙伴旁边举起了胜利的手势。想必这种一起冒险的感觉是特别好的！

在《凡心健康领域系列学习故事》中，老师们对凡心即时回应/计划的重点包括以下三方面：①看见并尊重凡心参与体育活动时的各种情绪和感受，给予她旁观时间；②看见并强化凡心参与体育活动的各种心智倾向，如点滴的参与兴趣、勇气，并给予支持和鼓励；③在日常户外体育活动中，看见并记录凡心参与体育活动时状态的变化——从边缘到中心，以及其位置和状态的改变，也让凡心和家长看见越来越有能力、有自信，积极主动参与体育活动的学习者……老师们在这样的回应中，计划的不是体育活动如何组织，而是思考教师可以为凡心创设一个什么样的心理环境、时间环境和评价文化，以促进凡心参与体育活动时状态的改变，以及她在健康领域的进步和发展。

教师对儿童学习即时又专业的回应是促进儿童学习和发展的重要一环，在回应中，教师需要做到以下几点：保护并增强儿童学习的动力；为儿童未来的学习提供方向；包容、接纳儿童的不确定；在倾听儿童心声、与儿童对话的过程中不断调整方向；努力融入集体的智慧和力量；明白儿童的学习是复杂的，发生在他们与周围世界互动互惠的关系中。

（四）“记录”时的思考和行动

玛格丽特·卡尔把对儿童学习的注意、识别、回应、记录和回顾过程形容成一个“逐步过滤”的选择过程，即教师会有选择地对某些儿童与学习事件进行注意、识别、回应、记录和回顾。因而，发生在幼儿园每日生活中的很多非正式评价——教师即时对儿童学习的注意、识别、回应，并不一定会被记录下来写成正式的评价文本学习故事。

那么，在选择记录什么，怎么记录时，该如何思考呢？为本书作序的李薇博士建议教师思考以下问题。

➤ 你为什么想写下这个故事？【思考这个学习故事对儿童的意义和价值】

➢ 是谁的主意(想法)在推动着故事的发生和发展?具体是什么主意呢?【突出儿童的主意，主意可以是一个兴趣、是要解决的问题、想做的事情(或东西)、想玩的角色、想试试某件事(可能儿童的小脑袋里已经有“如果……，就会……”的想法，即儿童的理论)等】

➢ 如果儿童给这个故事起名字的话，可能会起什么样的名字?

➢ 这个故事的主角是谁?【是作为有能力、有自信、积极主动的学习者——儿童，还是老师】

➢ 在这个故事里，可以看到儿童当时在学什么(不同学习领域的已有知识经验、技能和新经验、新技能)，怎么学(学习品质、学习策略)和为什么学/玩(如兴趣、动机、目的、情感)吗?

➢ 在这个故事里，可以看到儿童和周围环境(人、事情、地方等)间互动互惠的关系吗?

➢ 这个故事让儿童、家长和其他人看到了一个什么样的学习者?

➢ 如果你是儿童的家长，读这个故事的时候会有什么样的感受?

➢ 这个故事里有你想要修改的语言吗?【寻找是否有“标签性”的语言，强调结果性的语言，弱化有能力、有自信学习者形象的语言等】

➢ 对于这个故事，作为教师的你还有其他哪些反思?【关于教师与儿童的对话、互动、呼应；关于教师当时的想法和目的，并与儿童的想法和目的做比较】

如果你写过学习故事，那就建议你现在找出一篇自己写的学习故事，结合上述的反思性问题，再读一遍，看看可能激发你哪些思考和感悟。

当然，为儿童撰写学习故事——一种可以作为正式评价文本的记录，只是记录的一种形式。在日常教学中，教师常常用便签条、笔记、带注解的照片及作品、录音、录像等形式来记录他们收集到的各种信息，并围绕这些信息分析、解读儿童的学习过程。记录需要花费时间，但玛格丽特·卡尔认为，教师花费的时间可以由记录的价值来平衡，即记录者在花费时间记录时是否感到愉悦；是否能将记录自然融入日常实践中，而不是额外负担；是否能为促进儿童学习提供有意义的反馈、新的方向等因素来平衡。①

因此，在要求教师记录前，幼儿园和教师需要思考和明确并就以下话题达成共识。

➢ 为什么以及为谁记录?即记录的理由，从儿童、教师、家长和社会督

① [新西兰]玛格丽特·卡尔：《另一种评价：学习故事》，155页，北京，教育科学出版社，2016。

导机构的视角多元化地思考和探讨记录的价值和意义。

➢ 如何将记录融入教师的日常教学实践？即从幼儿园管理、教研、方法、工具等方面思考和探索让有教育意义和价值的记录成为幼儿园日常教学实践中不可或缺的一部分，与计划、班级管理、评价、课程发展紧密连接。

➢ 哪些多元化的记录和评价方式可以促进儿童的学习和发展？即觉察评价无处不在，将记录融入日常，用多元化的记录手段让每个儿童能被倾听，都有机会在学习过程中从局外人的视角看见作为学习者的自己。

本书中的学习故事都是为儿童写的，是可以第一时间读给儿童听的，并可以跟家长分享的，记录了教师对儿童的倾听、解读和未来学习可能性的故事。教师也在尝试着运用各种工具和方法，让观察和倾听融入日常教学中。贵州省贵阳市白云区第一幼儿园的魏凤老师做了以下分享。

> 第一次记录的过程是这样的：拍照后，我就详细地记录孩子的每一个细节，生怕有遗漏的地方，所以单是注意部分，就写了满满的一页纸，然后再识别和回应，写完这篇学习故事共用了三页纸，当时自己还觉得挺得意的，想着我也要给自己班上的孩子尝试这样的记录。于是当时还在带小班的我，就开始忙碌于拍照和文本的码字上，每一个孩子的学习故事基本上都有两页纸，甚至更多，拿着自己得意的、长长的、细致的、感觉似乎很专业的学习故事，我将它们发给家长。当时，家长们的确很感动能见到属于自己孩子的故事，从故事中看到自己眼里不一样的孩子，面对家长的赞誉，我心里小小的虚荣心也得到了满足，于是我将这样成功的学习故事读给孩子听。
>
> 一开始，孩子们因为新鲜还能安静下来好好地听，可当读完一段又一段他们听不懂又冗长的学习故事时，他们就开始闹腾起来，自己和同伴玩开了，完全不想再听。孩子们的反应，让我感觉很受挫，这是写给他们的故事啊，为什么他们不喜欢呢？我开始反思自己写的故事，同时问他们："这是你们自己的小故事啊，为什么你们不愿意听呢？"孩子们直白地说："老师，我听不懂！""××是什么意思？""也太长了吧，我都要睡着了！""这是我的故事吗？我怎么感觉不像我呢？"……
>
> 面对孩子们真诚、毫不掩饰的话语，我反省自己写学习故事到底是为谁呢？为家长、为资料、还是为了我自己？"为了记录孩子的学习和成长"这个答案是肯定的，既然这些故事是孩子的，那阅读的对象就应该偏向孩子，如何让孩子爱上自己的故事呢？于是我在全国"学习故事研习"QQ群、贵阳市"学习故事"群和我们园内的"学习故事"试验班小团队里，寻找解决的办法，我决定从孩子们不喜欢的因素开始改变。

第一，减少字数，故事真实简短，就事论事，不附加个人猜测，记录感动片刻即可。

第二，识别点不宜过多，一两个突出的即可，切忌全面。

第三，回应不一定非要立即进行，可给孩子自我完善的机会，有时候将故事读给他听其实也是一种回应。

第四，文档的记录方式过于刻板，可以尝试多种形式的记录。

一次翻看朋友圈的时候，我看见朋友用了一种软件记录着自己的故事，版面活泼有趣，文字简短却能感觉到浓浓的情感，当时我就被这种记录方式吸引了。于是，我学着她的方式记录孩子们的故事，同时配合快速记录本和手机录音的功能，将孩子们的一言一行尽收眼底，掌握在心里。

爱妈妈的孩子最可爱

对象:唐果果
记录:魏凤
时间:2017.10

早上一入园你就来问我，区域游戏的时候能给你一些卡纸吗？你说今天是你妈妈的生日，你想给妈妈做张特别的卡片作为生日礼物。“当然可以啊！”我回答你。
区域活动时，你拿着我给你的卡纸开始忙碌起来，并找来剪刀、胶水、画笔等工具，不一会儿你拿着做好的卡片来请我帮你写字，你说：“这是一份特殊的礼物，请妈妈收下。”我听着心里热热的，好感动！亲爱的孩子，你从早上一进园就记挂着为妈妈做这张卡片，你的妈妈怎么能舍得不收呢？有你这么懂事乖巧的女儿，妈妈是最幸福的！

改变了记录方式以后，孩子们更喜欢翻看自己的成长册，喜欢和同伴们分享自己的学习故事，我自己也觉得简单、方便了许多，写学习故事也不再是负担，而是一次一次美好的回顾。

看见每一个孩子、走近每一个孩子，让每一个孩子都能在学习故事中看见有能力、有自信、积极主动学习的自己，是我们为实现教育公平需要做出的努力。有些幼儿园为每个老师都分配一些幼儿，以保证他们每人都有学习故事来写。这种方法在数量层面可能得到保证，但教育公平不仅是数量的公平，更关乎每个儿童是否真的被看见、是否真的存在于班级和教师的世界中。温迪·李建议教师通过定期回顾自己班里所有的记录和学习故事，来发现哪些儿童可能被“视而不见”了。北京市西城区三义里第一幼儿园的老师们因此制定了《形成性评价统计单》，用来提醒和指引教师关注并看见每个儿童。

➢ 建议教师把每位儿童的多篇学习故事汇集到《形成性评价统计单》中，使全班每位儿童的整体发展状况清晰可见。《形成性评价统计单》的项目由“五大领域发展目标”+学习品质+《三义里一幼儿童发展指标》组成，体现“学习品质+知识+技能”的整体发展需要。

➢《形成性评价统计单》的使用：教师根据每位儿童的每篇学习故事提炼与项目相对应的内容，核对是否有所发展？如果有所发展了，就在项

目格内画“正”字中的一笔，再写一篇时继续对比然后续画“正”字笔画，以此累积。在学期结束时，每位儿童在五大领域知识发展、学习品质发展、技能发展的诸项指标，是否有所发展，各项是否均衡，全班发展状态如何，等等，都一目了然，真实可见，也为教师准确回应、继续调整和生成教育教学打下基础。

➤ 记录《形成性评价统计单》的建议：形成性评价需要即时、快速地提取信息，才能保障形成性信息真实有效，所以，教师撰写学习故事后需迅速填写《形成性评价统计单》，并与同班教师共同合作完成，不缺失、不空档。此《形成性评价统计单》为一学期一结点，但同班教师应在每周、每月等规律阶段检核发展情况。

同时，北京市西城区三义里第一幼儿园也努力将对儿童的“注意、识别、回应、记录和回顾”与日常计划、教学和班级课程文档结合起来，成为教学管理的催化剂和助推器。

通过日常记录形成的一系列记录文档(包括学习故事在内的各种文字、照片、录音、录像等)，不仅让倾听和被倾听可见，还能呈现儿童的学习路径和过程，以及未来的学习机会和可能。① 任何一个学习时刻或学习事件一旦被记录，就可能变得永久和公开，就会跨越时间和空间的界限，被不同的人分享、讨论、再读和回顾。

(五)关于再读和回顾

被记录下来的学习故事，可以被视为一种“边界介质”，即“将时间、地点和事件连接起来的记录”。② 例如，在《凡心健康领域系列学习故事》中，不同老师在不同时间和地点的记录，将凡心在一年多的时间里参与的体育活动时发生的一些重要学习事件连接在了一起。这些学习故事在被儿童、教师、家长阅读、再读和回顾的过程中，也将儿童、教师和家长连接在了一起。对于教师来说，他们与他人(包括儿童)共同再读、回顾并讨论自己所撰写的学习故事时，也是让多元视角解读得以发生的过程，可能激发教师新的思考和灵感，也有可能在他人的反馈中看到自己工作的意义和价值。

作为教师，当我们再读或回顾学习故事时，可以关注些什么呢？

➤ 主角是人，还是事？——作者通过这个学习故事最主要的是想让一个

---

① [意大利]卡丽娜·里纳尔迪：《对话瑞吉欧·艾米利亚　倾听、研究与学习》，47～49页，南京，南京师范大学出版社，2014。

② [新西兰]玛格丽特·卡尔、温迪·李：《学习故事与早期教育：建构学习者的形象》，100～101页，北京，教育科学出版社，2015。

个独一无二的儿童被看见，还是想要把具体发生的事情说清楚？

➢ 呈现的观察是干巴巴、带有距离感的客观描述，还是带着爱和喜悦地在看见儿童？温迪·李说，当新西兰老师刚开始写学习故事的时候，也是先从观察开始的，但是这些观察只是在客观地描述孩子在做些什么，这种观察是比较局限的、干巴巴的，也是十分枯燥乏味的。这种描述会带给人一种距离感，离幼儿、离教师都有一定的距离，写完了以后没有人愿意再去读它。其实，教师在写记录时，是不可能做到完全客观的。因为每个人在写的时候都有她的主观选择，这个选择就是基于你对什么感兴趣，孩子做的哪些事情让你觉得有兴趣。

➢ 能否看见、倾听和被倾听？记录下来的是不是真正让教师着迷、惊叹的时刻？温迪·李的建议是，如果觉得记录有困难，建议教师可以先把故事讲出来，讲给其他教师听，或者把自己讲的故事录下来，然后再整理出来。很多教师发现这样做比直接写出来更好，更能够与孩子建立起亲密的感觉。

➢ 当你听到这个故事的时候，你有什么感受？这个故事是不是温暖了你的心？如果你是这个儿童的家长，你会对这个故事有什么感受？如果你对这个问题不太确定，那么你很有可能要重新写这个故事。如果你为一个儿童的学习过程写了一个非常好的学习故事，那么家长一定会感到非常兴奋和激动，并且非常认同你对他孩子所采取的教育方法。

➢ 这个故事告诉你，教师在其中做了什么？教师作为支持者角色，在儿童身边起了什么作用？关于这个儿童，学习故事提供了那些信息？

为什么学习故事值得被再读和回顾呢？儿童可能会说，因为我们喜欢看见有能力、有自信、积极主动、有力量的自己。家长可能会说，因为能让我了解我的孩子在幼儿园里做什么、想什么，我的孩子在老师眼里什么样。教师可能会说，因为是我特别想跟儿童、家长和教师分享的故事，是充满爱和喜悦的故事，也是能体现我专业成长轨迹的故事。园长和教研人员可能会说，因为这些可以成为真实、生动的教研素材，可以帮助我们研究儿童、研究学习、研究教学。外部督导机构可能会说，因为是体现幼儿园教学质量和儿童学习发展现状的证据之一。

那么，什么样的学习故事有可能是好学习故事，有可能让儿童、家长和教师愿意一读再读和回顾呢？在我看来，好学习故事可能有以下特点。

• 好的学习故事清晰易读。

• 好的学习故事首先是写给儿童和他的家人的，教师在撰写时带着爱和喜悦，且心里想着这个故事的读者。

• 好的学习故事有一个“点题”的好名字，有日期，可以作为儿童学习成长过程中的重要痕迹和历史记录。

• 好的学习故事是教师通过大量倾听和如实观察，忠实记录了儿童的心

声、情感和行动……的故事。

• 好的学习故事重视学习事件(即便是很寻常的学习事件)中蕴含的那些最重大和最有意义的部分(从儿童视角理解什么是重大和有意义的尤为重要)。

• 好的学习故事重视故事发生的情境，以及儿童与周围环境(人、事、物、地方)的关系。

• 好的学习故事能反映教师的理解和觉察。

• 好的学习故事避免使用标签性语言，鼓励使用能有助于激发儿童力量和学习可能性的语言。

• 好的学习故事能证实一些与儿童、教学、教育等有关的观点，赋予意义，引起共鸣，传递重要价值观。

• 好的学习故事能随着时间推移而不断有新的发展，也能经得起时间的考验，无论在孩子的哪个人生阶段被阅读时都有可能带给孩子爱和力量。

教师在学习故事中看见儿童，解读儿童的学习，思考进一步促进儿童学习的可能性，同时传递重要的与儿童、学习、发展相关的价值观，因而，再读和回顾也有助于建立拥有共同价值观的学习共同体。

二、有些“1”为什么不容易被看见?

在讨论借助学习故事理念和实践可以帮助我们看见了什么的同时，我们可能还需要觉察哪些没有被看见。视角、价值观、倾听和观察的方式与技巧、专业知识、成长背景和外部环境都有可能影响我们可以看见什么，或对某些事件和信息视而不见或充耳不闻。

(一)反思视角

丽萨·德尔皮特说：“我们并不是真的用自己的眼睛或耳朵去看或听，而是通过我们的信仰去看或听。”①可见，让我们看见或者看不见一些东西，与我们的视角、信念密切相关。学习故事的理念和实践希望我们用相信儿童的视角，去看见儿童的兴趣、优长和能做的，并在与儿童的对话和倾听中，试着从儿童的视角去发现他们所说、做所、所想背后的意图、目的、情感和价值，正如丽萨·德尔皮特建议的那样，暂时把我们的信念放下，就是在那个片刻不以“我”存在，以看见儿童希望让我们看见的东西。

上海市宝山区小天使幼儿园的杨璐铭老师，在新型冠状病毒肺炎疫情期间，

① [美]德布·柯蒂斯、[美]玛吉·卡特：《观察的艺术　观察改变幼儿园教学》，16页，南京，南京师范大学出版社，2018。

通过网络视频与家长和儿童对话，共同识别家长对儿童在家生活和游戏的记录，帮助家长转换视角，看见了之前没有看见的很多“1”。果果妈妈后来反思道：

> 一开始套圈游戏，妈妈只感到了果果的很多不足，如做事找不到简便方法、虎头蛇尾、不仔细。但是通过和教师仔细交谈和细致观察后，我发现果果其实有很多闪光点妈妈并没有看到。
>
> 1. 第一次在妈妈的提醒下，果果立刻改变了搬运牛奶瓶的方式，说明果果能够采纳合理的建议并迅速做出调整。
>
> 2. 当发生了小球散落一地的情况后，妈妈批评她：“果果做事太慌张!”但是通过和她、和教师沟通后，我发现她其实更喜欢妈妈用温和的语气和说话方式来与她沟通。以后再遇到同样的情况时，在她没有表现出不积极态度的前提下，作为妈妈应该相信她，给她更多调整的空间。
>
> 3. 在教师的细心指导下，妈妈才发现，有了前面的经验后，果果就开始寻找游戏过程中积累的之前经验，在摆好所有牛奶盒后，果果发现有一个小板凳放在了游戏场地中间，于是她将小凳子挪走。
>
> 4. 同样在教师的提示下，妈妈看到了果果在所有的牛奶盒中找到了一个和其他盒子摆放方式不同的牛奶盒，这个牛奶盒放反了，她就迅速将其翻转过来，这说明果果具有细心观察的意识。
>
> 如果没有教师的细心观察，妈妈会忽略很多果果已经具有的能力，只会一味地教育和批评孩子。在陪伴中妈妈缺少了耐心和倾听，未来的道路上需要好好改正，和果果共同进步。

杨老师也发现了妈妈的转变：

- 妈妈发现果果会接纳合理的建议；
- 妈妈发现果果更乐意接受互相信任中的亲子沟通；
- 妈妈发现果果会在体验中自主积累经验并调整游戏行为；
- 妈妈发现果果已经具备会观察的心智倾向。

儿童还是原来的那个儿童，识别的学习事件还是同样的学习事件，只是因为妈妈转变了视角，不把对儿童的观察与自己期望中的样子对标，而是试着去看见、听见儿童的心思、想法和情感等，让妈妈看见了一个不一样的果果。

那么，你是从什么样的视角在看见儿童呢?

(二)反思价值观

约翰·卢波克说，我们看到什么很大程度上取决于我们追求什么。也就是说，我们的价值观和我们认为重要的东西影响着我们对周围世界的观察。如果我们认为儿童的心智倾向/学习品质的发展与知识、技能的习得同样重要时，

我们就会努力看见两者；如果我们认为儿童的声音和想法与教师/成人的声音和想法同样重要时，我们就能努力听见每个人的声音；如果我们认为儿童积极思维，主动建构和发展自己关于周围世界的理论比获得正确答案更重要时，我们就可能看见“犯错”或“不成熟”理论的意义和价值……

学习故事5.6　鼠标的100种打开方式

作者：陈志娴（中班）
时间：2018年10月

鼠标的使用方法应该：
食指左键，中指右键，
拇指和无名指，请夹稳鼠标，
食指还可以控制中间的滚轮，
只有这一种？
不，有一百种。
只因使用它的人是儿童。

儿童由一百种组成，
儿童有一百种语言，
一百双手、一百种思想；
一百种思维方式、游戏方式、说话方式；
一百种方式聆听、惊喜和热爱。
如果你告诉儿童，你可以使用这个鼠标去控制电脑！
他们会告诉你鼠标有一百种打开方式。
第一个孩子是这么做的：
第一次遇见，
鼠标是一个宝贝，
我们用双手轻轻捧起，挪动，
辅助左手食指完成任务。

第二个孩子是这么玩的：
鼠标就是一个遥控飞机的遥控，
两只小手把它按在桌上，
左右、上下移动，
偷懒的小拇指负责担当点击的大任。

第三个孩子是这样说的：
鼠标是一个手，
抓住，抓住，
你要一直点着，
你放手它就要掉了。

第四个孩子找到了单手的方法：
食指作为最高领导者用力按住，
旁边的手指抓紧鼠标，
掌心负责导航，把控方向，
合理分工，各自忙活去吧。

第五个孩子发现了鼠标的右键：
一巴掌打下去，
除了拇指，其他的手指都在右边，
所以他发现了右键，
然后他只用右键，
小伙伴说左键才能干活，
可是他只想用右键，
或许有一天他真的会找到只有一个键的鼠标。
…………
第 N 个孩子找到的第 N 种方法：
我们两个人可以一起操作鼠标，
你负责点击左键，我负责挪动位置，
一起分担，似乎任务会变轻松一点，
也可能是鼠标只有一个，
一起分享快乐会多一点，
也可能是有个新手上路，
你不会吗？我来教你好了。

鼠标的使用方法真的只有一种？
儿童会说，
其实真的有一百种。

李薇博士认为陈老师写的这个学习故事对惯常的儿童评价有一定的颠覆意

义。她说，按照传统而又专业的说法，那些没有用我们成人操作的方法打开鼠标的孩子大概会这样来描述："×××对操作鼠标有强烈兴趣。可是小肌肉群的控制还有待发展，还不能……"一句话抹杀了儿童创造性解决问题的各种策略，把有能力的学习者的形象扭转成一个不足的、不够的、还没长成的小人的形象。所以，角度不同、理念不同，眼里的儿童就不同，所呈现的儿童也不同，儿童和家长的感受也不同，这些给儿童成长过程的影响也不同。

陈老师看见了儿童使用鼠标的不同方式，并记录了下来，让我大开眼界。原来鼠标有那么多种打开方式，原来我们的各个手指可以用那么多姿势打开鼠标，原来几个人也可以共同合作打开鼠标……原来，使用鼠标这个对大人来说轻而易举的事儿，在儿童那里就可能是一个小目标，为了这个小目标他们有自己的想法、尝试和合作！为了实现小目标而努力的儿童是那么的专注、灵动和美好！在陈老师记录下的这一切里，我看到了她对儿童的关注、好奇，最重要的是她追求的珍视、保护儿童的想法和行动，让我们发现了使用鼠标这一寻常小事中的不寻常。

那么，你的哪些价值观和追求，在影响着你看见儿童呢？

（三）审视倾听、观察的方式和技巧

除了视角和价值观，教师运用的倾听、观察技巧，教师的专业知识，以及所处的环境也会影响教师看见儿童。艾莉森·克拉克和彼得·莫斯建议教师运用多元化的方式来倾听儿童不同的声音，并用一片片"马赛克"来形容多种倾听和看见儿童的方式：观察；访谈儿童，与儿童座谈；用相机照相并分享照片，以倾听儿童的声音；在儿童引导的散步、远足、参观过程中与儿童边走边聊边倾听；在汇总和再现散步、远足、参观的见闻和体验中倾听；在角色扮演和角色游戏中倾听；借助儿童画的画、拍的照片和自制图书倾听；倾听家长的观点和看法；倾听其他教师的观点和看法。① 重要的是，运用这些方式时，教师需要把儿童视为自己生活的专家和主人，并把儿童、家长和其他教师融入共同解读的过程中。

德布·柯蒂斯和玛吉·卡特建议教师经常练习一些观察技巧，以便越来越有能力看见关于儿童的细节，也通过这些细节看见儿童的力量。②

具体有以下几种观察技巧。

➤ 观察但不评判！走近、靠近，或作为玩伴，与儿童并肩或共同学习或

---

① Alison Clark & Peter Moss *Listening to young children The mosaic approach*, London, National Children's Bureau and Joseph Rowntree Foundation, 2001, pp. 12-36.

② ［美］德布·柯蒂斯、［美］玛吉·卡特：《观察的艺术 观察改变幼儿园教学》，24 页，南京，南京师范大学出版社，2018。

游戏，尽可能留意细节，并觉察自己的主观判断。

➤ 尽可能直接记录、直接引用儿童的话。觉察哪些话其实是老师的想法，但被当作儿童的话记录了下来。

➤ 关注情绪，包括儿童的语音、语调、表情、手势或其他非语言信息，以发现情绪线索。

➤ 关注重要的情境因素，以及学习事件发生发展的过程中的细节、人际关系、互动等。

学习故事 5.7　画手

作者：黄羽欣(广州市烟墩路幼儿园　大班)

时间：2016 年 3 月 8 日星期二

毛毛老师开始画画了，你在毛毛老师身旁看着她临摹这张敦煌线描手稿已经好多天了。今天，你为她摆好笔墨纸后，在她身边坐下来，不再旁观，对着手稿，也开始临摹起来。

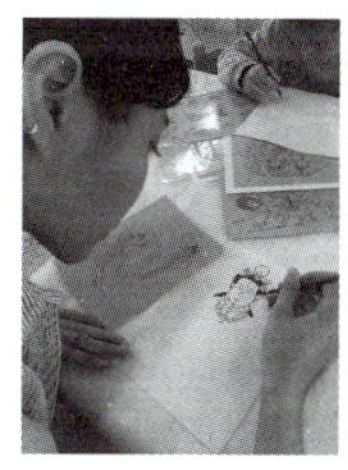

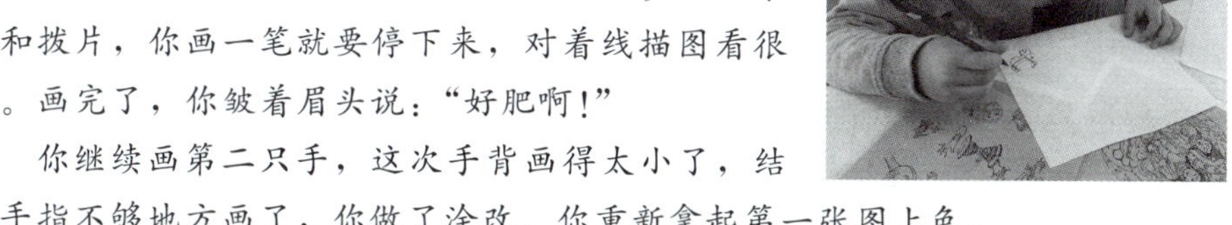

这是你第一次拿起毛笔，临摹一只戴手镯、捏拨片的手，你看着毛毛老师握笔的手学样，最后还是握得像拿蜡笔。你从手镯画起，往上逐步画出手指和拨片，你画一笔就要停下来，对着线描图看很久。画完了，你皱着眉头说："好肥啊！"

你继续画第二只手，这次手背画得太小了，结果手指不够地方画了，你做了涂改。你重新拿起第一张图上色。

你用了 45 分钟临摹手势，每一根线条你都画得很小心，我想每一笔你都是经过思考的。

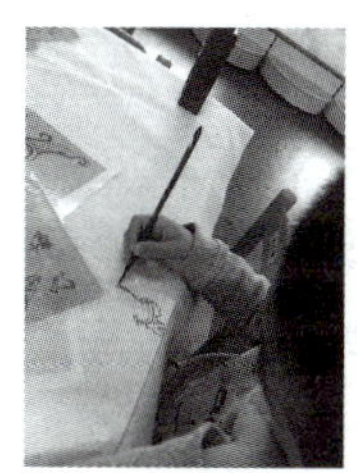

你喜欢听毛毛老师讲敦煌的故事。一周前，毛毛老师开始临摹“敦煌乐伎手势”线描图，你每天都会为毛毛老师准备笔墨纸，看她画画，问她问题，却一直不动笔。我想你对从没接触过的中国画和敦煌艺术产生了兴趣，我还感受到你非常喜欢和崇拜毛毛老师，你持续的观察其实是为尝试新的学习做准备。画画时你非常专注，积极观察思考并一直坚持下来，你一定希望自己成为像毛毛老师那样的艺术家。

毛毛老师每天都会画画，对你来说这是多么愉快的学习时光。毛毛老师正筹备开师生画展，你愿意自己的作品和老师的作品一起展出吗？

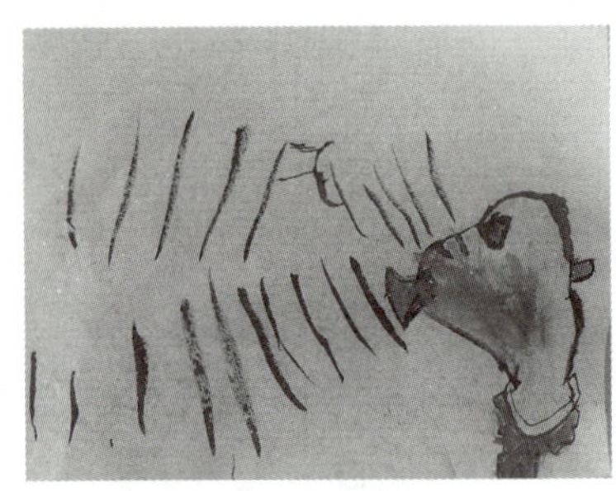

在黄老师写的这个学习故事中，你觉得黄老师运用了哪些倾听和观察的方式、技巧，看见了哪些与儿童有关的细节呢？那么，你在倾听和观察儿童时，又会运用哪些方式和技巧呢？

（四）觉察和思考自身因素和外部环境对看见儿童的影响

任何一次观察行为和记录，即便是用录音机、相机、摄像机或其他工具进行的实录，都只能实现部分客观，因为看什么、录什么、拍什么，从哪个角度看，都是观察者和拍摄者主观选择的结果，受观察者、拍摄者自身因素如认知、情感、意图和与周围世界的关系，以及外部环境如主流话语、关系、要求、规章和制度等的影响。德布·柯蒂斯和同事认为，教师是在透过“一个思考的镜头”看儿童。他们提出了一些反思性问题来帮助教师透过这个“思考的镜头”觉察成人心中的议程，分享儿童的视角，看见儿童的力量。

➤ 了解你自己——我对这种情况有什么反应，为什么？我的哪些成长背景和价值观在影响着我对这种情况的反应，为什么？哪些成人视角的考量出现在我的脑海中，如标准和规范、健康和安全、时间、目标等？

➤ 审视所处的物质、社会和情感环境——我所在的机构以及物理空间和材料的使用方式是如何影响这种情况的？常规、成人的行为和语言是如何破坏或强化儿童展现自身才干的？在这里，我们可以如何加强和巩固关系？

➤ 探寻儿童的观点——在这种情形下，我是如何了解儿童观点的？儿童试图实现的是什么？儿童可能正在探究和发展什么样的主题、想法或理论？

➤ 寻找能吸引你全身心投入的细节——我可以让哪些细节可见，以提升这次体验的价值？我看见了哪些可以展现儿童力量和才干的实例？是什么打动了我，吸引了我？

➤ 通过合作和研究来拓展自己的视角——还有哪些视角能帮助我理解当下情形的意义，如家长、同事等？文化、家庭背景、大众媒体有没有在影响着这种情形？哪些理论观点和关于儿童发展的原则有助于自己的理解和行动？

➤ 思量下一步行动的机会和可能——我想让哪些价值观、理念和目标影响我的回应？我可以如何基于个体和集体的已有经验回应？我可以关注哪些学习目标？我可以做些什么，为什么？

德布·柯蒂斯提出的这些反思性问题，提醒教师、教研人员和幼儿园管理者要常常思考和觉察自己、其他教师以及幼儿园在看儿童时所透过的那个“思考的镜头”。作为记录教师对儿童的注意、识别和回应的正式评价文本，教师所写的学习故事，也让我们看到教师以及幼儿园看儿童的镜头以及镜头前后的儿童、教师和幼儿园的理念、课程、原则、管理和文化等。

学习故事 5.8　城堡基地

作者：郑丽梅（成都市第五幼儿园　大班）

时间：2018 年 9 月

秋季是集中修剪幼儿园树木的季节，修剪树枝的花工爷爷在幼儿园里忙碌着。被砍下来的有笔直的梧桐树枝、粗壮的香樟树枝、像大扇子的棕榈树枝、带着许多大叶子的枇杷树枝，等等。它们吸引了你们的目光。你们觉得这些树枝特别有趣，于是就将树枝整理、集中起来。可是，收集起来之后，你们遇到了一个难题：这么多的树枝放在哪里呢？不可能都拿回教室，一定得找个户外的地方来存放这些树枝。

我建议你们寻找户外场地存放。于是，通过对幼儿园户外场地的观察，你们找到了大滑梯下、后操场、美工区等地方，最终经过激烈的讨论，你们选择了丫丫和雨婷提出的建议：教室外自然角旁的石头区——这里空间够大，足够存放大量的树枝；离教室近，而且相对隐蔽，便于保护。

把树枝都放到教室外的石头区后，你们又发现了问题：万一有人把我们的树枝拿走了怎么办？

于是，你们开始计划把这片区域保护起来。

首先，你们用丝带将整个石头区围了起来。其次，你们画了许多标牌并挂起来提醒其他小朋友不要进入，为了更好地保护，你们还想到在丝带上用毛根制作“电网”、在丝带上挂铃铛，如果有人闯入，铃铛响起，你们会快速出来保护树枝，你们还给修建起来的树枝存放地取名为“城堡基地”。

什么样的学习可能在发生

1. 城堡基地的诞生，是你们面对问题勇于思考与尝试的产物。你们已经意识到，整个幼儿园的环境都可以是你们学习与探索的场域。你们对自己生活的环境有着足够的安全感与主人翁意识，并且能够通过实际行动，将这种主体感显现出来。

2. 面对问题，你们能够提出具体的策略，并将想法付诸实践。你们对材料的运用是如此自如，还富有想象力！

3. 你们还会观察和利用空间，通过观察与思考，将教室、盥洗室、城堡基地三个不同的空间维度，用铃铛串联起来，保护自己的基地，真棒！

还有哪些拓展和延伸学习的机会和可能

孩子们，你们对空间的运用已经非常自如。老师好奇的是，关于搭建城堡基地你们还有什么其他想法吗，还需要哪些材料进一步完善你们的城堡基地？

老师也好想知道你们是如何看待自己创设城堡基地这个成就的；你们会有哪些空间建构方法愿意跟其他感兴趣的小朋友分享；在以后的搭建中，你们还会创造和运用哪些新方法、想出哪些新点子呢？好期待呀！

郑老师所写的这个学习故事，是儿童从“捡树枝”到搭建“城堡基地”再到搭建“树屋”三个月学习旅程的开始。在这个学习故事中，郑老师在透过一个什么样的“思考的镜头”看儿童呢？你自身的和外部的哪些因素又在影响着你“思考的镜头”呢？

(六)看见儿童，从心到心的过程

视角、价值观、方式和技巧、觉察和思考，是看见儿童的重要路径和因素，但它们不是全部。我们用什么样的心去看，用什么样的态度和智慧去看亦至关重要。看见儿童，是一个从心到心的过程，需要我们用爱心、用好奇心、用勇敢心努力走近、走进儿童的世界。

看见儿童，又像走迷宫，是一个容易迷失且充满不确定的过程，是一个需要我们不断找线索、找路径、找方向的过程，需要在尝试、调整、停顿、迂回中前行的过程。我们是否对儿童足够好奇、足够感兴趣，是否发自内心想要了解他们、想要和他们在一起，是否有足够的勇气和智慧去面对看见儿童过程中的各种影响因素，决定着我们可以看见谁，看见什么，看不见什么？

学习故事 5.9　爸爸　我　蜘蛛

作者：魏凤(贵阳市白云区第一幼儿园)

时间：2017 年 6 月 8 日

前几天一直有人来告诉我："老师，有人在墙上乱画！"今天，又有小朋友来说。"在哪儿？"我问。大家拉我来到睡房门背后，说："是睿睿画的。"你怯怯地站在后面，不说一句话。我把你拉到身旁问："别担心，告诉我你画的是什么？"你小声说："这个是爸爸(大)，这个是我(小)，我们看见一只蜘蛛(上面黑色那个)。"

"你画的时候在想什么？"我又问。

你说："我喜欢和爸爸在一起，但爸爸很忙。"

"你想经常看见这幅画吗？""想！"你点点头。

我拿来颜料，请你和我一起为画涂上颜色。你很惊讶，但更多的是喜悦。你喜欢蓝色，我们一起用蓝色为"你"和"爸爸"穿上蓝色衣服。

从这以后，你常常有意无意地站在你的画前摸摸它、看看它、关注它、保护着它。所以，我一定要把这件事记录下来让爸爸看见，希望他以后能有更多时间陪你疯、陪你玩，陪你看"蜘蛛"！

在这个学习故事里，魏老师看见了什么？她在用什么样的心看见睿睿？对睿睿有哪些好奇？班里的其他幼儿一开始看见的是什么？魏老师这样看见和回应睿睿，又有可能让其他幼儿看见什么呢？如果你是魏老师，你会看见什么？

德布·柯蒂斯说，如果我们愿意放慢脚步，每一天都努力去看见儿童，那么，和儿童在一起，将不只是一份工作，而是一种生活方式。

三、为什么鼓励教师看见“1和许多”并撰写学习故事呢？

为什么要看见每一个儿童，并为他们撰写学习故事？从“Te Whāriki”以及玛格丽特·卡尔和新西兰教师所写的学习故事中，我们会读到以下理由：要以儿童为本，尊重儿童的各项权利以及童年的独特价值，让儿童的独特之处引领我们的工作；可以让儿童看见作为学习者的自己，帮助他们建构积极的作为学习者的自我认知；可以让教师重视的学习事件和与儿童、学习、课程和发展有关的价值观得以凸显；注意、识别、回应、记录、再读和回顾儿童学习的过程，会伴随着多元对话、倾听、讨论、解读和沟通，有助于让儿童、教师、家长和管理者保持共同思考，达成共识，形成合力，共同建构学习旅程，促进每个人的学习和成长。

不过，在我看来，建议和鼓励教师撰写学习故事的背后，还有一个重要原因：在早期教育中，课程不是重点，儿童才是。伊丽莎白·琼斯和约翰·尼莫的观点凸显了儿童在早期教育中的首要位置，也提醒我们审视儿童在我们思维和行为中的位置。可是，我们需要做些什么，可以让儿童也能感受到这一点呢？我想，心里想着儿童，为儿童撰写专属于他们的学习故事，就是一种最直接的方式。试想，在现实中，老师们所写的文案、计划和其他文字资料，有多少是心里想着一个个具体生动的儿童而写的，又有多少是写给每一个儿童的？

一个故事之所以被称为学习故事，不仅因为它能呈现“注意、识别、回应”的三段体形式，更因为它把作为有能力、有自信、积极主动的学习者和沟通者的每一个儿童作为故事的主角，关注的是儿童学习的过程以及对它的识别和解读。因而，在学习故事中，我们可以看见的不仅是一个儿童、一组儿童或一班儿童在学习什么，是怎么学习的，更能让儿童和他们身边的人看见学习中自己那独一无二的形象。看见儿童的学习，看见学习中的儿童，并促进儿童在与周围世界的交互关系中不断拓展、延伸、持续地学习，是学习故事为了促进儿童学习而进行形成性评价的初心，也是结果。幼儿园的课程，就是由一个个儿童、一组组儿童、一班班儿童的学习旅程编织、建构而成的。本书下篇《基于儿童和关系的生成呼应式课程实例》也是由写给儿童的一系列学习故事组成的，在这些学习故事中，儿童是主角、是重点，课程是儿童在幼儿园里参与开创和共创的体验/经验、活动和事件的总和。

看见儿童，撰写学习故事，是一种选择，这种选择的背后是我们眼里、心里儿童的形象，以及儿童在我们生活和工作、思维和行为中的位置。

下篇

基于儿童和关系的生成呼应式课程实例

XIAPIAN

JIYU ERTONG HE GUANXI DE SHENGCHENG HUYINGSHI KECHENG SHILI

看起来很小其实却很大

作者：十画

蚂蚁看起来很小
力气却很大
手看起来很小
金字塔却很大
蜗牛看起来很小
舌头却很大
足足长了两万多颗牙齿

米看起来很小
爆米花却很大
糖看起来很小
棉花糖却很大
灰尘看起来很小
云朵却很大很大

星星看起来很小
其实却很大
水珠看起来很小
其实却很大

风看起来很小
其实却很大
小孩看起来很小
其实却很大
挠痒痒看起来很小
笑声却很大很大
心看起来很小
其实却可以装下整个世界

本书上半部分通过大量的学习故事实例，围绕儿童学习中的“1和许多”进行了探讨，并从以儿童为主角的视角，阐述了为促进儿童学习而进行的评价可能是什么样的，以及可能的意义和价值。教师撰写的一个个学习故事，是日常生活中的叙事，记录的是最具体的和微观层面的真实的幼儿园生活，即关乎一个或一群儿童幼儿园生活和学习中的当时、当下。正是因为这样日常的、私人的、细小的叙事，把我拉回教育的原点和起点，引发我从儿童、日常生活、一件件小事中，开始自下而上地思考“课程”这一宏大命题。

在研习了多元课程理论以及新西兰幼教同行研发的“Te Whāriki”课程后，一种基于儿童、重视关系、环境先行的生成呼应式课程立场在我头脑中慢慢清晰。那就是，在幼儿园教育实践中，坚持《指南》“以儿童为本”的核心理念和教育原则，将课程与儿童的学、教师的教、幼儿园的一日生活和我们身处的社会文化环境编织在一起。教师的责任就是在明确的儿童观(相信儿童是有能力、有自信、积极主动的学习者和沟通者)的引领下，让课程在儿童和教师的生活和体验中生发，在教师专业的注意、识别、回应、记录、再读和回顾中拓展和延伸。教师通过一个开放、灵活、发散、合作的过程为儿童的学习制订计划、创设环境，并在教学实践中重视儿童的经验/体验/经历，重视自身对儿童、学习和课程的领悟和解读，重视教室里真实发生的事情，重视当时、当下参与课程编写的每一个人的力量以及他们与环境的交互关系和影响。

这样的课程立场和愿景，强调课程是一种在儿童、教师、家长和社区共创共建的、有目的、有计划地促进儿童学习和发展的过程。课程的目的，不只是知识、技能的传授和习得，还包括帮助儿童主动建构和发展对周围世界的认知和理论，培养儿童有助于学习的心智倾向/学习品质，让儿童得以“准备好、很愿意、有能力”参与越来越多元和越来越复杂的学习，建构积极的学习者形象。计划，不仅指教师预先的方案和设计，还包括在对儿童持续注意、识别、回应中不断生成和调整的即时、短期和长期的各种正式和非正式的计划。教师的教学实践和教学责任的重点，不再局限于对教学内容的计划、组织和实施方面，而是观察和解读儿童，强化儿童与周围世界互动互惠的关系，创设赋权赋能、有助于儿童发挥主动能动力、持续拓展和延伸学习的环境。在这样的课程语境中所说的儿童，指的是我们眼前的、现实中的、具体的儿童个体和群体，而不是抽象的、泛指的、“匿名”的儿童。关系，指的是人与人、人与事、人与物、人与地方、人与世界的交互关系。环境，指的是我们身处的幼儿园、家庭、社区、城市、国家、世界的社会文化环境，包括物质的、社会的和感官的环境。

这样的课程立场和愿景让我不再纠结课程究竟是什么，因为课程不是重点，儿童才是。也正因为如此，课程无处不在，充满无限可能：可以是语言学习，可以是种植活动，可以是在“娃娃家”中热火朝天地炒着饭的那一刻，可以是围观别人玩耍时的体验，也可以是探究一个感兴趣的主题，习得某些知识技能，或占有某个有助于学习的心智倾向/学习品质……是教师、儿童、家长在倾听、对话、持续呼应中共同创造和建构着的专属于他们自己的学习旅程。因而，课程线索可能源自儿童、教师、幼儿园生活、家庭生活、社区和文化生活……课程的重点是儿童关乎这些课程线索的体验，以及包括教师在内的儿童身边的成人对这些体验的注意、识别与回应，如第六章到第十章中的课程实例所呈现的那样。这些课程实例有的是专属于某一个儿童的，有的是以某一个儿童或某几个儿童为主的课程实例，也有的是面向全班甚至是全年龄段儿童的课程实例。这样呈现课程实例的原因，以及这些课程实例带来的思考和启示，我们将在第十一章中探讨。本书中所有的学习故事实例和课程实例都让我看到，不管课程最初源自哪里，都植根于儿童的生活，发生在他们与周围世界互动互惠的关系中。儿童和教师都可以是课程的开创者和共创者！

第六章　源自儿童的课程实例

一、一个儿童、一个学习领域和一条课程线索

《专业量身高》系列学习故事，源自桐桐带来的一张“身高测量表”，但主角却是被这张身高测量表激发了学习兴趣的“专业量身高者”亨亨小朋友，以及在之后的几周时间里，亨亨身上与测量有关的几个重要学习事件。

课程实例 6.1　专业量身高

作者：陈颖(广州市越秀区东方红幼儿园　中班)

2019 年 5 月 22 日　专业量身高

亨亨，今天桐桐带了一个身高测量表来班上，让我帮忙把它贴到墙上。一贴好，就引起了你的注意。你问我这个是什么，是用来干什么的。我让你贴着墙站，示范着帮你量了一下身高，把你的身高记在了便签纸上。这好像引起了你的兴趣，你兴冲冲地说：“让我来量一量!”说着就拉着站在旁边的一个小朋友，开始帮别人量起身高来。

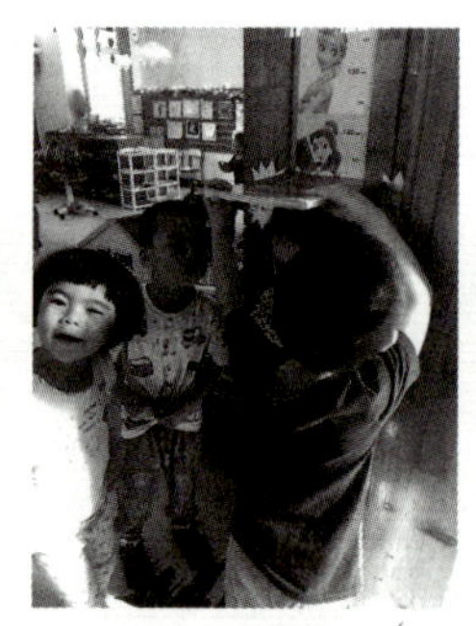

一开始，你还没掌握窍门，量来量去都量不准。我帮了你一下，告诉了你一些量身高的小窍门——双脚并拢站好，拿一个硬纸片做测量对照工具，看高度，并做记录。量了几个小伙伴，你操作得越来越娴熟了，好多人来找你帮忙量身高，量好了高度，你还很认真地把他们的高度记在便签纸上，我帮你写上小伙伴的名字，你把他们的高度数字写下来。我告诉你，在数字的后面要写上“cm”，你问我什么是“cm”，我回答：“‘cm’是一个长度单位，每个小朋友身高数字的后面都要加上‘cm’，代表他的高度是多少厘米。”你似懂非懂地点点头，专注地在数字后加上了“cm”。

在找了好多小伙伴来测身高后，你还没过瘾，埋怨道：“为什么没有人来测身高了。我想请他们都来测。”好吧，既然你还没量过瘾，那我帮你宣传宣传吧。

集体活动中，我向全班同学介绍了你的“身高测量基地”，你酷酷地说：“如果你们想量身高，我就在后门，等你们。”

2019 年 5 月 23 日　出了一些小岔子

你又开始帮小伙伴们量身高了，还遇到了一些“小阻滞”。

你帮小颖、宸熙、凡心分别量了身高，测出小颖跟你一样高：110 cm。宸熙 102 cm，凡心 103 cm。测完之后你们还没过瘾，想知道从高到矮排列的话，应该怎么排。你们很聪明地按照高矮顺序站好，发现第一高的是你自己和小颖，第二高的是宸熙，第三高的是凡心。

这时我刚好经过，看到你们玩这个游戏，同时瞄到你们记录的数字，我发现了一个问题：按照你们的排队来看，宸熙是比凡心高的，但是记录的数字是宸熙 102，而凡心 103。

我问你们，知不知道 102 和 103 哪个数字大，几个女孩子摇摇头，你皱着眉头想了一下，说：“我觉得应该是 103 大！”我肯定了你的答案，又问道：“103 比 102 大，那就应该是凡心比宸熙高，但实际上宸熙看起来要更高一些。”

“我知道了，一定就是刚才量错了！”你反应很快，又马上帮宸熙重新量了一遍。果然，第二次测量的结果是宸熙不止 102 cm。

你的表现让我惊讶极了，在一开始你要求记录这些数字的时候，我还有点担心你能不能真的理解这些数字的含义。但从你今天的表现来看，我能感觉到你对这些数值的大小是有一定概念的，三位数的数字，你能分辨出哪个大哪个小，真的太不简单了！你的反应速度还超级快，马上就能找到问题的根源并迅速找到解决问题的方法，你真的是一个有效率的行动派！

除了量身高，不知道你对量体重有没有兴趣呢？如果有的话，或许我们下次能玩一下。

2019 年 6 月 13 日　脱鞋子量

今天，你跑来跟我说："老师，量身高是要脱鞋子的，我之前量的时候都没有脱鞋子，你帮我再量一次吧!"

你迫不及待地问我："老师，我这次多高?"

"大概是 108 cm。"

"108 是在这里，那我比上次要矮了！脱了鞋子就比上次矮了!"你指着上次的记录标记惊讶地说道。(上次量的时候做了标记 110 cm)"那我要请小颖来脱鞋量一次。"

你第一时间就要找上次跟你身高一样的小颖再来量一次。小颖非常乐意地应邀，你让小颖把鞋子脱下来，细心地重新帮她量了一次："咦，她这次还是跟我一样高!"

"一样高是多高?"我问道。

"是 108 cm，我用一张纸把它记下来!"说着你就风风火火地拿出各种工具开始做标记了。

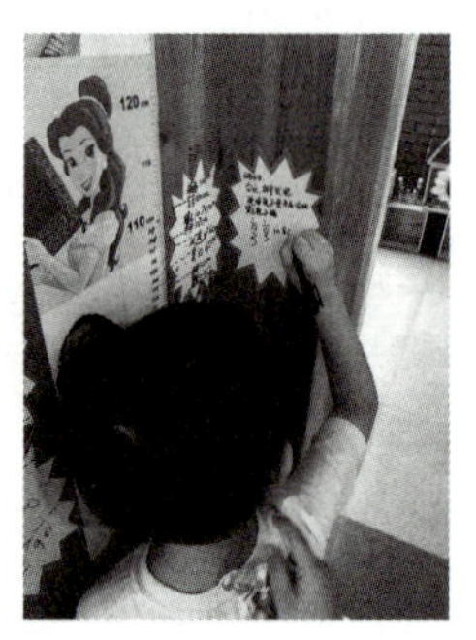

哇，我发现，你在一次次的游戏中，对高度、数值这些概念的理解越来越清晰，并且能很快地比较数字大小。你还很爱用文字符号去记录你的所得，不会写的字，你让我帮你写，会写的字，你都要主动地拿起笔"老师，我来记录就行了!"我记得上次记录的时候，你还问我，什么叫"cm"，为什么要在后面加上"cm"。这次你不假思索，流畅地就把"108 cm"写了下来，这应该是你不断反复练习和积累的结果!

2019 年 6 月 14 日　16 kg，17 kg，18 kg

"可霏 16 kg，我 18 kg!"你激动地告诉我。

"那你觉得你比较重还是可霏比较重?"我问你。

"我觉得可霏比较重。"你歪着头想了一下。

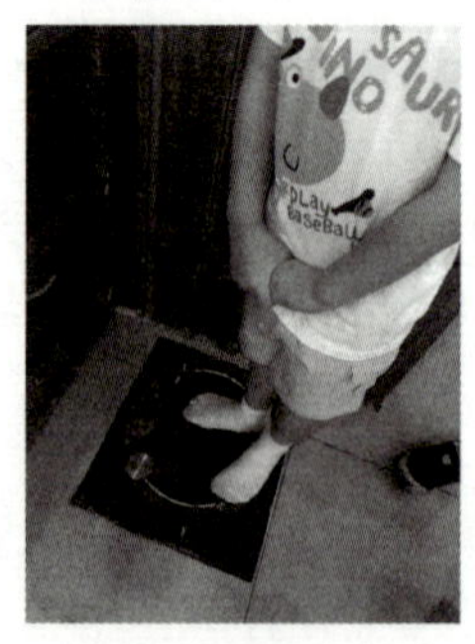

小颖经过了，你招呼小颖来称体重。"老师！小颖 17 kg!"

"那小颖重还是你重?"我又问。

"我觉得我比小颖重。"

"为什么?"

"因为 17 比 18 小，我 18，所以我比小颖重!"你肯定地说道。

“那 16 跟 18 呢？”

“那……”你想了很久：“那我应该比可霏重！因为 16 比 18 小！”

通过对比和反思，你对自己的结论进行了总结和自我纠正，我觉得你简直就是一个小数学家！那我想再出一道题考考你，你们三个人，如果从轻到重，应该怎么排？

在这一系列的学习故事中，我们看到了亨亨在与“身高测量表”相遇后，在与陈老师和其他小朋友的对话、倾听和呼应中，他运用已有的知识技能储备进行的学习和探索：探索身高、体重的测量方法；探索身高、体重的记录方法；探索身高、体重的比较方法；体会数与量的关系；学习与数学相关的语言；进行社会交往。在近一个月的时间里，亨亨参与身高和体重测量的学习事件一定不止这些，班里也不会只有亨亨一个小朋友学习测量，但透过亨亨的这几个学习故事，我们可以看到班里儿童数学学习的路径、方法和状态，以及这个班的老师是如何促进儿童数学学习的。那就是，让班里有能激发儿童对数学兴趣的材料，提供充足的探究时间，及时注意、识别、回应儿童的学习，支持和鼓励儿童在游戏中、在操作中、在与周围人和材料的互动中学习。这些学习故事，既让我们看到了亨亨与测量有关的学习体验，也看到了学习中的亨亨是什么样的，还看到了班里正在发生、发展着的与数学学习相关的一条课程线索。

二、一个儿童、一个感兴趣的主题和一条课程线索

《挖掘机》系列学习故事的主角是勋勋小朋友，当然还有他喜欢的挖掘机和正好在幼儿园外出现的一台真的挖掘机。老师看见、听见和呼应了勋勋的兴趣，于是一条与挖掘机有关的课程线索便得以生成并发展。

课程实例 6.2　挖掘机

作者：谢少娜（广州开发区第一幼儿园　小班）

2019 年 3 月 21 日　老师，那里有挖掘机

勋勋：“老师，那里有挖掘机。”

嘉嘉：“有一个挖掘机在那里。”

勋勋：“不对，是两个，有两个挖掘机。”

勋勋，你在上学期就一直说自己是挖掘机。今天晨练时，你发现幼儿园后面有挖掘机在施工，很兴奋。在你的启发下，我们一起去寻找你发现的挖掘机，还让大家有了第一次写生体验——远处的挖掘机。谢谢你勋勋，给我们带来了新的学习机会和灵感。

2019 年 3 月 26 日　挖掘机被挡住了

勋勋："老师，挖掘机被挡住了。"

老师："被什么挡住了？"

勋勋："挖掘机被围墙挡住了。"

勋勋："这是挖掘机，有两个挖掘机。这是泥巴。这个眼睛正在看挖掘机工作。"

今天一早入园，勋勋你就发现挖掘机被围墙挡住了。这次，你和嘉嘉分享了自己画的内容。画中，你说你画的两个"点"是眼睛，在看挖掘机工作。这两个"眼睛"，是你看着挖掘机的眼睛呢，还是你画画前观察到的站在围墙上看挖掘机工作的两个工人叔叔呢？好好奇呀！

2019 年 3 月 27 日　挖掘机不见了

勋勋："老师，挖掘机不见了。"

老师："怎么不见了？"

勋勋："它被围墙挡住了。"

勋勋："挖掘机爪子出现了。"

（一边说一边后退）

勋勋："这样看到更大的爪子。"

（爬上远处的石头）

勋勋：“在这里挖掘机又不见了。”
（往前面走）

勋勋，今天你发现又看不到挖掘机了，到处跟人说挖掘机不见了，过了一会儿，你兴奋地告诉老师，挖掘机的爪子出现了。于是，你一边后退，一边观察，然后你发现：

- 站远到哪个位置就能看见挖掘机的爪子；
- 站近到哪个位置挖掘机就不见了；
- 站到更远的石头上，能看到更大的爪子。

勋勋，我好喜欢你的新发现呀！

2019 年 3 月 28 日　挖掘机又不见了
勋勋：“挖掘机不见了。”
卢老师：“我带你去看挖掘机，看到挖掘机了吗？”
勋勋：“看到了，那里有围墙。”

勋勋．“老师，你来，看这里。”
（勋勋拉着老师的手大步跑到跑道旁）
勋勋：“你看，挖掘机好大。”

勋勋：“嘉嘉，我要画挖掘机。”
嘉嘉：“我也要。”
勋勋：“你那个不是挖掘机。”
嘉嘉：“我画了鱼塘，不是挖掘机。”

勋勋，今天卢老师带你到更远的地方，抱着你找挖掘机。但是你觉得还是被围墙挡住了。然后你绕过多功能厅，来到跑道，发现了近距离、全景的挖掘机。哇，勋勋你对幼儿园的布局好熟悉呀，你还自己思考验证了绕过房子后还能看到另一辆挖掘机。这逻辑思维真叫人拍手称赞！

2019 年 4 月 2 日　我要把它画下来

钊钊："你在干吗？"
嘉嘉："他在画挖掘机。"
勋勋："你看，那里有挖掘机，它在工作。"
钊钊："那你为什么要画它？"
勋勋："它在挖呀，挖呀，我要把它画下来。"

2019 年 4 月 3 日　石头那里能看到

嘉嘉："都看不到挖掘机。"
勋勋："能看到。"
嘉嘉："看不到你还画。"
勋勋："在那里，在石头那里能看到。"

勋勋："嘉嘉，你踩在这里。"
勋勋："你看，挖掘机的爪子。"
嘉嘉："我看到了，看到一点点手臂。"
勋勋："这里就能看到挖掘机啦！"

2019 年 4 月 8 日　有吊臂机

勋勋："有吊臂机!"

老师："那你今天想把它画出来吗?"

勋勋："要的!"

老师："今天选什么颜色的笔?"

勋勋："它长长的手是红色的，我要红色。下面那里是绿色的，还要绿色。"

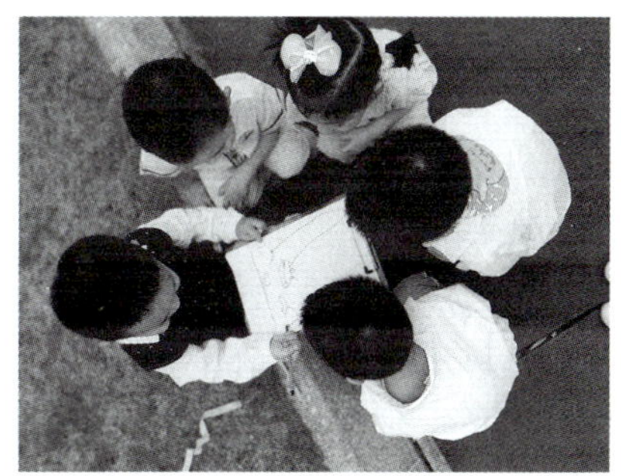

勋勋："这个是长长的手臂。"

还有一个挖掘机。

老师："今天你还画了别的。"

勋勋："对，这里有太阳。"

老师："为什么今天要画太阳?"

勋勋："你看，太阳也出来了。"

在儿童身上发生了什么样的学习?

勋勋，老师被你的好奇与专注吸引了。这是属于你与挖掘机对话的故事。在每日观察你的绘画内容时，老师惊叹你对线条的运用和对物体空间、形态的

把握。原来你不只是好奇宝宝，你还是一位有天赋的小画家。

你在观察挖掘机的过程中，还发现了一个有趣的物理秘密：挖掘机被围墙挡住了，走近一点看不见，走远一点看到一点点，站高一点又看见了，换一个位置就能完全看见了。

机会和可能性

1. 老师会将你每天绘画的作品整理保存好，这会是你成长过程中特别有意义的记录。

2. 我们可以一起观察挖掘机、吊臂机……发现这些功能车的区别与用途。

3. 当然，你在幼儿园里这些精彩的瞬间，我们也要跟小朋友们、其他老师、你的家人们一起分享。也许他们能为我们的观察和研究提供更多的话题与可能性。

勋勋妈妈的话

勋勋在不同的阶段有不同的喜好(洒水车—蜗牛—挖掘机)，对喜欢的物品或形状相似的东西的敏感度较高。他乐于探索发现，遇到阻碍能思考并寻找解决方法。

勋勋和挖掘机的情缘，在发现幼儿园围墙外的挖掘机之前就开始了，在这之后它自然而然地融入了勋勋的生活和学习中，也融入了勋勋与老师、同伴和幼儿园环境的交互关系中。勋勋的老师似乎并没有做什么，如没有制订“挖掘机”主题计划、没有讲挖掘机的故事、没有教挖掘机的儿歌、没有组织与挖掘机相关的建构活动等。但是，在我看来老师做了最该做的事情，那就是没有“了断”勋勋与围墙外那两台挖掘机之间的情缘。老师在与勋勋的倾听、对话和持续呼应中，支持着发生在“勋勋与围墙外挖掘机”交互关系中的学习和探究：①观察眼前正在工作的挖掘机；②方位、远近、前后关系，遮挡与被遮挡等地理、空间方面的感知和发现；③用口头语言和图形语言表达和表征；④熟悉、了解幼儿园的环境和布局；⑤观察、逻辑思维能力、经验迁移和分享；⑥与同伴的交往和彼此激发。老师可以跟勋勋分享有关挖掘机的故事、儿歌、游戏吗？当然可以！从儿童的视角来看，课程可能不只是老师组织了哪些活动，做了些什么，而是“我在与周围世界互动互惠的关系中，参与了什么样的学习，体验到了什么”！

三、几个儿童、一个“人工制品”和一条课程线索

当有一天，班里的图书区突然出现了一本老师都不知道是从哪里来的《红楼梦》时，你会怎么想、怎么办?《红楼梦》系列学习故事共十八回，就是由图书区突然出现的一本图画版《红楼梦》引发的。

课程实例 6.3 红楼梦①

作者：黄羽欣(广州市烟墩路幼儿园　大班)
时间：2016 年 4 月—7 月

第一回　初演《红楼梦》　2016 年 4 月 6 日　星期三
(记录慧慧的学习故事)

上周末，我在“小书吧”里发现了一本绘本《红楼梦》，当时我没留意是谁带来的。今天餐后活动，我无意中听到娃娃家里有人在说“黛玉”“平儿”“宝钗”，我非常惊讶，留心一看，原来是你、柯柯、梓琦、泳妍在看那本《红楼梦》，好像还打算扮演那些小姐、丫鬟呢。

原来这本《红楼梦》是妈妈送给你的礼物，这份礼物让你迷上了《红楼梦》，经常和妈妈一起读《红楼梦》。

你对照着书后面的人物图谱，给柯柯、泳妍和梓琦介绍黛玉、宝钗、平儿、袭人、贾母、王熙凤……你非常详细地跟她们逐一解释。你告诉小女孩们，你最喜欢黛玉，黛玉是贾母的外孙女，很可怜……你一边给小女孩们介绍角色，一边分配各自扮演的角色，你打算演黛玉病死的情节，你还告诉大家这个情节太悲伤了。

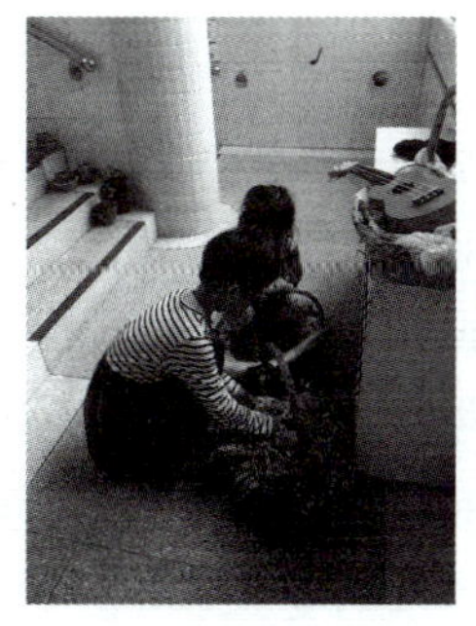

① 《红楼梦》系列学习故事共 18 回，因为篇幅关系，在此书中有所删减，删减内容用“……”代替。

早餐后是戏剧时间，你和小伙伴们准备去戏剧室演《红楼梦》。你们从娃娃家、音乐区和自己的百宝箱里拿了扇子、项链、耳环、纱巾，迅速做好了准备。

在戏剧室里，你们邀请铄铄加入。你把《红楼梦》绘本放在木头上，一边看一边安排角色。你翻着书，指着书上的人物形象，一个一个地告诉大家扮演的角色名字，还有她们是做什么的……

接着，你告诉小女孩们要建一个大观园。你说需要一些植物，因为大观园里有很多桑树，铄铄马上说："沙区有很多桑叶，我们去采些桑叶吧！"你抬头看了看操场上高大的鸡蛋花树说："不用了，有大树就可以了，刚好这里有鱼池，书上也是有石头、有鱼池的。"然后你说还需要一张床，因为林黛玉生病后是躺在床上的。没有现成的床，你们就搬来一些积木，搭了一张床。

角色分配好了，场景道具也准备好了，你宣布《红楼梦》开始表演了。这时，柯柯、泳妍、铄铄和梓琦一脸茫然地问你："我们怎么演啊？"你上前翻了翻书，想了想说："要不我们请黄老师做主持人，给我们讲讲里面的故事吧。"我开心地接受了邀请，拿起书本，声情并茂地给你们念故事。你们准备演的这一幕叫"贾宝玉误娶薛宝钗"。

故事讲完了，小女孩们好像对自己的角色有了一点了解。你们从宝玉和宝钗结婚的情景开始演。这边，宝玉和宝钗的婚礼开始了，那边，你扮演的黛玉躺在床上，双眼紧闭，一动不动，看上去病恹恹的模样……你一直躺着，柯柯她们把婚礼演完了，不知道接下去怎么演，大家喊你起来问你的时候，你才睁开眼睛，从床上起来……

<u>什么样的学习可能发生了</u>

慧慧，你对《红楼梦》的熟悉程度让我惊讶，你对作品中每个人物都有自己独特的理解，你真的很热爱阅读文学作品。你对作品中错综复杂的人物关系非常清楚明白，我想你可能对亲缘关系很感兴趣。你喜欢表演，对古装戏剧的女性形象特别感兴趣，你不但是一个有号召力和领导力的戏剧导演，还是一个演技精湛、专业、敬业的优秀演员。今天你和小伙伴自导自演的《红楼梦》太精彩、太好玩了，连我都想和你们一起玩呢。《红楼梦》是老师小时候就超级喜欢的文学作品，谢谢你今天邀请我给你们讲《红楼梦》的故事。

<u>进一步拓展和延伸学习的机会和可能</u>

听说你和小伙伴已经有了很详细的计划，准备继续把《红楼梦》演下去，要不你们成立一个"红楼梦"剧团吧，我们可以邀请更多的小伙伴加入。我想请你

多给小朋友讲《红楼梦》的故事，一起欣赏《红楼梦》的影视作品，我愿意协助你们收集和制作表演的道具材料，你还可以和小伙伴一起按照自己的想法改造娃娃家，把它变成你们的红楼舞台！

第二回 《红楼梦》之拜堂、做服饰 2016年4月7日

一早，我送给你们两块红布，这是我小时候学舞蹈时用过的，梓琦说真漂亮，马上就把它放进娃娃家的柜子里了。

吃过早餐，你们抱着《红楼梦》去娃娃家。你们轮流把红布盖在头上，慧慧说：“我们演拜堂吧。”柯柯把红布盖在头上，梓琦直接去掀，慧慧连忙说：“不行，新娘子的红布不能直接掀，得用棍子挑。”梓琦说：“可我们没有棍子啊？”你们找不到棍子，慧慧说：“那今天先不用棍子了，我们来一遍。”柯柯和慧慧面对面，梓琦和泳妍站在两边，柯柯盖上红布，慧慧慢慢上前，双手轻轻揭开红布，露出吃惊的表情，柯柯忍不住笑了起来，慧慧急了，说：“哎呀，你别笑啊，人家宝钗是大家闺秀！”柯柯忍不住，越笑越厉害了。

…………

今天柯柯带了一把小花伞回来，你们翻书查看以前的小姐用不用伞。慧慧说：“古代应该有伞的吧，不然下雨怎么办？”梓琦说：“那我们演小姐们去花园散步吧？”柯柯说：“要不，我们在花园里摆酒席好了！”慧慧翻了一下书说：“行啊，大观园里的小姐们经常摆酒席，一起写诗、赏花，那个她们叫什么社，等我看看。”你们不认字来问我，我告诉你们那叫“诗社”，柯柯说等下次做诗社。

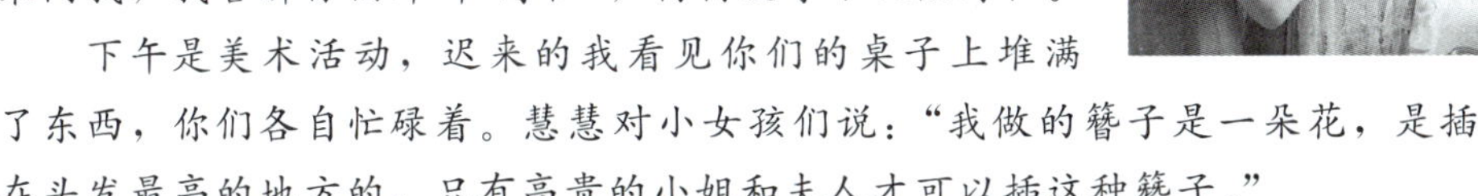

下午是美术活动，迟来的我看见你们的桌子上堆满了东西，你们各自忙碌着。慧慧对小女孩们说：“我做的簪子是一朵花，是插在头发最高的地方的，只有高贵的小姐和夫人才可以插这种簪子。”

原来你们在做首饰。你们用的不织布是美术室的新材料，我还没发现有小朋友用过。你们把不织布剪出花、蝴蝶之类的形状后，想用透明胶把它粘在小发夹上，但粘不住。柯柯就在不织布上剪了个口子，把小发夹扣在口子上，再别在头发上，又拿来几根毛根做头发，拧了个大致的形状，戴在自己头上反复丈量、调整，然后又戴在脖子上、腰上，柯柯告诉我，这个首饰是可以变的，做头饰、做项链、做腰带都可以。泳妍试了用双面胶和透明胶都不能粘住小发夹，问我要热熔枪，在我的帮助下，泳妍终于用热熔胶把小发夹固定住了。

慧慧在装碎布的柜子里找到了一块花布，惊喜地给小女孩们看。慧慧说：“这块布可以做黛玉的手绢，黛玉不就是经常哭的嘛！”你们找到了几块颜色鲜

艳、质地柔软的布，慧慧高兴地说："这么大一块布，我们可以做水袖，古代衣服的袖子很长，叫水袖。"你们把布铺在桌子上，用剪刀把布平分了，不过还没来得及裁剪，放学时间就到了。

…………

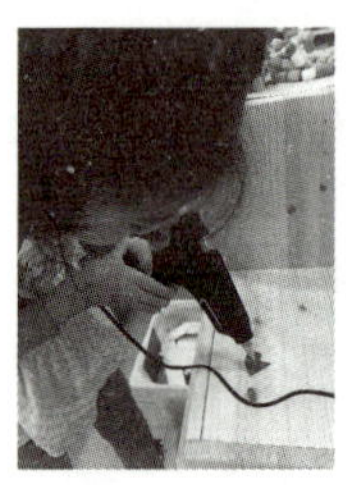 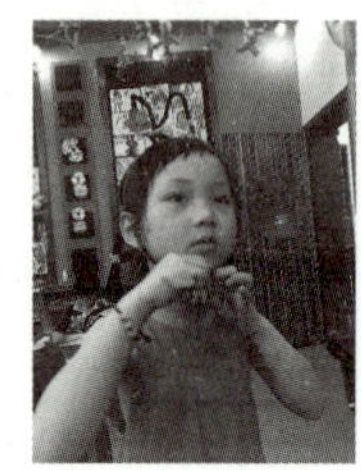  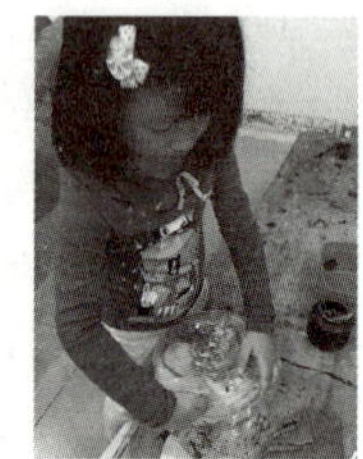

什么样的学习可能发生了

慧慧，谢谢你这位小导演对小女孩们的耐心讲解和热情指导，让小女孩们对《红楼梦》的人物角色和生活又有了新的了解。你们共同学习、有商有量，这个小团队又好玩又快乐。

你们想象力丰富，对古代女性的生活、服饰打扮、言行举止都非常好奇，对扮演《红楼梦》越来越有兴趣。你们独立自主，善于发现和大胆运用各种材料，不害怕困难，积极解决问题，我觉得你们就像古代女子那样心灵手巧。

进一步拓展和延伸学习的机会和可能

明天有充足的活动时间，你们可以继续完成手头的工作，很期待看到你们戴上自己亲手制作的首饰，穿上自己制作的服饰再演《红楼梦》。

第三回　大观园里的那些事　2016 年 4 月 8 日

早餐后，你们就在榻榻米上忙开了。泳妍做头花，慧慧、柯柯和梓琦继续裁剪水袖。

…………

柯柯还在裁剪昨天那块蓝布，裁好布料问我要热熔枪把袖口黏合。在准备热熔枪时，我说："这布料用针线缝可能更好些。"柯柯说："好啊！我好想用针线，不过，这里没有针，我也不会缝啊！"我说："我有针线包，你要不要试一下，还是要我帮你缝？或者你还是用回热熔胶？"柯柯想了想说："我想用针线，黄老师你能不能教我？"我说："可以啊！"……柯柯把针来回穿了几次再拉线，是不是用过针线呢？柯柯说没有，只是看过家家（外婆）做。柯柯不会打结，我告诉了方法，我俩一起完成了第一只袖子。第二只袖子由柯柯自己缝……

你们打扮好，商量演最后一出：黛玉死后，袭人发现宝玉离家出走，向宝钗和王夫人哭诉的情节。

…………

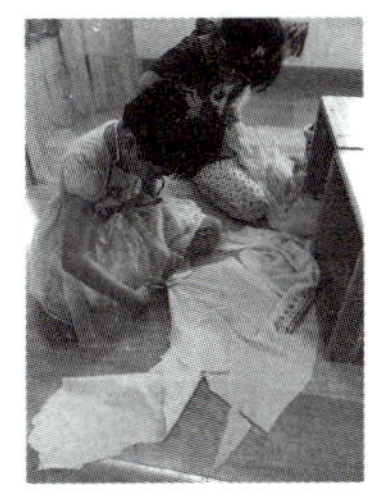
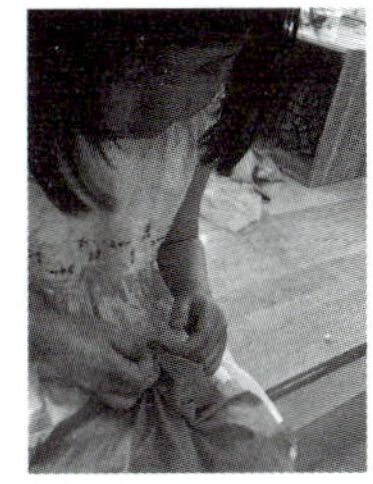

沙水游戏时间到了，你们玩了一个多小时还不尽兴，要求到沙水区继续玩。我提醒你们沙水区可能没有合适的地方玩，而且有可能把道具弄脏。你们说不怕，好想好想玩！慧慧说：“我们会看着办的，再不行我们就坐着看书！”

你们抱着书和梳妆盒来到操场，迅速用材料“砌”了一个大观园，中间铺了两张床，床之间有一堆小木头，慧慧说那是大观园里的植物。你们披着纱巾，碍手碍脚的，却不愿意脱下。

大观园“砌”好了，你们开始玩了……

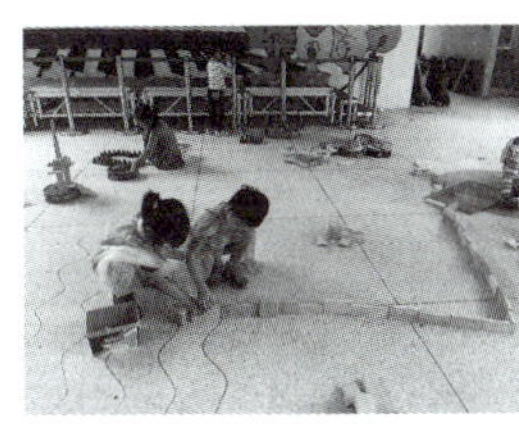

什么样的学习可能发生了

你们丰富的想象力和惟妙惟肖的演技太令我惊叹了！你们用心地揣摩人物角色，我仿佛看到了一群正在专注演技、认真排戏的演员，你们真的非常热爱表演。

你们对古代女性的装扮、举止、谈吐、日常生活及交往特别感兴趣，柯柯、梓琦要和妈妈去买《红楼梦》，到时可以请妈妈多讲讲里面的故事，或者观看《红楼梦》和其他题材的影视作品；我有许多关于古代女性生活的资料，很愿意与你们分享哦！

进一步拓展和延伸学习的机会和可能

柯柯很喜欢扮演丫鬟，可能和她喜欢做手工、做茶艺、烹饪有关，慧慧想要场景中有植物，可能是对大观园的园林景致感兴趣，下次可以选择一些户外小景来游戏；你们还可以继续收集材料和制作道具，如盆栽、茶器、食物等。柯柯妈妈说准备带柯柯去请教一位做道具很厉害的老师，柯柯学会了就教大家一起做吧。

第四回　手抄集和大观园的生活　2016 年 4 月 11 日

一早，你们在“娃娃家”发现了我的《红楼梦》画册和《红楼梦》手抄集，像发现了宝贝。你们翻着画册和手抄集，不断发出惊叹声：“好美啊！”“黄老师，这是你做的吗?”我自豪地说：“是啊！这是我在上学时自己做的手抄集，里面都是手抄的诗句！”“哇！黄老师你还在上面画画，好厉害！”你们一页页翻，边看边问我这是谁、那是谁，哪个是袭人，哪个是平儿。看着一幅幅剧照，你们问讲的是什么，看到其中一幅是宝玉揭红盖头的剧照，你们像发现新大陆似的：“这个我们知道，就是宝钗和宝玉结婚呢！”

……

到了戏剧室，大家从衣柜里找到了一些演出服装，各自穿上喜欢的衣服，分好角色，你们决定还是在外面演。你们从戏剧室里搬了一些积木，砌了桌子、椅子。接着开始了表演。

慧慧说：“我们去园子里走走吧！”小女孩们披上披肩，漫步在红操场上，又打开扇子欣赏，慧慧告诉梓琦和泳妍扇子上面的是诗。

<u>什么样的学习可能发生了</u>

你们对《红楼梦》的故事情节越来越有兴趣了，你们能灵活地利用不同的环境来表现故事的场景和情节，你们还善于把各种材料变成游戏的道具，你们对角色有了自己的理解和演绎方式，幕前、幕后样样皆通。

你们能热情接纳新伙伴的加入，遇到问题时能主动协商，尝试解决，我能感受到你们的诚意和友善。

<u>进一步拓展和延伸学习的机会和可能</u>

我们可以上网收集、打印一些精美的人物造型照片和场景剧照，贴在娃娃家里。听说小伙伴们对你们的演出很感兴趣，有的还希望加入红楼剧团，你们可以和大家讨论一下，制订一个角色分配和演出的方案！

谢谢你们喜欢我的《红楼梦》手抄本，因为它是我小时候最心爱的宝贝，我想把珍藏的《红楼梦》贴纸送给你们，希望你们喜欢！

第五回 “红楼小剧团”初编剧本 2016 年 4 月 18 日

上周，你们跟我说，想表演给大家看。刚好那时班里正在策划毕业汇演的节目，我问你们想不想把《红楼梦》搬上舞台，表演给全园的小朋友和爸爸妈妈看，你们爽快地答应了。我说：“你们先编一个剧本吧。”你们问什么叫剧本，我说：“就是你们打算演一个什么故事，故事里有什么角色，有什么情节。角色和情节都由你们自己想、自己编。”

今天，我问你们剧本编得怎样了，你们说都商量好了。于是，我们一起开“会”，请你们来介绍剧本。

今天你们的小剧团加入了新伙伴——铃琳，铃琳说要参加你们的演出。

你们本来想演“宝玉离家出走”，但是没有男孩子做宝玉，所以就改为演“过生日”。演谁过生日呢？慧慧说：“书里面宝玉、宝钗、凤姐、贾母都有过生日，我们就演宝钗过生日吧。”

接着你们介绍自己想扮演的角色。

……

我忽然想起之前给你们讲过的“憨湘云醉眠芍药裀”的故事，并建议：“你们可以考虑演湘云醉眠芍药花丛的情节哦，那个也是过生日的情节！”慧慧说：“好！”

慧慧说：“书里面过生日是要写诗的！”泳妍说：“可我们不会写啊！”慧慧说在书上找一首，梓琦说：“如果小班的弟弟妹妹听不懂怎么办？”柯柯说：“要不我们猜谜语吧？”慧慧说：“好啊，《红楼梦》除了写诗，还有猜谜语呢！”柯柯说：“猜谜语我最厉害了！红口袋，绿口袋，有人怕，有人爱。打一蔬菜。”你们又商量把吃酒席和逛园子的情节编进去。

你们商量穿什么衣服。突然，慧慧想起自己是短头发，担心扎不了发髻，其他小女孩也发现各自的头发都不长，我告诉你们不用担心，我们一起想办法解决。最后你们说，表演的时候舞台上必须要有一张床！

什么样的学习可能发生了

你们的剧本太精彩了，我想这出戏一定很好看。你们有强烈的创作欲望和

表演热情，能够把对故事的理解和生活经验结合起来，人物和情节生动形象，丰富的想象力和大胆的创意令我赞叹。你们主动邀请和积极说服小伙伴加入，做事情有商有量，你们的红楼小剧团是一个快乐、团结、充满力量的小团队。

进一步拓展和延伸学习的机会和可能

谢谢你们邀请我讲《红楼梦》，从明天开始我们来读故事吧。你们还可以继续修改剧本，有什么想法随时提出来，我愿意倾听你们的想法，和你们一起做好各种准备。你们还可以向全班小朋友推介演出的故事剧本，介绍里面的角色和情节，邀请更多的小伙伴加入演出。

第六回　洗澡、平儿生病　2016 年 4 月 19 日

……

第七回　食物、媳妇、怡红公子　2016 年 4 月 20 日

……

第八回　宝黛初会　2016 年 4 月 25 日

……

第九回　拍电视　2016 年 4 月 28 日

前几天，园长说广东电视台少儿频道《幼幼总动员》来幼儿园拍摄“六一”特辑，问你们想不想接受电视台拍摄，你们高兴地答应了。

……

下午就要拍摄了，吃过加餐，你们把服装道具收拾好，其中有来自贵州的老师送的漂亮首饰，还有柯柯妈妈和慧慧妈妈买的新戏服，那两件水袖是柯柯妈妈送给小剧团的。

忙碌了一下午，我想你们都累了，想让你们休息，可你们说一点儿都不累，分头整理戏剧室和自己的道具服装。我问你们拍电视的感觉如何？你们说好爽、好开心、好好玩。你们还说，原来拍电视一点儿都不紧张，还有点儿兴奋。慧慧说：“等的时候有点无聊，不过挺开心的。”我对你们说：“真正的演员拍摄时是很辛苦的，有时为了拍一个镜头要等待几个小时甚至一天。”

什么样的学习可能发生了

你们乐于尝试各种机会，对拍电视既好奇又自豪。你们把拍摄活动当作一件非常郑重的事情，按照自己的想法独立做好计划和各种准备，有灵活的应变能力，能根据实际情况随机应变，你们的组织能力和合作能力太强大了。

你们对表演有很强的领悟力和即兴表现力，面对镜头毫不胆怯，演技大胆出色，不怕困难、不怕辛苦，是名副其实的小演员。

进一步拓展和延伸学习的机会和可能

你们想和大家分享第一次拍电视的经历和感受吗？如果下一次在舞台上表演《红楼梦》，你们准备怎么表演呢？你们可以研究一下。

第十回　拜师学艺　2016 年 5 月 5 日

中午，梓琦妈妈带来了一位神秘的客人。客人是一位身穿旗袍、和蔼可亲的奶奶，一进门就热情地跟我们打招呼，她是谁呢？原来她就是从事传统戏服制作几十年，有着精湛手艺和丰富经验的广州戏服传承人董惠兰老师。

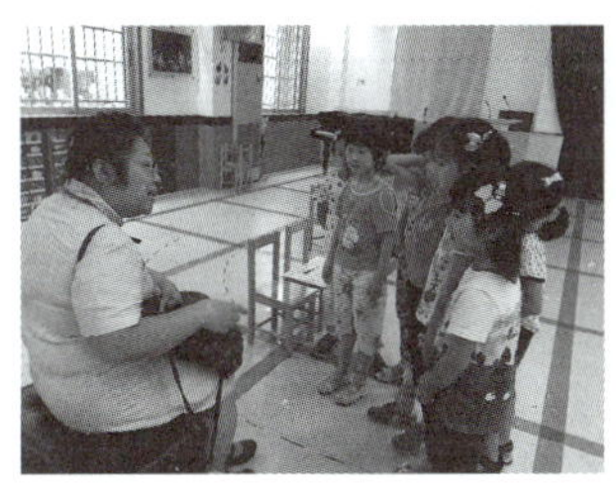

董老师用平板电脑和你们分享她的工作，一说起戏服，董老师就如数家珍，你们和董老师一见如故，“叽叽喳”地问个不停。

董老师说，知道你们准备演《红楼梦》，专门来看望你们，为你们设计制作戏服。你们很高兴，但柯柯和慧慧有点担心：“可是我们已经有戏服了呀！”董老师说：“我们有句行话，叫‘宁穿破，不穿错’，意思就是说戏曲里的不同人物要穿不同的戏服，戏服会绣上不同的花纹图案，使用不同的颜色，每一个角色的服饰都有着严格的规定。你们在台上演《红楼梦》，丫鬟有丫鬟的戏服，小姐有小姐的戏服，每个角色的衣服都不能穿错。”慧慧说：“那我的衣服就平时玩的时候穿吧。”

董老师问你们准备演什么，你们说要演“宝黛初会”，董老师提议你们即兴演一场，你们答应了。

……

董老师很愿意成为你们的指导老师，为你们做戏服和化妆，你们双眼发亮很兴奋。董老师马上开堂授课，教你们如何演古装戏。最后，董老师建议你们

多看一些影视作品，学习演员的表演。

董老师说："你们个个都很棒，特别有团队精神，记住你们既然是一个团队的，那么大家就是一家人，任何困难都要一起克服，希望你们演得越来越好，在舞台上演得出彩。"

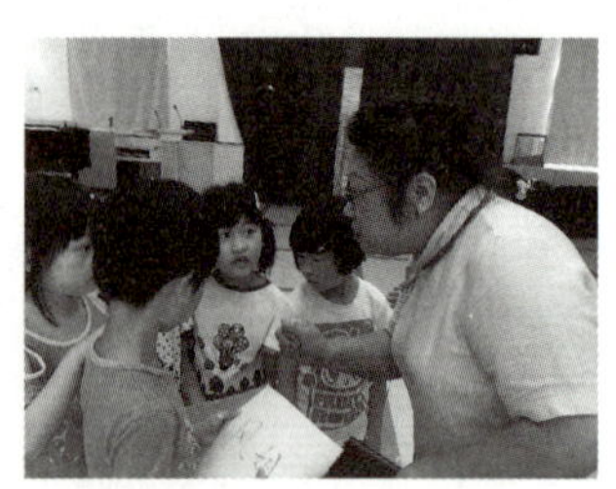

董老师还根据每个人的外形和角色，为你们初步设计了服装和发型。你们目不转睛地听着。

临别之际，你们依依不舍，董老师答应下次继续教你们演戏，并邀请你们到戏服厂参观，挑选布料、看师傅做戏服，这时，我发现你们已经和董老师成了好朋友了。

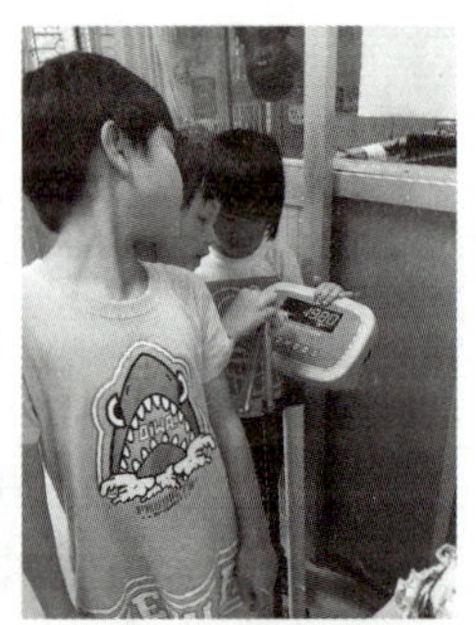

下午，我带你们到卫生室量身高、体重，因为董老师说要知道你们的身材尺寸才能做戏服。你们认真地互相测量，记录数字，比较谁比谁高、谁比谁重，然后开始想象自己的戏服会是什么样子的，慧慧(凤姐)选蓝绿色调的、要华丽一点的，梓琦(黛玉)喜欢白色加粉红色、有碎花的，迦铄(紫鹃)喜欢蓝色加粉红色的，柯柯(平儿)喜欢黄色的，彤彤(宝玉)选择蓝白色的，泳妍(雪雁)选择绿色加橙色的。

什么样的学习可能发生了

你们说："董老师太厉害了！会做衣服，会化妆，还教我们演戏！"我能感受到你们非常喜欢和崇拜这位传统手艺人，对传统戏服制作、化妆、道具等传统舞台艺术有强烈的好奇心。

你们有勇气、有担当，在毫无准备的情况下，你们大胆应对、临场即兴发挥，不管多糟糕都能坚持到底，真了不起！

进一步拓展和延伸学习的机会和可能

找时间我们看一些影视作品，在表演中你们可以多揣摩和尝试董老师传授的表演技艺，继续创编表演的台词，今天即兴创作的"坐船"的台词很精彩，我觉得可以把它编进戏里。

你们好想知道手艺人是怎样制作戏服的，我也同样好奇，我们可以上网收集资料，了解关于戏服的介绍，然后为自己设计一套戏服。下周，我们邀请妈妈一起参观董老师的戏服厂，你们可以把自己的想法和董老师分享，共同参与戏服的设计，到时别忘了好好跟戏服手艺人拜师学艺哦！

第十一回　参观状元坊戏服厂　2016 年 5 月 13 日

经历了漫长的等待，你们终于等到了参观董老师戏服厂的日子。

先来总结一下这个星期你们做了什么吧。自从上周向董老师拜师学艺后，你们这群小徒弟和我一起把董老师的微信公众号的内容都读了一遍，我们欣赏了传统戏服的照片，了解了一些关于戏服的知识，你们每个人还为自己的角色设计了戏服，把"宝黛初会"的台词都编好了。

今天，我们大清早就来到了董老师的"状元坊戏剧厂"，这是一个古老的店铺，是传统的"一店一厂"式手工作坊。

一进店门，你们就被琳琅满目、五光十色的戏服吸引了，挂在墙上的巨大状元袍、玻璃柜里流光溢彩的簪子、相框里的戏曲人物定型照，以及有趣好玩的龙凤狮头、大头佛……你们瞪大眼睛，不断发出"哇哇"的惊叹声。

寒暄落座，你们和董老师开始了今天最重要的工作——设计戏服。不知不觉，你们画设计图画了近一个小时，戏服样式逐渐有了雏形。对照每个人的设计图，董老师和你们一起商量戏服的细节：从内衣、外衣到背心；从上衣、下裙到斗篷；从衣领、前牌到腰带；从花纹到颜色，每一个细节都逐一落实和记录，戏服设计终于完成了。

董老师说，下一个工作就是让师傅给你们量尺寸，师傅拿着软尺，给你们量身长、肩宽、腰围、手长，最后在纸上画出你们的脚印，准备做绣花鞋。

紧张忙碌的设计工作告一段落，你们在店内开心地玩耍，还到处找董老师的猫咪"黑妹"玩。

董老师还带你们去楼上的工厂参观……

又到了董老师传授表演技艺的时间啦！董老师教给你们一个曲艺演员练声、开声的秘诀——用“噼啪”来响亮地念白。你们跟着董老师一起念“噼啪”，又学习花旦、青衣、小生的手势和台步，你们学得很认真，不时因自己和小伙伴滑稽的动作而捧腹大笑。

欢乐的时光总是那样短暂，参观结束了，婷婷姐姐送给你们一份有趣的小礼物……你们带着依依不舍的心情和董老师告别，相约“六一”儿童节再见。

什么样的学习可能发生了

你们热爱中国优秀传统文化，对戏曲艺术有浓厚的兴趣与独特的感受和理解，敢于大胆地表达自己的情感和想法；你们有着像传统手艺人对手艺的热爱和执着追求，在工作中表现出非同一般的专注力和坚持。你们跟董老师拜师学艺的画面多么温馨、多么幸福，我为你们高兴，更为你们自豪！

你们可以认真地研究舞台表演的方式，仔细琢磨动作、对白，研究怎么去表现。你们还可以提前了解古代发型的种类、特点，下次请董老师教你们做发型。

第十二回　为毕业汇演修改剧本　2016 年 5 月 25 日

前两天，幼儿园进行毕业汇演节目初审。初审刚结束，你们就问我老师们有什么意见。我说，节目组建议情节可以再紧凑些，台词还可以再精炼些，有老师觉得背景音乐用《枉凝眉》不够新意，建议我们修改。梓琦和泳妍生病请假了，你们想先修改剧本。

于是，分区活动时我们一起做修改。

…………

什么样的学习可能发生了

今天，我觉得自己是在和大人并肩工作，我可以把问题大胆地交给你们，你们会积极、主动地回应我，我们就像最佳合作伙伴，既可以坦诚交流，又能够共同努力解决问题，那种愉快、默契的感觉真是太奇妙了！我很喜欢。

你们懂得了合作的重要意义，逐渐学会了珍惜，表演已不仅仅是游戏，而是成为共同追求的美好愿望。怎么演好一场戏、演好每个角色才是最重要的。你们每个人都在通过自己的方式，努力地为团队做贡献。从你们身上，我感受到了无穷的力量，我们有信心应对更多的困难，我们能够做得更好！

第十三回　换曲风波　2016年5月31日

(写给慧慧的个人学习故事)……

第十四回　学做发式　2016年5月31日

…………

第十五回　排练录音　2016年6月16日

…………

第十六回　走台、试装　2016年6月22日

…………

第十七回　正式登台　2016年6月26日

今天是幼儿园举行文艺汇演的日子，你们的《红楼梦》即将登上大舞台。

清晨，阳光初现，你们就回到幼儿园，董老师和化妆师们马上为你们化妆。你们睡意未退、双眼半合，任由化妆师打粉底、涂胭脂、抹眼影。天气闷热，你们穿上三四层的戏服、戴上沉重的头饰，吹着空调，身上依然冒汗……终于，在演出前的十几分钟完成了所有角色的化妆。外面烈日当空，温度超过36℃，你们穿戴着厚重的行头，顾不上打伞、擦汗，过大街、钻小巷，匆匆地来到培正中学礼堂。

你们直接到后台候场，因为你们的节目排在第二。舞台大幕紧闭，全场暗灯，会场响起了主持人的温馨提示。昏暗的幕道间，你们站成一排，一言不发，眼睛盯着台上摆道具的工作人员。迦铄负责摆道具，她把两个大萝卜紧紧地抱在怀里，柯柯、慧慧和彤彤从她身后探出头来张望，场上气氛隐约有些紧张……

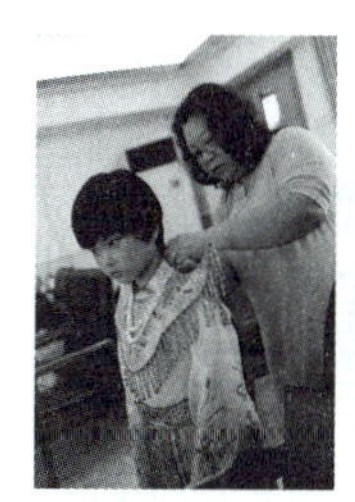
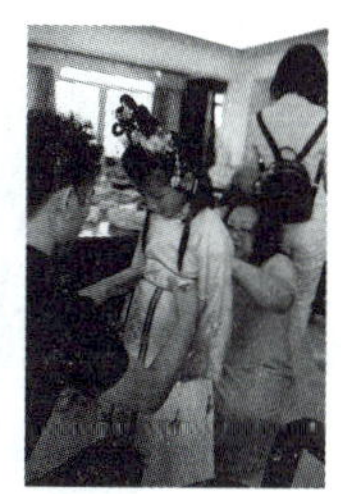

终于，你们的节目开始了！

哀婉动人的《枉凝眉》响起，舞台灯光渐亮，黛玉、雪雁、紫鹃缓步出场，你举手投足间都很镇定，动作跟音乐十分吻合。场内一片安静，台下的观众都目不转睛地注视着舞台。凤姐出场了："哈哈哈，我来迟了，未能迎接远客……"随着爽朗的笑声，慧慧(凤姐)从屏风后出现了，伸展着双臂，飞舞着罗裙，疾步奔向梓琦(黛玉)，表情从开心渐变为惊叹。当说到"天下竟有这般

标致的人物，今儿我算见着了”这句台词时，慧慧翘起兰花指，旋即一个亮相，一双丹凤眼神采飞扬、顾盼生辉，全场响起热烈的掌声。

紧接着宝玉亮相，彤彤（宝玉）迈着大步走向舞台，面向观众然后转身向凤姐行礼。站在幕道旁一直为彤彤捏把汗的我暗暗惊叹：“太棒了！”要知道彤彤的厚底靴子是今天第一次穿，还没有练习过走路，董老师和我都担心她在舞台上摔跟斗，谁知彤彤不但走得稳稳的，还顺利完成了一连串的表演动作。

接下来的表演，你们把平时练习和走台时商量的细节都表现出来了，包括对话时眼神的交流、动作的快慢处理，还有各人坐立时的位置以及彼此间的距离，如宝黛行礼时凤姐要移步到一旁，避免遮挡；宝玉和黛玉坐下说话时不能太靠近；你们还注意到面向观众、没有台词的演员需要通过动作、表情来表现。

短短几分钟的表演在“宝玉摔玉”中结束了，节目最后，你们举着谢幕牌，迈着轻快的步子和其他小演员一起重返台上谢幕，你们用力地和台下的观众挥手，观众席上再次响起了热烈的掌声。

汇演结束后是大合照，我们邀请董老师一起上台合影留念。你们看上去很疲劳，依偎着董老师，面带微笑，挥手向台下观众致谢。

今天，“红楼小剧团”正式登台，你们以精彩的表演征服了在场的一千多名观众，共同实现了属于你们的最美好的“红楼梦”！你们是专业优秀的舞台新星，生动传神、自信从容的表演让我折服，你们尽情享受表演所带来的快乐，而你们对表演艺术天真纯粹的坚持令我感动。

毕业意味着离别，可你们说，“红楼小剧团”不会解散，你们还将和董老师、黄老师、小伙伴一起继续演下去。

第十八回　毕业旅行　2016 年 7 月 9 日

今天是你们从幼儿园毕业的第一天，大人们精心为你们安排了一次毕业旅行。

第一站：状元坊戏服厂。

第二站：西关美食天地。

第三站：粤剧博物馆。

不知不觉，已经下午五点多了，“红楼小剧团”的毕业旅行就要结束了。今天的广州热得像个烤炉，却没有阻挡我们的脚步，你们一如既往地拌嘴、和好、游戏、表演，充满好奇地探寻未知的奥秘。一路上欢笑不断，有师傅、老师、爸爸妈妈的陪伴，你们好幸福、好快乐。今天的毕业纪念旅行充实而有意义，它为“红楼小剧团”的幼儿园生活画上了美丽的句号。

让我们好好地感谢自己、感谢“红楼小剧团”的每一个人；感谢我们一起走过的日子；感谢我们付出的努力；感谢我们为团队做出的贡献；感谢我们共同兑现了彼此的承诺；我们快乐地追求自己的梦想，“红楼小剧团”不会解散，我们的“红楼之梦”还将继续……

再一次读这些学习故事，我好像又回到了 2016 年那段“追剧”的日子，常常盼着黄老师给我发来大家的近况。通过微信公众号和大家分享第一个故事《初演“红楼梦”》开始，就有老师质疑：“《红楼梦》怎么可以给小朋友看？”“是不是应该指导小朋友在什么年龄看什么书？”黄老师也第一时间思考，并访谈了儿童和家长，聆听他们的心声、观点、感受，并与自己对《红楼梦》的认知、情感建立连接，审慎地思考着、行动着、对话着、倾听着、支持着儿童的兴趣和学习旅程。可能在其他幼儿园里很少有儿童会对《红楼梦》感兴趣，事实上，2016 年之后，黄老师带的新班级里，也没有再发生与《红楼梦》相关的学习，那么分享这个课程实例有什么意义和价值呢？我认为有以下几点可以和大家分享。

第一，可以让更多人看见作为有能力、有自信、积极主动学习者的儿童，以及她们与老师是如何共创共建学习旅程的。有的老师读完故事后说：“孩子们自导自演，既有机会体现各自的领导力，也有机会学习听从指挥、服从他人安排。从戏剧表演的准备活动中我看到了孩子们的主观能动性：遇到问题，她们能够主动思考，并想办法解决问题，是思维能力发展的体现，也体现了孩子们的行动力。孩子们学习古典文化，了解中华优秀传统文化，在其中收获了快乐，是很好的。老师支持了孩子们的兴趣，延伸了孩子们的知识面，提问中引导孩子们去成长进步。老师和这帮孩子，你们都很棒！”

第二，老师可以与这群儿童和黄老师共情，建立与自己教学实践之间的连接。例如，有的老师说：“黄老师，其实你《红楼梦》的第一篇就让我们有了共情，我跟踪了一个月的连续性学习故事也起源于一次集体教学活动中的《黄浦江上四座桥》的表演。孩子们的奇思妙想——如何用人体变化来表演不同的桥身，如何让全班幼儿共同来参与，人员如何安排，队形如何设计，若是有幼儿缺席如何替代等，孩子们都一一考虑到了。我同黄老师一样，只是在孩子需要的时候才出手，我做得最多的就是记录下孩子们的每一个小心思，让每个孩子的心思都看得见，在观察识别中成就孩子的梦想。与此同时，我也感谢黄老师的分享，让我今天突破学习故事的撰写模式，觅到原来学习故事还可以和孩子一起制作一本属于孩子的故事相册或故事连环画，让孩子自由阅读，共情、共享爱和喜悦。”

第三，还可能引发教师的好奇和困惑：“活动中老师对幼儿的关注和支持让人感动。在边看边学的过程中我也有这样一个疑问——‘红楼梦’这个活动中，从开始至今的游戏主角一直都是那几个孩子，我们都知道，一个班级还有其他孩子，一个老师对这几个孩子倾注了如此多的关注，那如何兼顾其他孩子的需求？”这些好奇和困惑又可能带来进一步的沟通和探究。

对于教师的好奇和困惑，黄羽欣老师说：“在学习故事生成课程的环境支持下，一个班几十个孩子可以生发各种类似‘红楼梦’的生成呼应式课程，《红楼梦》故事只是部分孩子的课程，其他孩子也在发展着自己的课程，每一个孩子都可以研究他们感兴趣的事物，成为某个领域的专家，在我们班里，除了有‘小红学家’，还有‘火山专家’‘地铁专家’‘测量专家’‘天文专家’，甚至‘生物专家’，他们的故事同样精彩。一个班三位老师，每一个老师都会关注不同孩子的学习，三位老师对全班孩子的学习支持是一体的。《红楼梦》的小主人公们并不只是喜欢演红楼梦，他们还有其他的兴趣爱好，什么时候演红楼梦、什么时候研究其他东西，孩子们心里最清楚，我们班的孩子每天要做的工作就是要看贴在‘家长园地’的一周计划表，每天各个时间段有什么安排、有什么地方可用，他们都知道，然后他们就做自己的计划。孩子们经常对家长们说，他们很忙的！”

实际上，本书中所有的学习故事和课程实例，都是独一无二的、无可复制的，因为它们专属于开创、共创并共同叙述和书写着这些故事的儿童、教师和家长。如果说这其中有什么可以复制的话，那就是教师眼里儿童的形象，教师对儿童的相信和尊重，教师与儿童的关系，教师对儿童的倾听、对话和持续呼应，即教师和儿童在一起生活和学习时的价值观、关系、情感、思维和行为模式。教师在不断注意、识别、回应儿童学习的过程中，看见儿童的许多个“1”，然后给儿童提供时间、空间、资源等“许多”新的机会和可能，用行动和情感呼应，让儿童在充分发挥自己主观能动力的前提下，得以专注地投入学习，并让学习跨越边界(家园、学科领域、时空等)不断拓展、延伸。这样充满热情的学习体验，有着“传染性”，就像对《红楼梦》感兴趣的儿童的家长、董惠兰老师那样被“传染”，不由自主地投入儿童的学习和探索中。

四、一个班的儿童、一个活动区域和一条课程线索

有时候，看见、听见儿童的兴趣和意愿，就是“听话听音”，即听见儿童的心声。当一个儿童在假期里用木头做小动物的经历吸引了其他儿童很高的讨论参与度时，教师可能从这样热烈的讨论中听到儿童什么样的“言下之意”呢？江苏省无锡市立人幼儿园的申昕老师，就好像听到了儿童的心声——“我们对用木头做东西感兴趣”，于是就有了跨越两届大五班的“锯锯钉钉厂”。

课程实例 6.4 锯锯钉钉厂

作者：申昕(无锡市立人幼儿园　两届大五班)

时间：2017 年 3 月—12 月

缘起・想在教室里设立一个专门干木工活的地方

2017 年 3 月初(第一届大五班)

度过有趣的寒假，新学期又开始了，许久不见的孩子们相互之间有着说不完的话，你们聊着假期里有意思的事情。

苏苏：“放假时我去了‘田园东方’，看见了许多用木头做的小动物。”

芮芮：“有木头做的大象，我还坐上去玩了呢。”

熙熙：“你们看到的都是别人做的，我妈妈带我去木工坊我自己用木头做过小椅子……”

大家都被熙熙的话吸引了，纷纷表达着自己对木头玩具和用木头做东西的兴趣。

“你们想在教室里用木头做东西吗?”我问道。

我的提议一呼百应，你们都很愿意，并提出要在教室里设立一个专门干木工活的地方。

我接着问："那我们需要哪些材料和工具呢？"

小宇："需要很多的木头。"

奕奕："要榔头和钉子，我见爷爷做过椅子。"

小志："我知道，要用锯子锯木头。"

…………

我很好奇，你们对木工还有哪些了解呢？

于是，我们展开了讨论。

没想到，你们对木工了解得真不少！

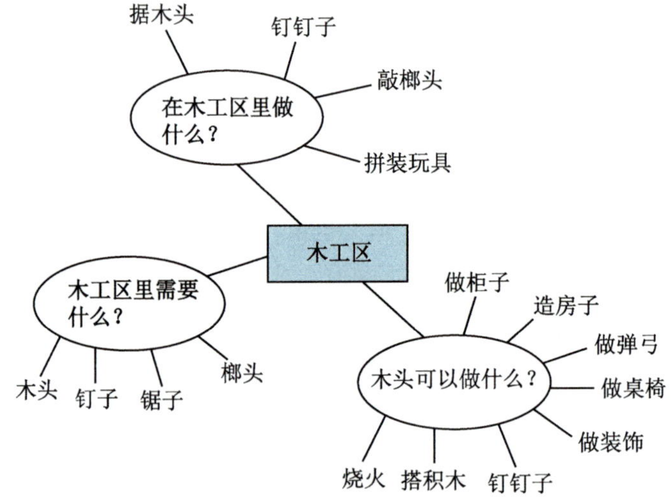

表 6.1 "锯锯钉钉厂"内容

项目：大五班木工区		
年龄段：6 岁		
幼儿的已有经验	幼儿的问题	幼儿的兴趣点
木头可以做东西。（桌子、椅子、房子……） 木头可以敲钉子。 木头可以做书。 树枝可以做弹弓。 木头可以做装饰。 木头可以搭积木。 木头可以烧火。	为什么柜子等要用木头做？ 我敲不进钉子怎么办？ 我做不出房子的尖尖顶。 我锯不出圆形。 我钉子敲进去了，但老是掉下来。 为什么我的钉子敲进去后会长出来？ 为什么我的虎钳夹不住木板？ 为什么我的木头老是被锯歪？	喜欢做敲敲、打打、拼拼、贴贴等动作。 喜欢向老师、同伴介绍自己的作品。

关键经验	计划开展的活动		
• 正确使用操作工具，注意安全，不给他人造成危险，并具备自我保护能力。 • 通过敲、锯等操作练习，锻炼手的动作协调能力，且具有一定的力量。 • 能用数字、图画或者其他符号记录创作的事物或故事，并能生动地介绍自己的作品。 • 主动承担任务，制订简单的计划，能与同伴合作与交流，遇到困难能够坚持，想办法克服。 • 喜欢探究，发现木工作品结构与功能之间的关系，经常动手、动脑寻找操作中问题的答案。 • 能用多种工具、材料或不同的表现手法，积极参与环境布置。	木工工具有哪些？ • 集体活动：我见过的木工工具 • 集体活动：工具材料哪里来 • 集体活动：统计我们需要的材料 • 个体活动：收集木工工具 • 小组活动：工具的作用 • 小组活动：材料大分类	木艺作品怎么做？ • 集体活动：欣赏木艺作品 • 小组活动：设计我想做的木艺作品 • 集体活动：爷爷会做椅子 • 集体活动：讨论游戏规则 • 小组活动：尝试多种工具	操作中遇到了什么问题？ • 集体活动，我的问题 • 小组活动：问题怎么解决 • 个体活动：我们的办法

新名字·锯锯钉钉厂诞生记

2017 年 3 月中旬

这段时间，我们大家陆陆续续地收集了各种各样的木头、工具，木工游戏在教室里也可以玩啦！就像阅读区、美工区那样以区域的形式出现在了教室里。你们叫它木工坊、木工区还有那个区，想怎么叫就怎么叫，有时还会因此产生一些小争论。

看到这些，我问你们："商场里做木头玩具的地方叫木工坊，我们玩木工游戏的区域叫什么呢？要和他们一样吗？"

小宇："不能和他们一样，我们又不是在商场里。"

源源："就是啊，木工坊一点都不好听。"

芮芮："我喜欢可爱的名字。"

豪豪："叫工具厂怎么样？"

小宇："不好不好，我觉得应该叫木工作品厂。"

小惠："不如我们分小组讨论一下吧。"

听了小惠的建议，孩子们分组讨论开来……

讨论结束后，每个小组的孩子都开始了自己的介绍。

熙熙："我们觉得应该叫木工建造厂，因为这里就是建造那些小动物的地方。"

婷婷："我们组觉得应该叫木工修理厂，我们的椅子坏掉了就可以拿过来修一修，钉牢固。"

皓皓："我觉得叫木工作品厂比较好，我们可以用木头做好多作品，这个名字正合适。"

天天："我们起的名字是锯锯钉钉厂，因为这里可以用锯子锯木头，也可以用钉子钉木头，就叫它锯锯钉钉厂，我们都很喜欢这个名字，锯锯钉钉厂很可爱、很好听。"

豪豪："我们起的名字是工具厂，因为里面有各种各样的工具可以用。"

我问："该用哪组取的名字呢?"

所有孩子："我的，我的……"

皓皓："那我们来投票吧。"

孩子们："好！我们来投票决定。"

投票栏在大五班放三天，你们可以在自己做好决定后就将自己的名字写在喜欢的区域名后，其间还出现了"拉票"的行为。

三天后结果显而易见："木工建造厂 8 票，木工修理厂 5 票，木工作品厂 1 票，锯锯钉钉厂 20 票，工具厂 6 票。"你们激动地围着投票栏欢呼："锯锯钉钉厂！锯锯钉钉厂！"

谢谢皓皓想到用投票的方式来帮助我们做选择和决定。投票是一种社会性行为，三天的投票过程，让你们感受了投票的严谨，也感受了在投票过程中自己所承担的责任。和你们一样，我也好喜欢"锯锯钉钉厂"这个名字，是不是你们在做木工的时候最喜欢的就是锯木头和钉钉子，所以才有那么多人给这个名字投票呢？你们知道吗，"锯锯钉钉"这个词我们也会说，它是"AABB"形式的词语，是不是念起来感觉很可爱呀？"厂"的出现也令我惊讶，我很好奇，你们为什么会这么一致地取名为"××××厂"呢？是不是因为幼儿园所在的无锡胡埭是一处经济开发区，你们身边有许多工厂，你们的爸爸妈妈也大都在工厂工作，所以你们把已有的经验进行了迁移与运用呢？

一波三折的厂牌

2017 年 4 月 12 日—13 日

多多、天天、田田、熙熙，你们 4 个计划为锯锯钉钉厂做厂牌，你们分工决定由三人完成厂牌的牌面，另外一人完成厂牌的底座。

天天找来了一块大小合适的木板。多多一边指着计划书一边说："这块木板的两头都是平平的，我们的牌子有一头也是平平的。"天天看了看计划书："是的，只需要再锯一个尖尖的头就行了。"得到了同伴的认可后，你们开始了制作。天天先来锯，另外两位小朋友在一旁扶着木板，没锯几下多多就提醒道："你锯错了，这不是尖的。"田田也在一旁应和道："天天，你锯错了，你要画下来。"天天停了下来，多多为他拿来了笔，天天在木板上画出了区牌的尖头并开始沿着线锯。

熙熙今天一个人为厂牌做底座，他先拿了一根长木头撑在两张椅子的中间，然后测量需要的长度，并在刻度处留下了标记，锯下木条后他又在木条的一头钉上了一块木板。熙熙兴奋地拿着底座向同伴展示："这样牌子就能站在地上啦！"时间一晃过去了，游戏结束时锯锯钉钉厂的厂牌还没有完成。

第二天一大早，熙熙与多多早早来到幼儿园告诉我："我们两个要来完成锯锯钉钉厂的厂牌。"

熙熙拿着计划书告诉我："我们改掉牌子的计划书，我们不打算锯尖尖的头了。"你拉着我来到了操作台前，指着厂牌上重新画上去的一条直线告诉我："我们打算做两头都是平平的牌子。"

老师："你们觉得两头平平的牌子更好看吗？"

多多："不是的，我们觉得尖头更好看，可是我们锯歪了。"

熙熙："可是这样平平的也不错。"

熙熙一边说一边按照新的设计继续锯着。

多多："你这样容易锯歪，我帮你扶好。"

说完她就把双手用力地压在了木板上。

“咔嚓！”区牌一撑就断了，断掉的厂牌刚好变成了一个尖头，熙熙兴奋地大声说道：“你看，变成尖头了，我们不用锯了！”

在大伙的合作下，锯锯钉钉厂的厂牌闪亮登场！

哇！锯锯钉钉厂的区牌虽然稚拙，但是它很美！最重要的是，我在这个过程中看到了你们的分工合作，遇到困难你们能一起想办法克服；能根据实际情况权衡利弊，做出选择；能持续很长时间完成区牌的制作；不因挫折而放弃，遇到困难能够坚持而不轻易求助；还能接续前一天的活动，坚持完成任务。正是在强烈内驱力的引领下，锯锯钉钉厂在你们的创造下也不断地丰富起来，你们也积累了更加丰富的游戏经验：出现了锯平的方法、长度的测量、设计图的不断修改、分工合作……厂牌也在小小的意外中诞生了。

规则墙

2017 年 4 月中旬

收归玩具的音乐声响起，锯锯钉钉厂里一片忙碌，只听你们说：“他们把材料丢得满地都是！”“收得很慢！”“还把钉子钉到桌子上了，桌子都坏了！”……

于是我问道：“大家都很喜欢在锯锯钉钉厂里玩，怎么样才能让游戏玩得又安全又有序呢？”一石激起千层浪，小朋友们纷纷表达自己的看法。

熙熙：“钉子要钉在木头上。”

洁洁：“玩之前要先戴好眼镜和手套。”

婷婷：“可以用小白盒装材料。”

小嫣：“工具用好了要放回原处。”

源源：“有困难可以请好朋友帮忙。”

天天：“锤子不可以捶到桌子也不可以锤到手。”

…………

通过讨论，你们商量出了一些锯锯钉钉厂的规则，大致可以分为安全规则、收归规则、使用工具的注意事项三个方面。我建议你们把讨论的规则画出来，并一起将规则表挂在了锯锯钉钉厂的墙面上。

自从有了你们自己商讨出来的规则之后，锯锯钉钉厂嘈杂的声音、相互干扰的行为越来越少了，你们的游戏也更专注了。你们知道吗，木工游戏中安全是第一位的，所以遵守规则很重要。谢谢你们能讨论出属于你们自己的规则，并自觉遵守，让游戏也变得更有条理性，从而保证了大家的安全。当然，规则是可以随着你们游戏的需要而变化的。

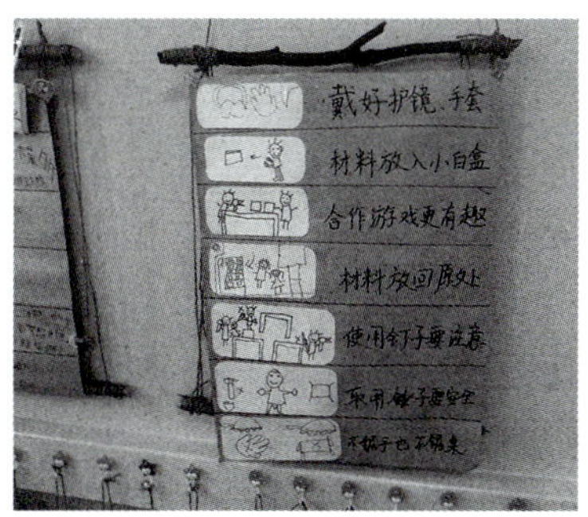

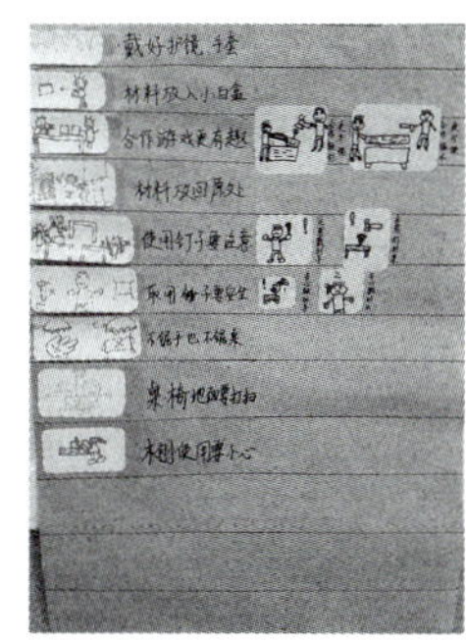

不要拆掉锯锯钉钉厂

2017 年 6 月

时间总是过得很快，毕业季到了，也到了分别的时候，可是锯锯钉钉厂怎么办呢？孩子们纷纷表示："不要拆掉，给弟弟妹妹们玩吧。""这里太好玩了。""这可是锯锯钉钉厂啊。"对呀，这可是锯锯钉钉厂呀，包括我在内每一个大五班的人都依依不舍，因为这里有好多工具、好多作品、好多故事，墙上也有好多属于我们的学习痕迹，如我们一起创设的问题墙和收集墙——在墙面上你们可以将自己在游戏中遇到的问题和需要的材料自主地记录在墙面上，有相同需要的小伙伴会在后方签名表示认同。问题墙上的问题也如此，有人解答就直接将方法记录在问题后面，有时你们还会自主地去挑战问题墙上的问题，寻求更多的解决方法，最后无人能解的问题我们就在集体活动中共同讨论，这也让我知道可以组织哪些活动来帮助你们寻找答案。这面问题墙就像是你们的一面学习墙，在这里你们互相学习，互相挑战，推进游戏，探索不同的问题，还能不断提高自己的表征能力，我也看到了你们越来越丰富的表征方法。

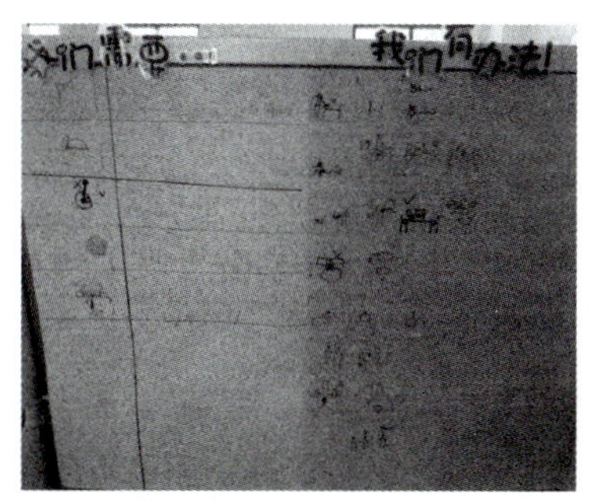

感谢园长同意了你们的想法，让锯锯钉钉厂继续留在了大五班，我也可以把锯锯钉钉厂推荐给更多的孩子。

厉害了，我的国

2017 年 9 月—10 月(第二届大五班)

新进入大五班教室，你们每天在锯锯钉钉厂来来往往，有时会摸摸展示区里的小汽车，有时会向同伴介绍："你看这是榔头。"……

终于，有孩子开始好奇："这是什么呀?"越来越多的孩子也开始问我。于是，我就像秘密被发现了再也藏不住那般，将锯锯钉钉厂介绍了出来。

我发现你们和上一届大五班的哥哥姐姐一样接受"锯锯钉钉厂"这个名字，并且觉得这个名字十分有趣，一下子就能明白是什么意思，我再一次感受到了这个名字的伟大，这是孩子们的智慧。

受到展示区作品影响的孩子们很快就进入了状态，开始模仿制作各种各样的汽车、桌椅……当你们在《沙家浜》中看到坦克、飞机、战车后，你们的制作热情一下子爆发了，就连女孩子也整天聊着坦克。你们这种井喷式的热情多么有意义啊！但是，我也有点小小的担心，怎样能让你们从战争中感受和平呢？于是，我们一起进行了讨论："我的祖国有力量。"讨论中，你们欣赏了大量阅兵式视频，感受着综合国力，明白即使是和平年代也要制造坦克、飞机。

你们想把自己的作品展示出来，就这样布展开始了。各种各样的作品被搬上了展台，"我做的小人可以放在这里，他们在观看阅兵式。""桌椅也可以放，他们坐在椅子上看呢。""这里是战车方队，一辆辆排好。""这里是坦克方队，他们听着骑士的指挥在表演。""飞机是飞在天上的，要放得高一点。""可以挂起来，也可以放在木桩上。"每一处摆放都是孩子们的精心设计，每一个作品名都蕴含着孩子们的智慧，孩子们为这次展示取名为"厉害了，我的国!"每件作品都有制作人留下的姓名牌，这让孩子们更加自豪，这些让我看到了你们在集体中的归属感。近期的微课程展示活动中，你们还自豪地向各方来宾讲述着我们的锯锯钉钉厂。你们的学习热情和变化，也感染着你们的爸爸妈妈，让他们看见了那么有学习力量的你们！

弯钉子的秘密

2017 年 11 月

<u>故事一：钉子敲弯了怎么办?</u>

这一天，苏苏计划做一张凳子。只见你敲的时候，一手捏钉子，一手拿榔头，轻轻地将钉子敲进去一点，随后，一手扶好凳脚与凳面的连接处，一手拿榔头用力地敲，可是直直的钉子被敲弯了。你重新拿了根钉子试了试，钉子还是被敲弯了，一连试了好多次都是这样。你停了下来，看着钉子想了想，随后你找来了好朋友奕奕帮你扶好连接处，你自己一手捏稳钉子，一手用榔头敲，好不容易，终于将其中一个凳脚钉好了。

回顾游戏时，你向大家介绍了你在奕奕帮助下是怎样钉好凳脚的。可是，话锋一转，你无奈地说："我不喜欢这几根弯钉子。"大家也发现凳面上有弯钉子，都说这样容易弄坏裤子。

我问大家："你们钉东西的时候，钉子会弯吗？"你们纷纷表示自己也遇到过这样的情况。我追问你们："钉子弯了怎么办呢？"你们纷纷说出了自己的想法，有的说："可以把弯钉子敲直。"有的说："可以拔掉重新钉。"还有的说："我试过用羊角锤拔钉子。"我决定将这些想法记录下来，展示在锯锯钉钉厂里。

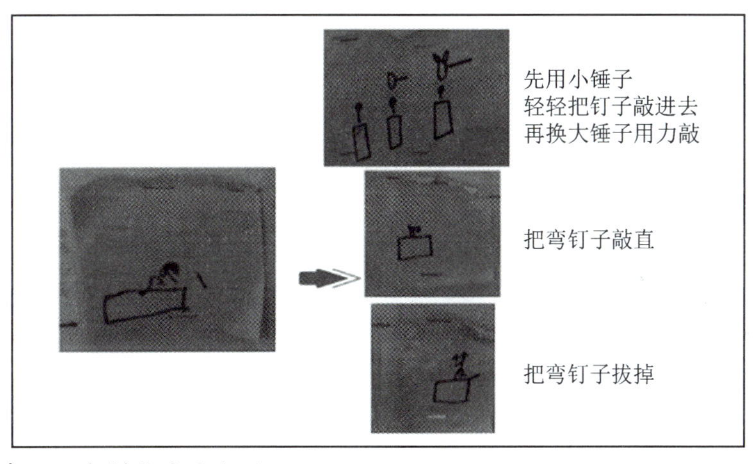

故事二：怎样拔出弯钉子？

过了两天，熙熙在锯锯钉钉厂打算做一把枪。在做枪的过程中，你发现有两根钉子钉弯了，钉子有部分戳到了木条的外面。你小心地用榔头敲击钉子尖尖的一头，钉子被敲出了一些，你又将木条翻了一面，利用羊角锤的两个"羊角"将钉子卡住，使劲地拔出一根钉子。接着你用同样的方法开始拔第二根钉子，可是你手腕一使劲儿钉子竟然弯了，你用羊角锤撬了好几次，钉子松动了，可是没有被拔下来。你想了一下便放下羊角锤，开始用手扭动弯钉子，一边"啊呀呀"地叫着，一边越来越快地扭动钉子。一旁的泽泽被你吸引了过来，他把地上的羊角锤递给你，你接过羊角锤，放到一边，没搭理。你将弯钉子拿给泽泽看，然后一边扭动一边饶有兴趣地嘟囔着："开、关、开、关……"突然，你双手握住木条，边摇晃边在嘴巴中念道："妈咪妈咪哄！"接着，你用

手一拉，弯钉子终于被拔了出来。你手舞足蹈地跟小朋友说：“用羊角锤把钉子弄松，然后用手不停地晃，就能拔出弯钉子。”我悄悄地在一旁看着你，向你竖起了大拇指。

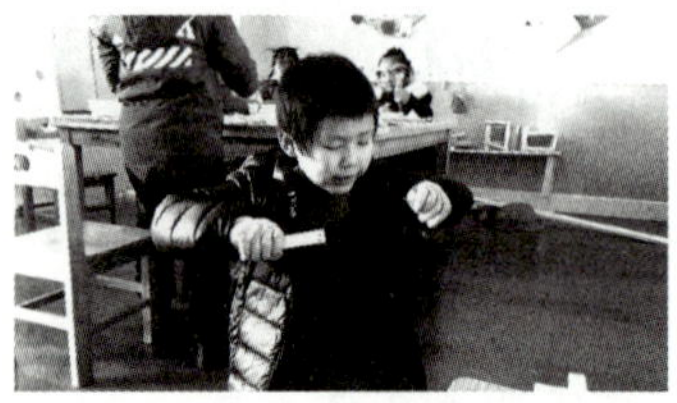

故事三：弯钉子也有用！

几天后的早晨，熙熙和苏苏将圆木片、小木块等材料钉在了一起。突然，熙熙说道：“它们钉在一起好漂亮啊，我们把它挂起来吧！”“好啊，好啊，我去拿麻绳。”你俩一拍即合。

只见你们找来了麻绳，并将它剪成了长长短短的许多段，边念口诀边打结：“交叉，钻山洞，拉拉紧……”最后你们将麻绳系在了一根直直的钉子上，“完成啦！”你们边说边将挂饰拎起来。“啪嗒！”作品从麻绳上掉了下来。

苏苏仔细地观察了一下直钉子，说：“直钉子上系不牢。”

熙熙想了一下，兴奋地说：“我们把钉子敲弯试试吧。”

说做就做，你们将麻绳系在直钉子上，用榔头把直钉子轻轻地敲弯。你们拎起麻绳掂了掂，作品牢牢地被系在了麻绳上，熙熙兴奋地说道：“我发现弯钉子的秘密了！”我立刻追问你：“弯钉子藏着什么秘密？”你向我介绍：“我们把系着麻绳的钉子敲弯，麻绳就不容易滑下来了，这样作品就可以挂起来了，弯钉子也有用！”

故事中可能发生了什么样的学习

1. 感知工具材料，探索操作方法。苏苏、熙熙，你们在游戏中运用了钉子、羊角锤、麻绳、大小不一的木块等工具材料，知道羊角锤的一头可以用来敲钉子，另一头可以用来拔钉子。你们探索了钉、敲、拔、撬、系、挂的操作方法，在钉两块木块时，能够先将木块进行有计划的组合，知道钉的时候要将木块放平。你们将作品挂起时，能使用敲弯钉子的新方法固定麻绳，掌握了很多操作方法。

2. 体验木工游戏，发展动作技能。苏苏，你在一个人钉凳脚时，先一手扶住钉子，钉子被钉进去一些后，再去扶木板，能较好地协调双手来操作。熙熙，你发现钉子戳到木条外面后，能够尝试一手按住木块，一手用羊角锤拔钉子，双手用力抓握，稳稳地控制，动作非常娴熟。你们还能手指灵活地将麻绳打结，把作品挂到心仪的地方。

3. 积极投入活动，专注游戏学习。苏苏、熙熙，你们对木工游戏十分感兴趣，在游戏中情绪比较稳定，始终那么专注、投入。熙熙在使用羊角锤拔钉子时遇到了困难，但你能不急不躁地面对，当泽泽介入时，你一点儿也不受干扰，仍旧集中注意力想办法，最后终于把弯钉子拔出来了，你们愿意将自己的发现分享给他人。

4. 深入探索研究，灵活解决问题。苏苏、熙熙，你们在游戏中遇到各种问题时，都能积极探索，勇敢面对。苏苏，当你在用钉子连接凳脚和凳面遇到困难时，你能多次尝试，主动找同伴帮助，合作钉好凳脚。同时，你通过观察发现钉子敲弯这一难题，在集体面前提出问题，大家一起参与解决。熙熙，你在拔弯钉子时，能仔细观察，勇于尝试，先用羊角锤把钉子撬松，再用手晃动，拔出弯钉子，你独立灵活地解决了问题。

下一步学习的机会和可能性

1. 寻找钉钉子的好方法。苏苏、熙熙，你们发现了弯钉子这一难题，通过探索，成功拔出了弯钉子，并且你们还发现了弯钉子的用途，真有意思！我已经发现你们开始探索怎样可以让钉子钉得更直、更牢，期待你们动手动脑，去发现更多的方法。

2. 探索其他工具和材料。苏苏、熙熙，这次你们遇到了弯钉子的问题，在木工游戏中你们也一定遇到了其他的问题，如木头为什么总是锯歪，虎台钳夹不牢木片……你们又是怎么解决的呢？我们一起把它们都记录在问题墙上，让小朋友们都来知道操作这些工具和材料的好方法。

3. 和更多的伙伴互动学习。苏苏、熙熙，你们发现了吗？在木工游戏中，其他小朋友也和你们一样，在不断地探索，希望你们可以和更多的小朋友一起去交流、操作，在有趣好玩的木工游戏中生发出更多有深度的学习。

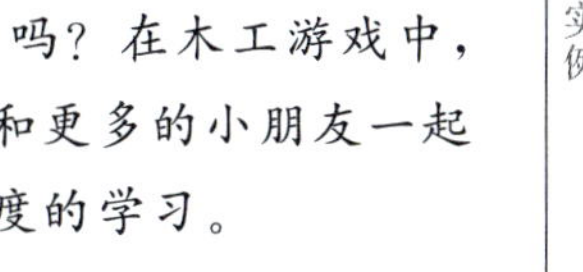

远方来的订单

2017 年 12 月

➤ 收到订单

这一天，我收到了一条特别的消息，这是发给大五班的一张照片，我立刻将这个消息告诉大家，你们纷纷猜测是什么，快让大家一看究竟。打开照片的同时，你们迫不及待地展开了讨论。

“有好多数字。”

“这是快递。”

“这上面好像是我们做过的笔架。”

“有好多字呀，是什么意思?”

“还有个人呢，我没见过她。”

“是个女的，有卷头发，还戴眼镜。”

…………

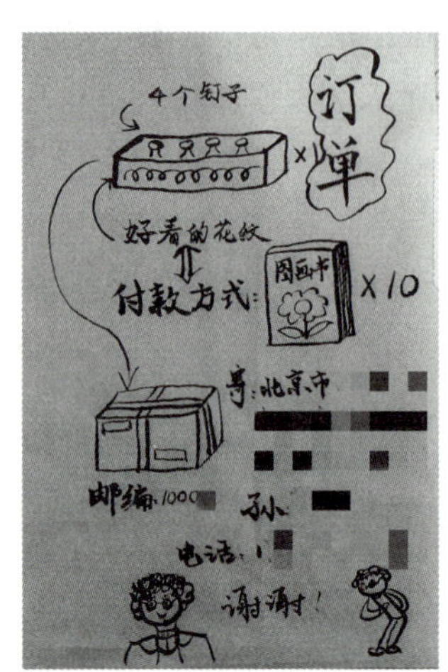

接着，我和你们一起了解了订单上的内容，你们惊叹的同时也告诉我：“我们愿意接这个订单，孙教授好厉害!”

我顺势问你们：“笔架谁来做呢?”

许多人都自告奋勇地举起手：“我，我，我来做。”果果你在一旁提醒道：“孙教授只需要一个笔架不要这么多人做。”

我继续问道：“那该怎么做?”

你们叫嚷的声音顿时小了许多，“我们让果果来做吧。”你们有人推荐道。

“好，果果做的东西很棒。”立刻有人附和道，“不行，不行，一个人太少了。”也有人提出了建议，大家听后纷纷赞同：“一个人不够。”我顺势问你们：“需要几个人?”激烈的讨论再次展开。

最后你们选出了制作笔架的人选：“两个男孩子，两个女孩子，分别是泽泽、翰翰，果果和妍妍。”

来自远方的订单被顺利接单!

我的思考(准备好、很愿意)

这是孩子们第二次收到订单，也是第一次收到来自幼儿园外的订单。第一次收订单的经历为你们提供了有关订货、发货的经验，因此在原有经验的基础上你们准备好了再次收到订单并完成订单。在看到订货单时，你们对订单内容进行了猜测，并迁移自己生活中的经验提出了“快递”。在大家一起认识订单的过程中，你们对图画、符号、文字进行了感知，同时你们很愿意接下这个订单，愿意通过劳动来换取图画书，每个人都愿意来完成笔架。接着问题油然而生，经过讨论后你们从自荐转变为他荐，并且在他荐的过程中不断完善，从一人负责到最终的两男两女共同合作完成。整个过程体现了好奇、自信等有助于学习的心智倾向。接下来就要由你们选出的负责人来完成笔架了，你们会做一个什么样的笔架呢？一起按照订单的要求来画一画设计图吧。对于笔架上的花纹你们有什么想法呢？让我们一起动脑思考，做出令订货人满意、令大家自豪的笔架吧。整个大五班的孩子们都是锯锯钉钉厂的小主人，大家都在关心着笔架制作的情况，在每一次游戏后请制作者一起来分享，把所有消息都告诉我们。

> 笔架开工

协商分工

第二天一早，你们四人如约而至，开始了口头的协商。

翰翰：“我们今天就来做笔架吧!”

妍妍：“好啊，我们 4 个人一起做。”

果果：“不好不好，只做一个笔架，人太多了，我们要分工合作。”

泽泽：“我想来装饰笔架，我今天选了美工区。”

翰翰：“那我来制作笔架，这难不倒我。”

两个男孩一马当先，你们的四人小组也两两分工，果果和翰翰制作笔架，泽泽和妍妍装饰笔架。

制作笔架

果果、翰翰，你们跑到锯锯钉钉厂戴上手套，开始寻找合适的材料，你们拿来了 4 颗螺丝钉和 1 根长木条。果果握着长木条说：“没有小的了，要从这根上锯下来。”“我去拿锯子。”翰翰立刻说道。接着，你们将长木条固定在虎台钳上，用手怎么摇都不晃。

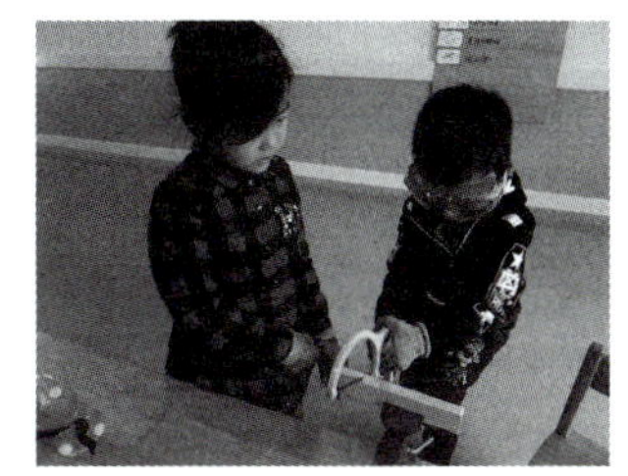

翰翰：“我是男生，我的力气大。”

果果：“我来扶木条，你累了我们就交换。”

画好长度后，你们就开始锯，没用几分钟一小段木条就锯了下来。你们拿起木条观察起来。

翰翰：“长度正好。”

果果：“可是这里不够平，坑坑洼洼的。”

翰翰：“再锯一次，这次一定能锯平。”

讨论结束后，翰翰你拿起铅笔在木条上画了一条直线：“这样就不会歪了。”说罢，你们开始锯第二次。

你们小心翼翼地沿着线，轻轻地在木条上锯出一条痕迹，沿着痕迹你们不断加快锯的速度，锯痕越来越深，很快又一次锯好了木条。你们将木条举过头顶翻来覆去地看。

果果：“一开始锯得很直，锯到一半的时候又歪了。”

翰翰：“歪的不行，我们的作品一定要完美。”

果果：“那我们怎么办？再锯一次吗?”

翰翰：“太难了，用剪刀试试呢?”

果果："好，就像剪纸一样。"

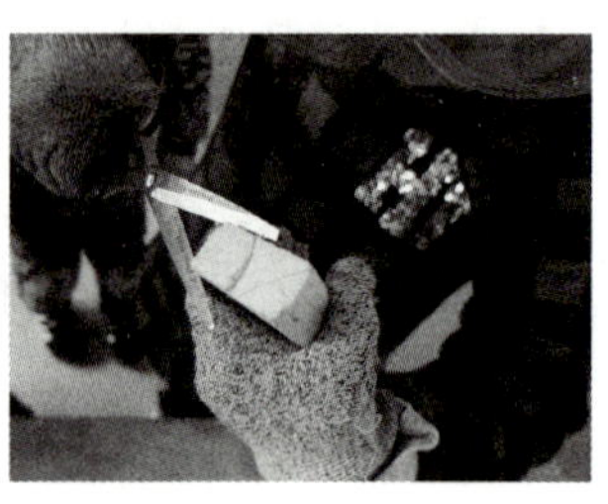

说做就做，你们轮流拿着剪刀，对木条开始了"修剪"，每次都能剪下很少的木削，经过十多次的修剪，你们发现并没有效果。

翰翰："剪刀不行，要重新想办法。"

果果："我们一起去找找别的东西。"

你们在教室的各个角落寻找着，在美工区里你们找到了灵感就匆匆回到了锯锯钉钉厂。

果果："我要用超轻黏土来补木头，你去帮我拿一盒超轻黏土。"不一会儿，翰翰拿回了一盒超轻黏土："来了，棕色的，跟木头的颜色很像。"你们打开超轻黏土盒，捏出一块放在手里揉了揉，然后朝着木头不平整的那面贴了上去，将黏土贴紧桌子压平，用泥工刀切去多余的部分，平整的木条完成了！

随后，你们在木条的一面做好标记，用羊角锤把螺丝敲入木条，接着你们用螺丝刀使劲将螺丝旋进更多，不一会儿工夫就完成了制作。

装饰笔架

你们做好的笔架得到了大家的认可，随后就到了泽泽和妍妍二人手中，你们随即展开了讨论。

泽泽："我们为笔架装饰最好看的图案。"

妍妍："你说怎么装饰呢？"

泽泽："要有好看的图形。"

妍妍："蝴蝶结怎么样？"

泽泽："男孩子喜欢领带。"

妍妍："那你画男孩子，我画女孩子。"

泽泽："好呀，反面我们可以签孙教授的名字，这叫私人订制。"

妍妍："我不会写这三个字，你呢？"

泽泽："我会写'孙'，和我的'孙'一样。"

妍妍："不如我们画孙教授的头像吧，就像我们的区域插牌一样。"

泽泽："好呀，我还想涂底色，红色的。"

妍妍："我也喜欢红色。"

说罢，你们拿着画笔与红色的水粉颜料开始涂底色。

你们用了半天时间涂匀晒干。下午，你们仔细地用手摸笔架表面。

妍妍："已经干了，我们再涂一点白色装饰吧！"于是，你们将画笔打湿，开始涂。

"咦，变成粉色了？"泽泽惊讶道。

妍妍："对呀，红色和白色混起来了，可是明明干了呀？"

你们不停地尝试着，我问你们："发生了什么？"

泽泽："红色和白色混合了，刚才红色明明就干了，怎么回事呀？"

我："干了的水粉颜料遇到水又化了？"

妍妍："对！笔里有水，红色就化了。"

我："那怎么办？"

妍妍："要用不化的！"

我："不会化的颜料？"

泽泽："不就是那个大瓶子的嘛。"

你们急匆匆地拿来了一瓶白色颜料在我面前晃了晃，我介绍道："这是丙烯颜料。"

泽泽："对，就用丙烯颜料。"

你们用白色的丙烯颜料重新为笔架刷上了底色。颜料干了之后，你们又用马克笔在笔架的一面画上了蝴蝶结与领带的装饰，另一面画上了孙教授的头像。就这样，为孙教授制作的笔架全面完工！

我的思考(有能力，敢设计)

经过三天的努力，一个白色，正面装饰着蝴蝶结和领带，反面装饰着孙教授的笔架顺利完成了！在笔架制作前你们进行了分工协商，明确了自己的任务(两人制作笔架、两人装饰笔架)。

在制作笔架的过程中，果果和翰翰你们主要遇到了木条锯不平的难题。你们不怕困难，勇敢地动手动脑进行了多次尝试，从减少变平转变为添加变平的过程说明了你们的思考角度发生了变化，最后你们用在凹凸不平的木条上粘上超轻黏土的方法让木条变平整了。在解决问题的过程中，你们互相倾听，信任同伴。笔架的顺利完成，体现了你们有锯断木头、拧螺丝的能力。

在装饰笔架的过程中，妍妍和泽泽，你们二人对装饰内容进行了口头设计，通过自己的已有经验和喜好设计出了装饰内容，你们迁移了自己在生活中私人订制以及可以用名字和头像来代表一个人的经验，在笔架上也用了孙教授的头像来代表私人订制。在装饰的过程中你们遇到了水粉颜料干后遇水重新化

开的困难，你们没什么头绪，转而向我询问，显然你们生活中有使用丙烯颜料的经验，在一番交流后你们想到了使用不会化开的丙烯，在整个过程中你们感知了水粉颜料和丙烯颜料的特性，并且还使用蝴蝶结和领带象征表示了大五班的男孩和女孩，在蝴蝶结和领带的排列上也使用了交替排列的方法，这样装饰的笔架非常美。

现在笔架顺利完工了，大家对制作的过程很感兴趣，你们能为大家讲讲制作和装饰的故事吗？使木头变平的故事对大家一定也有帮助。你们还发现了水粉和丙烯的秘密，这些一定也是大家在游戏中会遇到的问题，让大家一起来猜猜，想想吧！笔架完成了，你们想怎么寄给孙教授？

➢ 寄出笔架

完工的笔架得到了大五班所有孩子的称赞。

铮铮："我们该寄笔架了，孙教授一定等急了。"

泽泽："好呀，我们寄快递！"

铮铮："去哪寄啊，我们又不认识？"

泽泽："让老师带我们去呗。"

铮铮："好，我们去找老师。"

你们找到了我："老师，带我们去寄笔架吧！"

我问："你们打算去哪寄？"

铮铮："我们去寄快递的地方。"

我："怎么去呢？"

泽泽："你带我们去吧，你不是会开车吗，好不好？"

我："当然可以，不过我们要先征求园长妈妈的同意。"

向园长说了孩子们的想法后，园长非常支持我们，寄快递之行顺利进行了下去。

我带着参加制作的四人来到离园最近的一个快递站点。一打开车门你们就急匆匆地跑了进去，向工作人员说明了来意后他给了你们一张快递单。你们仔细地看着，边看边念出你们认识的字。接着，你们都看向我："老师帮我们读读。"在我的帮助下你们填上了一项项信息，不理解的地方我向你们一一介绍，不一会儿快递单完成了。工作人员在你们的注视下将笔架包了起来，你们还不忘提醒他："小心一点，轻一些，别弄坏了……"带着不舍，笔架顺利寄出，大五班完成了来自远方的订单。

我的思考（责任）

笔架完成后，你们很自然地想到了寄送笔架。在遇到较大困难时，你们选择向我求助，同时也坚持自己寄笔架，向我提出了“带你们去寄笔架”的建议，我支持了你们的决定。在填快递单的时候你们一马当先，把自己认识的所有内容都说了一遍，可是同时也遇到了不认识字的困难，但你们没有放弃，要求我为你们读，帮你们解释，最后完成了快递单的填写。看着快递工作人员打包，你们一个劲儿地提醒工作人员慢一点、轻一点、别弄坏了，笔架就像你们的孩子一样，你们关心、呵护它，这就是你们的责任。你们从接单到最后寄出快递，全部自己完成，相信你们的责任感会成为你们成长过程中最重要的品质。

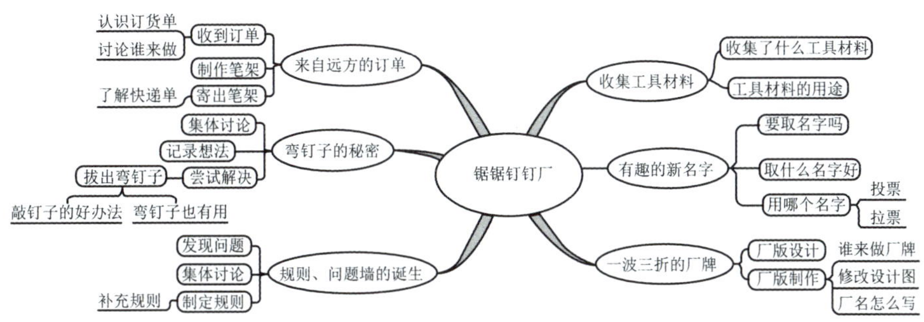

《锯锯钉钉厂》的故事就先讲到这里。申老师说：“大五班锯锯钉钉厂的订单还在继续，即使不在幼儿园依然可以通过扫描二维码下订单，就像工厂那样出货换取其他的东西。”不过，我想即便没有外来的订单，对木工感兴趣的孩子们依然会热火朝天地在锯锯钉钉厂忙碌、学习。这段学习旅程，让我们看到，如果孩子充满热情地“准备好、很愿意、有能力”投入学习中，随着时间的推移，在他们与周围世界的交互关系中可能发生的魔法：从一个孩子做木工的经验，到跨越两届大五班孩子们的经验；从做木工，到有创意、有设计、有行动、有合作、有思考、有记录的创造过程；从大五班教室，到其他班来订单，再到远方的订单，到幼儿园外的快递点……学习和课程就这样持续地拓展着、延伸着！

第七章　源自教师的课程实例

一、源自教师期待的常规

《积木区的标志》这个学习故事，不是班级教师写的，是幼儿园里负责业务的副园长许萌老师和中班级组组长于茜老师因为好奇而撰写的。两位老师运用倒叙的方式，插入了中(二)班马晓旭老师撰写的三个记录孩子和老师共创积木区标识的学习故事。

课程实例 7.1　积木区的标志

作者：许萌、于茜、马晓旭(北京市海淀新区恩济幼儿园/童心家园)

时间：2018 年 11 月

一天区域游戏时间，我们走进了中(四)班，看到积木区每块积木上都有一个小图案，这让我俩都好奇了起来。

“积木上有这么多图案是什么意思啊?”

“是不是玩什么游戏的时候画上的呢?”

“你看，都是只有一边有，是特地画上的吧。”

好奇让我们开始猜测，而且越猜越好奇，但谁都不能确定，便请在积木区游戏的孩子帮助解惑。

“这些积木上为什么会有这些图案呢?”

孩子们说：“这是我们画的。”

“有的我们不会画或者画不好的就是老师帮我们画的。”

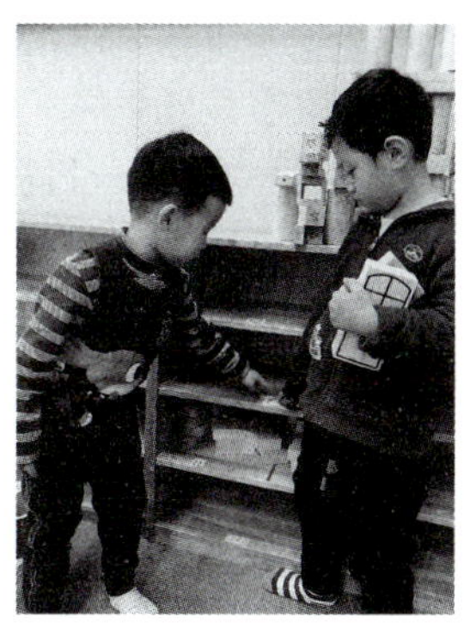

“积木上有图案，柜子上也有图案，得找两个一样的。”

这时一个孩子拿起一块积木跑到柜子前一边说一边演示：“就是一样图案的放在一起。”

听了孩子的解释，我俩好像明白了，图案应该是帮助收积木用的。是不是这样呢？在好奇心的驱使下，我们又采访了中四班的晓旭老师。晓旭老师也跟我们分享了以下学习故事。

混乱的积木区 2018年11月16日

作者：马晓旭

孩子们，你们刚从小班升入中班时，特别喜欢班上的积木区，每天都会有很多小朋友来到这里搭建游戏。但你们知道吗，你们高兴的同时，我却犯了愁，每天收拾活动区时积木区都是最乱的，柜子里的积木摆放得乱七八糟，而且各种积木还掺杂在一起。收整积木区时你们问我最多的就是：“老师，这个积木是放在哪里的？”

积木区混乱的现象出现了几天之后，我开始思考，是什么原因造成的，同时我还将自己的思考和孩子进行了分享。

我问：“是积木太多了吗？”

“不是，我们在搭游乐场的时候积木还不够用呢。”

“不多，我们在小班的时候，搭到一半积木不够了还去小（二）班借积木呢。”

我又问：“是不是你们不知道怎么放呢？”

“有的能看懂，有的看不懂。”

“我不知道这个标志是哪个积木的家。”

“老师告诉我这个积木放在哪里我就知道要放在哪里了。”

在和你们的共同探讨中，我发现，原来你们是不知道该怎么收。可是，柜子上是有积木收放标志的呀，而且这些标志都是用照片呈现的，很清楚，为什么你们还不知道呢？你们告诉我：

“厚的标志和窄的标志长得一样，所以我不知道哪个是它家。”

“这个标志我有点看不懂，没有积木和这个图片一样。”

“这个积木要躺下才和图片上长得一样呢。”

“每次我看标志的时候都要想一想，这是哪个积木。”

原来，问题真的是出现在积木区的标志上。可是，这些标志是我特地保留的，因为这个标志是用照片呈现的，我看着特别清晰，而且和之前这个班级的老师也交流过，老师反映当时孩子们看这个标志收放得很好。所以我想这个标志应该也可以对我们班孩子有所帮助。

孩子们，谢谢你们让我反思：我觉得清晰看得懂的标志，你们就一定会看得懂吗？这个标志对之前班级的孩子有支持，对你们来说也一定管用吗？

什么样的标志你们可以看得懂呢？ 2018 年 11 月 19 日

作者：马晓旭

什么样的标志是你们可以看懂的呢？

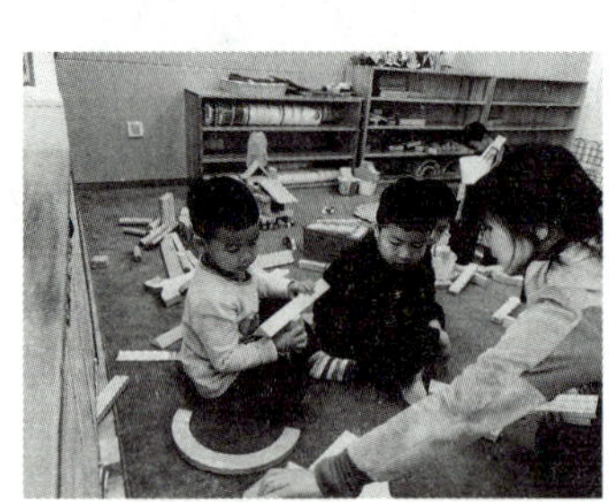

畅畅：“我觉得可以把积木放在筐里，标志可以和我们美工区的标志一样。”

家树：“可以用数字标志呀，我们都认识数字了。”

子涵：“我们可以把积木都画出图案，收积木的时候直接看图案就行了。”

你们各抒己见。在讨论中，大家一致认为子涵的方法最好，能够一下就找到积木的家，最终你们确定了标志的形式，在一样的积木上面都画上了相同的图案，柜子上面也贴上了相应的图案。

标志制作行动 2018年11月20日

作者：马晓旭

➤ 积木分类

要制作积木区的标志得先知道我们有多少种积木才行，于是我们一起把所有的积木拿出来，把相同的积木放在了一起。在分类过程中孩子们发现有很多相似的积木，如长短一样但厚度不同，厚度相同但长短不同，都是三角形但也不一样。分类之后数数看，中（四）班有20种不同形状的积木。关于分类、长短、薄厚、形状、统计的学习就这样发生了。

➤ 绘画图案

可以有什么图案呢？你们开始了奇思妙想，树叶、五角星、月亮……很多图案都来自你们的生活。

子涵："我画的是小树叶，我觉得树叶特别好看。"

鑫升："我画了一个雨伞当这个积木的标志。"

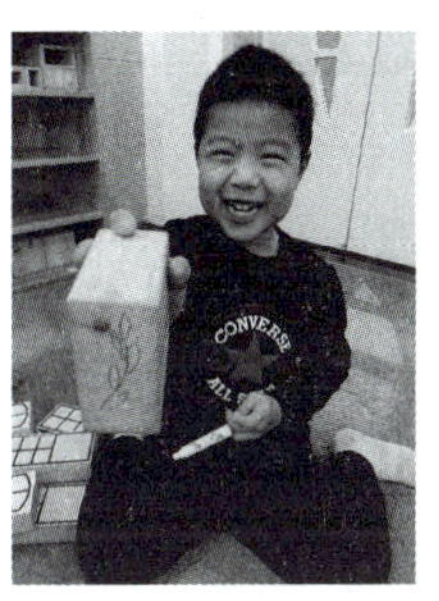

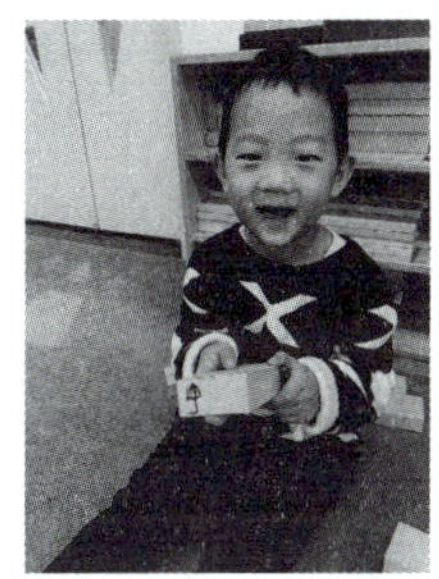

有些你们选定的图案你们又觉得不太合适，觉得有些难，画着不方便，认为作为积木区标志的图案除了有意思外还得简单一点儿，于是就又有了圆形、心形、三角形……

郅萱："我想画一个圆圈，因为我最喜欢圆圆的图案。"

果果："这是我最喜欢的爱心图案，我把这个图案画在了积木上。"

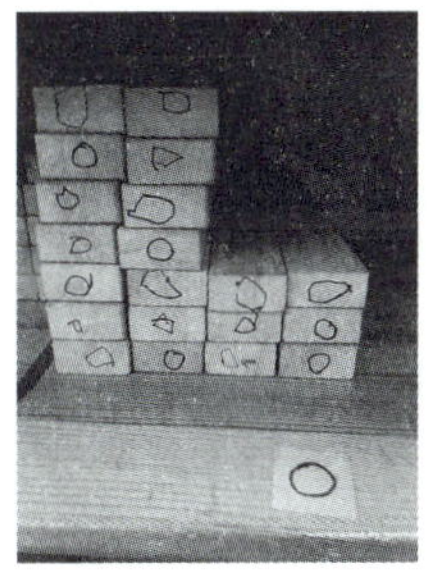

在绘画图案标志时，你们还邀请了我和你们一起，因为你们觉得我画的好看，这样你们能看得更清楚一些。

谢谢你们让我加入你们的行动，你们让我看到了你们丰富的想象力，并且遇到困难，你们还会把任务简化，寻求外援！赞！

➤ 制作标志

对照积木上的图案，你们拿来了白纸，将不同的标志图案又一一画在纸上，剪下来，贴在柜子上，替换了原来的照片标志。

➤ 对应收放

一切准备就绪，我们一起把积木上的图案与柜子里的图案一一对应，不一会儿，铺散一地的积木就整齐地回到柜子里了。

更换了建构区的标志以后，你们在收积木的时候明显轻松了很多，你们越来越觉得收积木是一件很有意思的事情。你们通过观察积木上面的标志非常轻松地就找到了它的家，每次收整完毕，你们都会邀请我去“审核”：“晓旭老师，你看我们收得怎么样！”

孩子们，看到你们全体动员、有目的的行动、收积木速度加快，我太高兴了。收积木这件事儿，从原来那个复杂的任务，变成了轻松的游戏。我也不再去“检查”你们积木收得怎么样，而是变成了“参观者”和“欣赏者”！谢谢你们！

听完晓旭老师的故事，再来看最开始的画面，我们都明白啦！虽然对积木

上的图案我们解开了心中的疑惑，但对整个故事中教师的教育思考我们仍有一些好奇。于是，我们和晓旭老师有了以下对话。

➤ 现在，对于积木区标志这件事你“动摇”了什么，又“坚定”了什么？

晓旭老师：“儿童视角不是成人想当然地认为儿童能看懂、能明白，而是应该真正地从他们的需求出发，按照他们自己的方式去学习和游戏。”

➤ 你觉得标志的真正价值到底是什么呢？

晓旭老师：“标志只是帮助孩子们收放积木和玩具的一种方式，适不适宜应该是孩子说了算。”

其实万事万物，没有绝对，只有相对。那些“我们以为”的很多时候真的只是“以为”，也许并不适合孩子，这就需要我们用心去倾听孩子的表达，用爱去看见孩子的需求，在成长的这条路上，只有适合的才是最重要的。当然好奇心也是很重要的，因为好奇，让我们看到了有心、有爱、懂教育的晓旭老师。

第一次读到《积木区的标志》这个故事，是在“凤凰岭下的童心家园”微信公众号上。又快又有序地收积木，可能是每个教师在收玩具时都希望看到的场景，但在现实中不一定如教师所期待的那样。收积木，在教师心中可能是一个需要培养的常规，是责任感的培养；在孩子心中，可能是一个任务，自己不一定想做，但必须要做的事情，有时候做得还不一定能让老师满意。不过，在这个课程实例中，我们看到了晓旭老师在对孩子们的注意、识别和回应中，通过彼此倾听、对话和相互呼应，让收积木从孩子们“混乱地完成着任务”，变成了孩子们自创的“归类、排序、一一对应游戏”，许多方面的学习在自创游戏的过程中发生、发展着，并在以后每一天收积木的时候持续着。孩子们共同发现问题、解决问题并且享受解决问题后的喜悦和成就感的过程，将会为孩子们未来的各项学习提供自我认知、人际交往和知识技能的储备。如果说，一日生活皆课程，那么这条发生在收玩具时间的课程线索，就是课程的重要组成部分。

和其他课程实例不同的是，这个课程实例不是班级教师梳理的，而是对班里发生了什么非常好奇的两位幼儿园业务干部梳理并撰写的。她们注意到班里发生了什么，她们好奇为什么，于是她们与班里的孩子和教师对话、倾听，并通过撰写这样的学习故事赋予了这个事件价值——看见教师教学实践和思考的

价值，让我们既看见了作为有能力、有自信、积极主动学习者的儿童，又看到了教师作为有能力、有自信、积极主动学习者和教育者的形象。我想，如果一个幼儿园想要鼓励教师相信儿童，倾听、对话、呼应儿童，那么管理者就需要用同样的视角和方式，与教师相处，促进教师的教与学。

二、源自教师预设的一个主题

2018 年 9 月，北京市西城区三义里一幼中(二)班的教师在美工区创设了与中国传统艺术“剪纸”相关的材料和图片，想要把“剪纸”介绍给儿童。

课程实例 7.2　剪纸

作者：北京市西城区三义里第一幼儿园中(二)班教师

时间：2018 年 9 月—12 月

“老师，你在干什么？”

“我在剪纸呀。”

“什么是剪纸啊？”

“就像画画一样，用剪刀剪出自己喜欢的东西，就是剪纸。”

从此以后，每天都有小朋友来尝试。

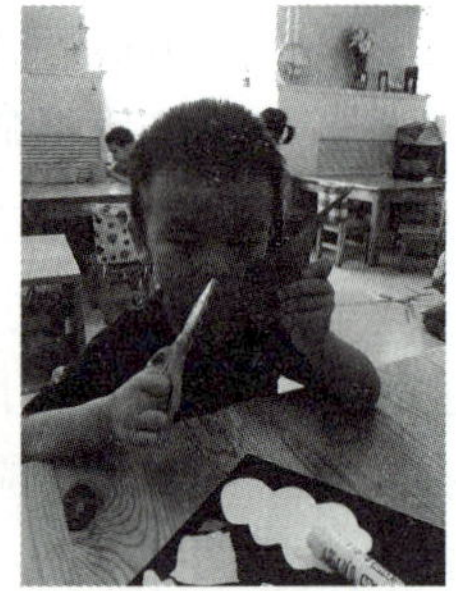

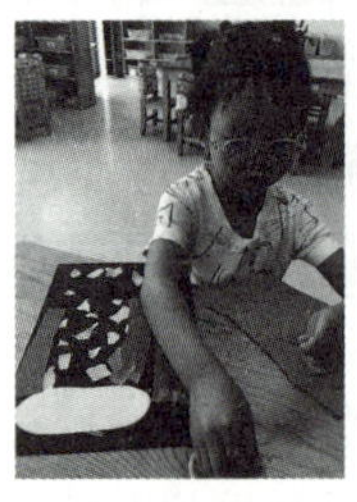
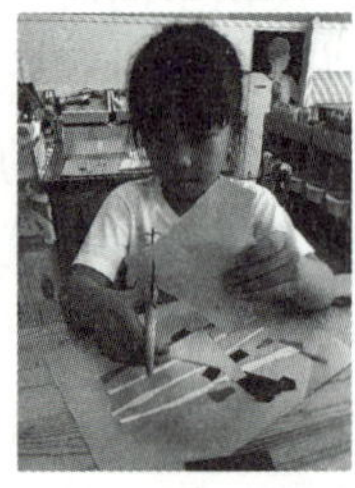

为了保护自己和其他人，有些规则需要一起来遵守。

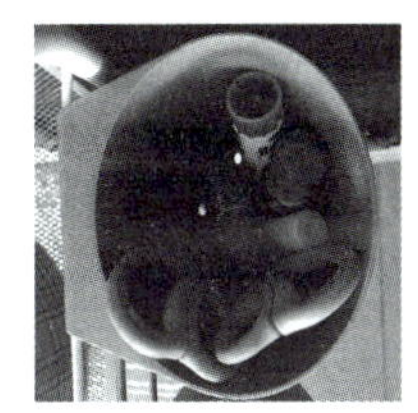
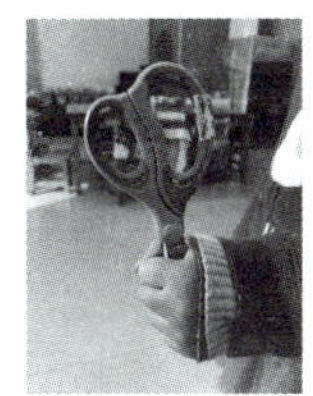

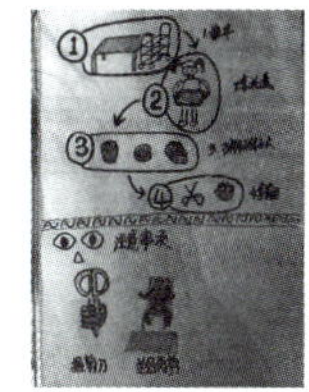

越来越多的小朋友参与进来。

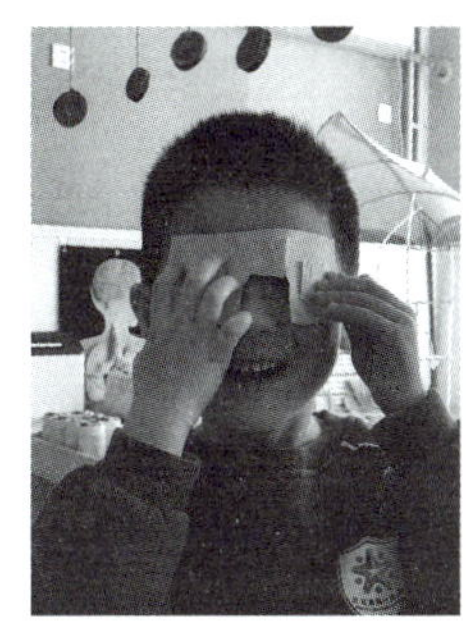
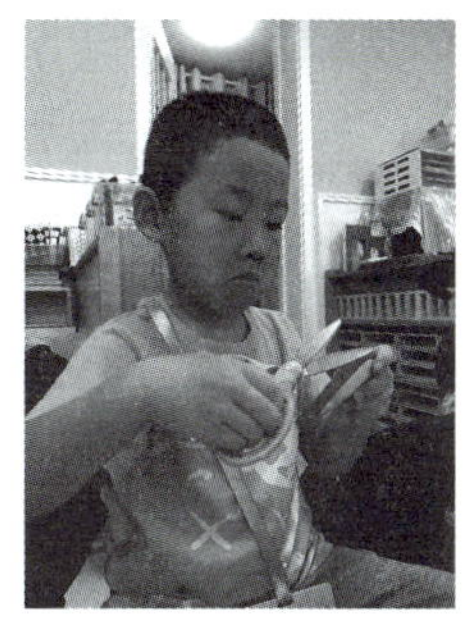

老师们也为孩子们记录下了剪纸时发生的学习故事。

剪夏天 2018 年 9 月 15 日

作者：崔雨晴

夏天悄悄地溜走了，很多小朋友对夏天印象最深的就是那一抹蓝色。有的小朋友在泳池里套着游泳圈游泳，有的小朋友去了海边。

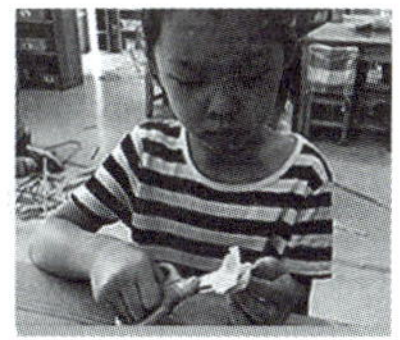

剪夏天

今天你们来到艺术角和我一起剪纸。认真观察了小剪刀以后，你们告诉我："剪刀上有两个洞，手指要伸进去。"我们一起学习了剪刀的使用方法，并在大拇指上粘贴了一个小贴画，这样我们就不会用错了。

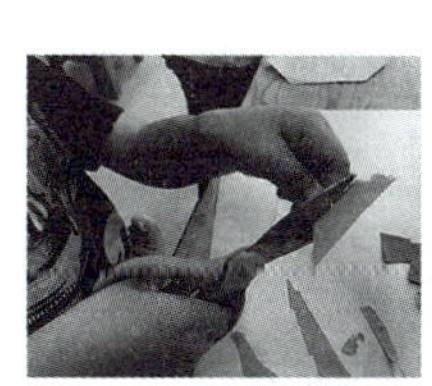

你们决定先剪水。很快，你们就选好了要使用的颜色，有的是天蓝色，有的是深蓝色，有的是浅蓝色。只见你们手中的小剪刀快速地移动，眼睛认真地盯着手里的彩纸，有的小朋友说，水是一条一条的，有的说水像小波浪一样。剪完水以后，你们又剪了小鱼、青蛙、石头和船。

真是个难忘的夏天。

加油！掏洞！ 2018 年 10 月 12 日

作者：崔雨晴

今天，皎皎你在剪纸区用先剪形状然后再拼贴的方法制作了一个眼镜，两个大大的方形镜片中间连着一个长方形。你对我说："崔老师快看，我做了一个眼镜！"

崔老师："哇，这是一副眼镜，这眼镜怎么戴啊？"

皎皎："就这样戴。"

说着你把剪好的眼镜放到了眼睛的位置。

崔老师："啊？那这个怎么看呢？"

皎皎："就从中间看。"

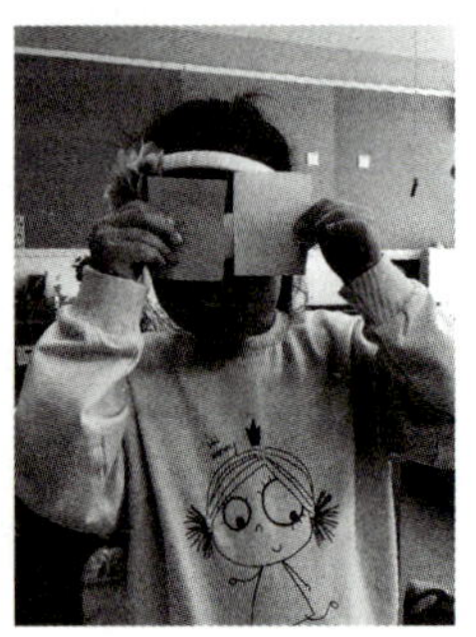

崔老师："眼镜很好，可就是看东西的时候不太方便。"

皎皎："嗯，我觉得也是，可是我不会做真的眼镜。"

崔老师："那真眼镜是什么样子的？"

皎皎："有两个镜子。"

崔老师："对，有两个透明的镜片。那怎么办才能有两个透明的镜片呢？"

皎皎："嗯……我想想，嗯……我可以用剪刀捅一个。"

崔老师："可以啊！这真是一个好主意，试试看吧！"

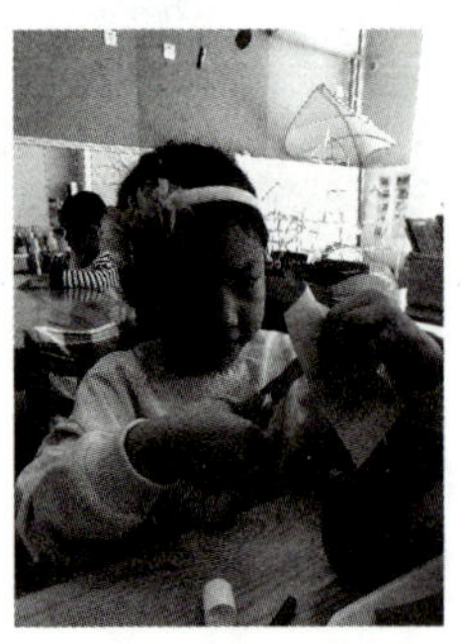

只见你一手拿起剪刀，一手举起手里的纸，眼睛盯着纸和剪刀挨着的地方，皱着眉头，随着用力的表情，你的胳膊渐渐地从半空中移到了桌面上，可是纸还是完好无损。

皎皎："还是捅不动啊!"听到你有点发愁的声音，正在旁边找材料的小珺还有小慧都好奇地走了过来。

你把遇到的困难告诉了她们，希望她们可以帮你出出主意。

小珺："那你可能需要用点儿力气。"

小慧："嗯，上回我用点儿力气就行了。"

小珺："你要慢点哦，再试试，我给你加油!"

皎皎："嗯，我试试!"

小珺："加油！加油!"

就看纸在你的手中慢慢地凸起来，"唰"地一下纸上出现了一个小洞洞。

"成功了!"小珺情不自禁地为你鼓起掌来。

皎皎皱起的眉头也舒展开来，小慧也凑到前面仔细看了起来。随后皎皎又用相同的方法剪出了另一个镜片。

这个故事告诉了我们什么样的学习可能在发生

今天，你在美工区尝试用剪刀和纸剪出了很多方形纸，你用拼贴的方式制作了一副眼镜，你还知道眼镜有两个镜片，并且是透明的。

在今天的搭建过程中你遇到了一些小难题，就是你想把眼镜片做成透明的，这样才能真正地看见，你思考了怎么做一个能看见的镜片，并实践了你的想法：用剪刀在镜片上捅一个洞。

你在大胆尝试以后发现纸还是捅不动，这时你没有选择放弃，你把遇到的问题说了出来，主动寻求大家的帮助，大家一起想办法，最后终于解决了。

下一步学习的机会和可能性

皎皎在生活中是一个特别会观察的小朋友，你总能第一时间记住许多事物的细节。今天你在制作眼镜的时候，从轮廓到镜片，眼镜的每一个细节你都做到了心中有数，这就是有计划、有想法。

发现问题和解决问题是每个人一生中必备的能力，我很欣喜地看到你在制作剪纸眼镜的过程中发现眼镜的镜片是透明的，思考并大胆尝试了你想出来的解决办法：在眼镜片上捅一个洞。今后再遇到问题，老师相信你一定还能像今天一样，多思考就一定能想出解决问题的好办法。

用剪刀捅一个洞不仅需要胆大，还需要有想法、心细、手稳才能成功。今天有很多朋友一起帮你想办法，给你加油，大家的力量是巨大的，下次遇到问题时也可以试着和大家一起想办法!

轮船变身记 2018 年 10 月

作者：巩凡

今天的你选择在剪纸区游戏，我看到你非常熟练地用右手拿起剪刀，左手拿起一张紫色的纸，开始了剪纸游戏。你一会儿转转纸，一会儿动动剪刀，一边剪一边欣赏自己的作品。很快你就剪下来一个王冠形状的纸片。你非常高兴地告诉我："老师，快看，这是我剪的轮船。"

"轮船吗？我还以为是王冠呢。我觉得这个如果想要变成轮船好像缺少点什么。"你听到我的建议稍稍愣了一下，然后跟我说："我记不起来轮船上面有什么了。"

"那我们就找轮船的图片看看就知道了！"听了我的建议，你非常肯定地说："我昨天在图书区的一本书里好像看到过一艘轮船。"接着你就跑到图书区去寻找这本轮船的书。很快，你在书架上找到了，你拿起书左右翻了翻，终于找到了那幅在茫茫大海中远航的轮船图片。

你看着小轮船对我说："轮船船舱有玻璃，并且玻璃上下颜色是不一样的。那我就用水彩笔画上去吧！"说完你就开始用水彩笔画起来了，并且很快就完成了你的大轮船。

<u>这个故事告诉了我们什么样的学习可能在发生</u>

今天的你在剪纸区的游戏中非常有想法，同时也非常自信。我想在你的脑海中一定对轮船的外形有着非常清晰的认识，才能在动剪刀的时候那么自信、娴熟。当我提醒你完善轮船上的物品时，你能够迅速地想到你平时看的书中有轮船的图片，还准确地找到了这本书，并且熟练地翻到了那一页。这证明你是一个内心细腻又善于观察的小朋友。你会想办法来帮助自己，这一切都证明你有一颗灵动的心。

<u>下一步学习的机会和可能性</u>

你今天的作品太漂亮啦！赶快和班级的其他小朋友介绍一下吧！

你的轮船应该放在哪里呢？我们继续把轮船变成一幅更加完整的画吧！

我要做一个手机 2018年11月2日

作者：崔雨晴

今天你计划在剪纸区做游戏。开始，你没想好剪什么，你和我说要想一想。

只见你来到剪纸区，把需要的盘子、剪刀、纸盒、胶棒筒都准备好了以后，就坐了下来。你拿起一张橘粉色的方形纸看了看，很快你就拿起剪刀“咔嚓咔嚓”地把4个角剪了下来，然后你把剪好的纸放在盘子里，把剪刀也放在桌子上，坐在那里欣赏了起来。

崔老师：“萌萌，你今天计划做一个什么呀？”

萌萌：“我要做一个手机。”

崔老师：“哇！真的很像耶。”

萌萌：“很像吧？”

崔老师：“你看我的手机上还有按钮呢，你的手机上有吗？”说着我把我的手机拿给你看。

萌萌：“嗯，我去做一个。”

崔老师：“好呀，你看我的手机上还有什么？”

萌萌：“嗯……有黑黑的……”

崔老师：“嗯，那个是屏幕，打开以后还有很多的小图标，你的手机里也可以有哦。”

萌萌：“嗯，我的也可以有。”

说完，你从纸框里拿了一些不同颜色的纸，埋头制作了起来。

“咔嚓咔嚓”三下五除二，很快你就剪出了一个手机的外形，方形的外壳，圆润的四个角，真的非常像一部真手机。

<u>这个故事告诉了我们什么样的学习可能在发生</u>

今天一开始，你没想好要在剪纸区剪什么，但你没有只坐在那里想，而是

一边准备你要用的工具一边想，当你拿完工具以后你也想好了你的计划，准备做一个剪纸手机。

在观察我的手机时，你看得很仔细，低下头来，用手轻轻地触摸屏幕，在看手机上的小图标时，你好奇地戳了戳。我很高兴你接受我的建议！

下一步学习的机会和可能性

每天我们都有区域游戏的时间，可以自主选择你想做的事情，我发现你非常喜欢艺术角，喜欢剪剪贴贴和绘画。今天你没有想好要玩什么，但是你利用准备的时间，快速地思考。其实，你也可以利用头天晚上或者白天吃早饭时想一想：今天想去哪个区，做些什么？

你是一个爱观察，能动手、动脑快乐游戏，有想法的小艺术家。今天你做的手机让我特别欣喜，直线、曲线是那么的清楚，剪出来的手机没有一点儿多余的地方，每一刀都非常准确，可见你对手机的外形非常熟悉，那手机上还有别的什么吗？

今天你通过观察我的手机有了很多发现，下次如果你想看点儿什么的话，你也可以像今天一样打开看看，或者动手戳戳试试。

儿童剪纸作品展

作者：张雪

孩子们关于剪纸的故事可不止这些。张雪老师认为，每一幅剪纸作品，都有一个小故事，都是儿童的语言。于是，张老师把孩子们剪纸作品背后的故事记录了下来，并进行了展示。

《灵活》

小音：“在晚上，喷水龙和喷火龙在比赛，看看谁的本领大。”

《熟练》

小铭：“假期，我和爸爸妈妈坐船去广州长隆玩。”

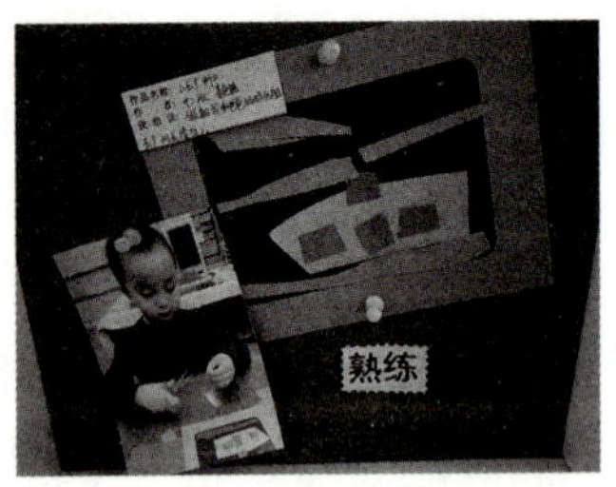

《全神贯注》

小泽："水母妈妈和水母宝宝在大海里游泳，很开心。"

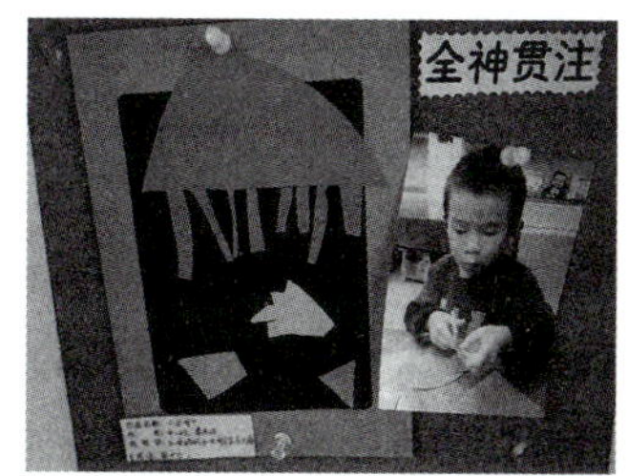

《创造性》

小瑜："这是一个有魔法的信封，里面有许多信，信会飞，像下雨一样。"

《准备好》

小辰："宇宙很大，有水星、金星、火星、木星、天王星，还有我们住的地球。"

萌萌在语言活动——分享"我的一次旅行"时，选择介绍和爸爸妈妈一起去过的河北省张家口市蔚县——著名的剪纸之乡。

教室里的剪纸元素也越来越丰富。

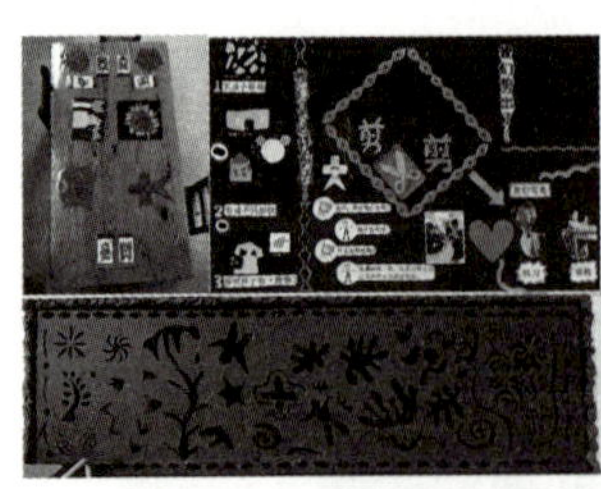

孩子们也在与剪纸的亲密接触中，建构着各自对剪纸的理解……

➢ 剪纸是什么呢？

——剪纸就是用剪刀剪好多个条条

——好玩

——剪一个圆形一样

——用剪刀剪纸

——有意思的事

——很好玩

——能做我喜欢的

——很好的事情

➢ 为什么要剪纸？

——剪纸和画画一样好玩

——能剪很多东西

——想拿起剪刀剪东西

——能剪东西

——能做很多的作品

——我很会剪纸

——剪出一个东西很好看

——很好的事情

老师的话

一千个幼儿心中就有一千个剪纸！通过剪纸，你们能表达自己心中不同的感受，发现自己无穷的力量。比如，想象力、创造力、潜力。其实艺术不存在标准，因为里面蕴含着你们的情感、想象、生活。通过剪纸，你们还不断认知、模仿、尝试、挑战自己，更加丰富了你们的生活和学习。

在课程实例“剪纸”中我看见了什么呢？不仅有儿童的学习，还有教师的教学意图和教学实践。

➢ 目标：在最后那段“老师的话”中，我们似乎看到了老师心中为中二班

"剪纸"课程设定的目标，这些是她们期待的学习成果。

➢ 实施路径：利用环境激发；教师与儿童共同剪纸进行激发；给予儿童充分自主探究的时间和机会；鼓励儿童为自己设定学习目标和计划；投入数十本与剪纸相关的绘本；和儿童一起梳理经验；分享作品；共享喜悦……

➢ 多种形式的评价：对儿童的注意、识别和回应融入日常互动中和墙面展示中；《儿童剪纸作品展》用照片或图文的方式来呈现儿童学习的状态和作品，同时在标题中呈现教师对儿童学习状态的识别，如"灵活""熟练""全神贯注""创造性"等，这些是记录和展示，也是一种学习故事、一种形成性评价形式；正式的学习评价——为儿童撰写学习故事。

显然，教师的教学意图和教学实践的重点不是"教"儿童剪纸的知识和技能，而是为儿童提供一个可以激发他们"准备好、很愿意、有能力"参与剪纸的环境，并在注意、识别、回应儿童参与剪纸的过程中，把自己的教学实践与儿童的学习体验编织在一起，支持儿童主动探究剪纸对他们的意义和价值，同时发展他们各种知识和技能。

三、源自教师组织的一次活动

幼儿园课程线索，可能来自具有"偶发性"的儿童灵动的心思，也可能来自教师预设的主题和活动，并在儿童、教师和家长的呼应中不断推动和发展。其实，不同的课程线索总是可以在儿童和教师的彼此激发中、在过去和现在的连接中，相互交织。浙江省嘉兴市海盐县实验幼儿园大班的儿童对"藏宝图"和"地图"的探究，就与他们生活的地方、老师预设的主题以及他们的兴趣交织在一起。

课程实例 7.3　藏宝图的那些故事

作者：韩杨明（嘉兴市海盐县实验幼儿园　大班）

我园的园本课程一直在夯实的道路上行驶，我们关注儿童生活的点滴，珍视儿童的表达。我们认为好的课程应该来自平凡的生活，能叩响内心的共鸣，看到真实的儿童。本次的故事起源于大班秋天主题"'盐'途由我"实施期间的一些偶发事件：孩子们在一次次的实践活动中，在走走画画中，用一支支画笔、一张张地图记录下熟悉的幼儿园和海盐，在品味和思考中形成了一份他们特有的秋日记忆。

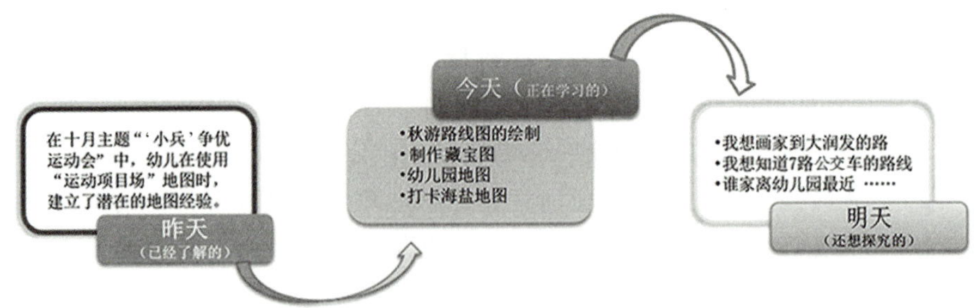

秋游路线图　10 月 22 日

你们期待已久的秋游日终于来了。与以往不同，这一次的秋游，你们按照计划以小组的方式展开：有用画笔记录梦湖公园美景的；有去寻找小山头的野果、虫子的；有馋嘴分享零食的……看着你们如此有序地活动，我真高兴。

转眼到了中午，这一次按照计划我们徒步回程。

"老师，我家就住在梦湖公园旁边，就是这个楼房很高的小区。"盈盈指着公园正对面的小区激动地大声说。所有人的目光都随着盈盈指的方向望去。

"你家住在那个房顶尖尖的楼里面?"左左很好奇。

"是的，下次请你们来玩。"说着，盈盈又指着不远处的小区，"那是我好朋友元元的小区。"

"你和好朋友住得好近啊!"米粒很是羡慕。

"是呀，过一个红绿灯就可以到元元家!"盈盈得意地说。

一路上，你们说着、走着、发现着，不知不觉走完了 1.7 公里的回程路。我问你们累吗？你们大声地告诉我："一点儿都不累，因为知道了很多小区，认识了新的路名，真有意思!"

餐后活动，土豆、饭兜、萌萌、圈圈、壮壮你们想画一画今天的秋游路线，还邀请我加入。于是，我和你们一起回顾路线，翻看手机拍下的标志。你们发现我们一共走了 3 条路，拐了 2 个弯，过了 5 个红绿灯和 4 个小区。哇！你们真是太厉害了，我不禁为你们的发现喝彩。因为对路线有了进一步的整理，你们有人说、有人画，5 份各不相同的秋游路线图就这样在你们的笔下诞生了。

<u>我在这里看到的学习</u>

生活就是一个学习场，在大人眼中习以为常的事物，对你们而言都有着不一般的意义。一路上你们在愉快的谈话和自发的求知中积累了来自生活的经验，这远比坐在教室里由我教给你们收获得更多、更深刻。当你们对一路上得来的经验有着强烈的表达愿望时，我甚是激动——在生活中学习，服务于生活，这是一个多么好的源自儿童生发的学习机会啊！当我和你们一起梳理徒步

的路线，路线图跃然纸上时，我想，你们的生活就是一条延绵不断的溪流，每一段的经历都会为下一段的前进蓄积力量。

我们的藏宝图 11 月 12 日

午餐后，几个男孩挤在教室的角落里认真地涂涂画画。我问你们在画什么，你们说："我们在画藏宝图。"正当你们拿着藏宝图准备游戏的时候，天空下起了雨。土豆、饭兜、兜兜为了不让藏宝图弄湿，决定等天好了再玩，圈圈说："下雨了，我还想试一试。"你把想法告诉了壮壮和元元："我们一起去找宝藏，要沿着这条路线去寻找。"为了保护你们的图纸，你们从材料库里拿出一张大垫子像雨伞一样挡在头上。雨滴开始变大了，元元和其他伙伴一起转移进了教室，圈圈和壮壮你们依然顶着大垫子出发了。在雨中，你们绕着中庭走了一圈，身后聚集的目光越来越多。

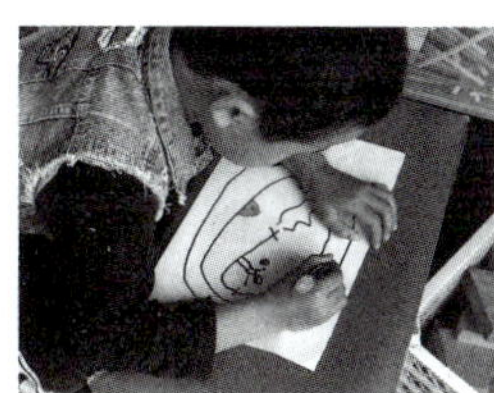

你们空手而归，大家都想知道你们到底在找什么？于是，我们坐下来聊你们的事。

壮壮："圈圈画了藏宝图，我们去找宝藏了，可是没找到。"

圈圈："因为我还没有把宝藏放好，我就是想试一试。"

左左："你的藏宝图是什么样的？"

（圈圈出示了自己的藏宝图）

小雨："这画的是哪里啊？"

饭兜："圈圈画的路一直绕啊绕，我都看不懂。"

可爱："这个藏宝图画的东西这么少，怎么找？"

…………

听着你们的谈话，我心里开心极了，因为你们通过观察，大胆地提出了疑问和质疑。虽然一时间我不知如何帮助你们，但当我问你们想不想尝试藏宝图的游戏时，你们肯定地说："想！"于是，我建议你们一起想想怎么画藏宝图才能看得懂，玩得了。

我在这里看到的学习

1. 你们是"藏宝图"游戏的发起者和助推者，你们在游戏中学习。土豆、饭兜、兜兜，你们真是天生的小玩家，有创意、会行动，你们对游戏有"审时度势"的思考，今天的不玩，是为了明天更痛快地玩。圈圈，老师在游戏中看到了你有目标努力坚持的样子，即使遇到阻碍（下雨了）伙伴们都暂停了游戏，你却仍然要尝试。当你和壮壮游戏时，你能用身边的物品——垫子来挡雨，照顾自己，保护藏宝图。这小小的生活智慧让老师感动。

2. 兴趣和提问是最好的老师。绝大多数的孩子虽然没有在第一时间参与藏宝图游戏，但是你们以自己的理解从不同的角度给游戏提出了宝贵的建议，让游戏有了新的方向。

机会和可能

藏宝图的游戏，在中班就有孩子玩过（土豆和妈妈在家玩过，也和好朋友说过），那时并没有得到其他孩子的关注。这一次孩子们的自发游戏，让他们对藏宝图有了不一样的喜欢。作为教师我思考着其中的原因：大班的幼儿正处于感知空间与方位关系的重要时期，藏宝图中蕴含了空间方位判断、实物的观察、简单图示的表达、平面与实际的转换等诸多能力。孩子们自发的藏宝图游戏，可以将这些数学的知识，变为他们喜欢的方式为自己理解和运用。

藏宝图的进化史（一） 11 月 18 日中午

可爱从家里带来了《迷宫历险记》，你激动地告诉大家："我带来和宝藏图差不多的迷宫书。"大家纷纷围了上去翻看。

"这么多地图都有什么相同的地方？"我问。

"老师，你看这里有一个箭头。"可爱说。

"那这个是什么意思呢？"成成问。

"就是说要从箭头这个地方开始出发。"馨儿回答。

"老师，我还知道它的终点在哪里！"馨儿又说。

"这个你怎么发现的？"我追问。

"在这里，因为它上面画了一个很大的三角形，我一看就看见了。"

"我觉得藏宝图上要有这些标志，我们就看得懂了。"饭兜说。

"是不是和秋游地图一样?"我在一旁提醒。

对比了两张图，孩子们有了发现：

"秋游路线图上有楼房、有小区、有红绿灯。"

"我们的藏宝图上只有箭头和线!"

"对呀，要是在路线边上画上东西我们才知道去哪里找!"

"老师，我想和秋游一样，走一走再来画。"饭兜提出了他的想法。办法总比问题多，饭兜你的想法太让我意外了。"和画秋游路线的办法一样，听上去很不错哦！你想画哪里?"我问饭兜。

"我想画南面野趣区的藏宝图。"饭兜告诉我。我答应你，下午起床后可以试一试。

这告诉了我什么

同伴学习的力量是巨大的，每一个个体的思考和经验聚集到一起就会有奇妙的反应。藏宝图的游戏，你们都记在了心里，并且开始参与进来。你们尝试着借助身边的知识来解决问题。通过观察你们发现了迷宫图的一些秘密，可以用到藏宝图上；也结合曾经画过的秋游路线图的经验，认为藏宝图需要画一些路线上有的东西。你们的谈话引发了思维的碰撞，想出了新的绘图方法。

藏宝图的进化史(二) 11 月 18 日下午

下午起床后，你们迫不及待地要绘制藏宝图。

面对环境更加复杂，标志更加多样的野趣区，我和你们在户外活动时先提前认识了南面野战区的重要标志——大型玩具。

你们边走边看，认真发现各个野趣区的方位和特点："红色滑梯上面有一个尖尖的屋顶，还有很多栏杆。""它南面有一个锥形网。""右边有一个紫色滑梯，它小一点。""再右边是一个攀爬的，像一座山一样。""锥形网右边有一个我们可以穿过去的长廊。"配合着准确语言，你们手中出现了一幅幅描绘生动的野

趣区藏宝图。

有藏就有找，作为寻宝者，你们会根据藏宝图快速地判断出场地的位置。根据藏宝图的提示，你们确定了红色滑梯和攀爬墙是藏宝地点，当你们在藏宝地点找到宝藏时，你们欢呼着、跳跃着。

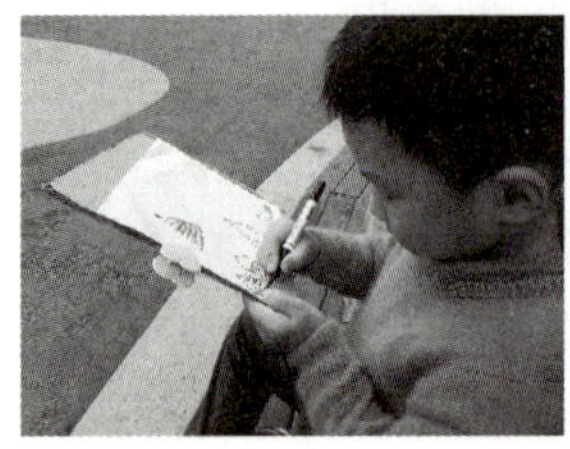  

我在这里看到的学习

在与藏宝图游戏有关的故事里，我们看到了你们在这件事中有别于其他事的不一样态度。作为游戏者，你们是投入的，这份投入没有外力的助推，是来自于你们心底的真正喜欢。你们对游戏是执着的，在“画”与“藏”的游戏中，为了能让别人看懂自己画的藏宝图，你们提出了各种建议；画图的人在与同伴的讨论中不断地做调整。在这种双向的需求中，你们的空间感在玩中不断形成，玩的能力也在不断发展着。

快来看看你们的“藏宝图”的进化过程吧！

聚焦的问题：中庭怎么画 秋游路线图和藏宝图是有区别的，藏宝图需要对实地环境进行二维的还原，对中庭要有整体的画面感。	**支持**：鸟瞰图，形成整体印象 	第二次进化： 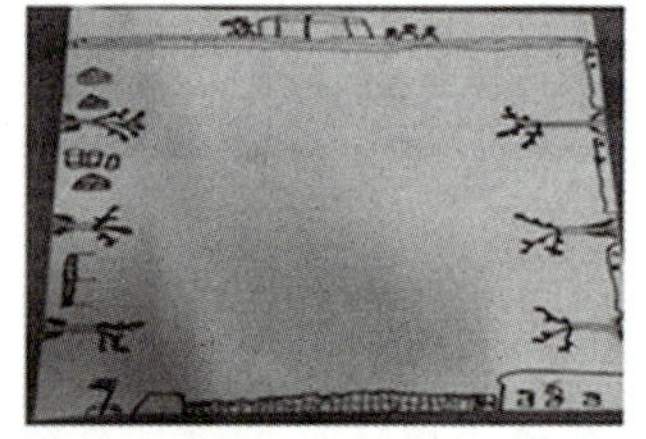
聚焦的问题：画起来好难 画一张藏宝图要花好长的时间，中庭场地的东西这么多都要画吗？	**支持**：迷宫书，藏宝图由繁变简 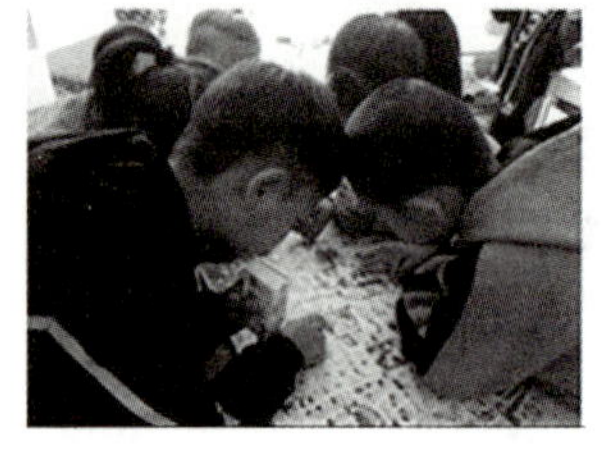	第三次进化： 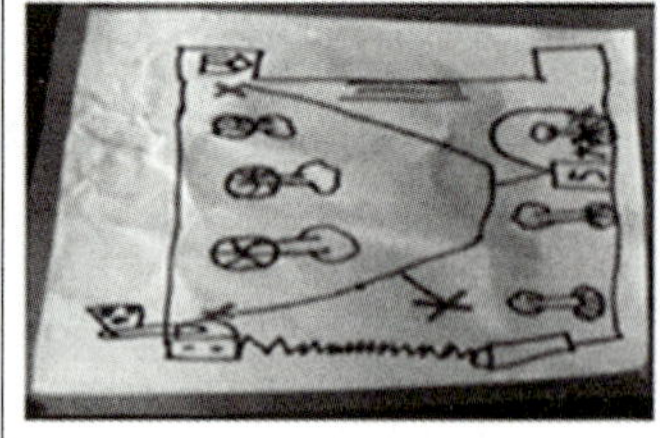

聚焦问题：想要去南面	**支持：**实地勘察，边走边画	第四次进化：
南面野趣区有很多的地方可以藏宝，我们想去试一试。		

哇！这是我们的幼儿园 11 月 23 日

随着藏宝游戏在你们中间流行开来，不同区域的藏宝图也多了起来，中庭、南面、北区、西面，都成了你们的藏宝区域。一天餐后活动，你们把所有藏宝图汇集到一起时，你们惊呼：“哇！我们有了幼儿园所有地方的藏宝图啦！”

你们的一声“哇”，让我特别激动——是不是可以建议你们完成一幅由你们执笔的幼儿园全景地图呢？你们接受了我的建议，凑在一起尝试拼接藏宝图。可是，因为之前用的纸大小不一样，出发的地点不一样，怎么拼也不能拼成一张理想的幼儿园地图。

“没关系，再来画一画吧。”我鼓励你们。

几次尝试失败后，有着丰富绘图经验的孩子们自发地提出了解决方案。

一个下午的时间，由你们亲手制作的幼儿园全景地图完成了。

可是这份幼儿园地图有什么用？

你们说：

“可以给弟弟妹妹看，下次他们画藏宝图就可以很轻松了。”

“可以给第一次来幼儿园的客人看，这样就知道幼儿园的样子了。”

“也可以让爸爸妈妈、爷爷奶奶看，有些地方他们肯定不知道。”

……

我看见围观地图的孩子们，眼里透出的都是自豪、兴奋的光。

此时，我也是同样的自豪和激动。我想和你们说：“不管这地图可以为别人带来什么，但我确信这一次经历、这一份用心，一定是我们宝贵的财富。”

打卡海盐攻略图 12 月 6 日

打卡海盐的活动已经开展 2 周了。因兴趣相投而聚在一起的行动小组在爸爸妈妈的支持下，走上了海盐的大街小巷，不少孩子还带来了相关资料。其中，你们对地图的讨论最为激烈。

回想从秋游路线—藏宝图—幼儿园地图，你们对地图的热衷是有因可循的。在此之前，我一直以为你们绘制地图、研究地图是主题经验以外的兴趣。我们支持你们喜欢的东西。此时，我突然意识到这何尝不是我们主题之下彼此联系的故事呢？谢谢你们给了我这样的灵感，让我想到，如果大家一起来画一画我们走过的“盐”途足迹，会是什么样呢？

于是，我向你们提出了挑战：“把我们过去了解、研究过的海盐的所有地方画到一起变成地图，有没有问题？”

“可是，我们不会画海盐地图呀！”大成成提出了自己的疑虑。

“我不认字，找不到地图上靖海门在哪里怎么办？”洋洋很担心地问。

“星期天和大家汇合前，爸爸妈妈给我看过手机上的地图，我知道靖海门在哪里！”酒儿安慰洋洋。

……

经过讨论，我们决定一起发动家长想办法。手机导航图、海盐常规地图……米粒爸爸找来了海盐城区的手绘景点地图。这张和你们经验相吻合的地图，基本上解决了你们寻认地点的问题。在小雨和妈妈的努力下，一张简易版海盐城区地图让我们的“盐”途打卡图有了雏形。随着你们走进海盐、不断深入了解海盐，地图也变得越来越丰富。

<u>老师的话</u>

在你们的世界里，任何一个故事都有着昨天、今天和明天的联系。看似偶发的一系列地图故事，实则和你们过往的主题经验息息相关。在与地图的互动中，你们从体验到表达，从实践到游戏，从局部到整体，由“小”及“大”……在这个持续深入的故事里，你们的经验和能力、主题的发生和发展就犹如植物生长一样，是一个逐渐生发的过程，而我要做的就是在等待、浇灌、经历、支持

中和你们一起探寻，期待下一个故事的到来……（未完待续）

《藏宝图的那些故事》中的“地图”，可能是串起一系列相关学习事件的主要课程线索。如韩老师在与儿童共同学习和探究过程中发现的那样，儿童对“地图”的兴趣有它的“昨天、今天和明天”：从他们参与老师预设的“运动会”主题探究运动会场地图时积累的知识技能和兴趣储备，到讨论和绘制秋游路线图，再到它已经到达的未来——与老师预设另一个主题“‘盐’途由我”结合，用地图来记录儿童打卡海盐时的“‘盐’途足迹”。在这里，因为老师对儿童即时的注意、识别和回应，三条课程线索得以被编织到一起——老师发起的班级课程主题“运动会”和“‘盐’途由我”，以及那些对地图感兴趣的儿童发起的主题“地图与我”。韩老师在课程实例的最后写道“未完待续”，是呀，儿童的这段探究体验，也可能是在为某些还未到来的未来做知识技能和心智倾向/学习品质方面的储备，而“地图与我”也可以成为老师继续支持和拓展儿童学习的重要课程线索。

第八章　源自幼儿园工作议程的课程实例

一、源自幼儿园工作议程的课程实例

每年九月，迎接新小班的幼儿和他们的家人，是每个幼儿园开学工作的重头戏。《开启与礼物相伴的旅程：新小班入园适应纪实》是童心家园小班年级组长高雪飞老师和副园长许萌老师汇集了小班各班的素材，以教师、儿童、家长彼此的交互关系为主线，以幼儿园“礼物教育”文化为基石，而生成和发展的课程实例。

课程实例 8.1　开启与礼物相伴的旅程：新小班入园适应纪实[①]

作者：北京市海淀新区恩济幼儿园（童心家园）小班组老师们

时间：2019 年 9 月

九月开学季，是一个全新的开始，童心家园又迎来了新小班宝宝和他们的爸爸妈妈。新成员的加入，让童心家园有了更多的期待，也让我们再次思考：“我们要怎样幸福地在一起？”思考这个问题，我们做了三个自问。

- 是什么——什么是幸福地在一起？
- 为什么——我们为什么要幸福地在一起？
- 怎样——我们要怎样幸福地在一起？

面对一切都还陌生的新成员，我们想，幸福在一起要从“心”开始，用礼物教育去感悟童心，联结彼此，一起同心、同行。

童心家园与新生家长们幸福地在一起，从 8 月 29 日的家长会开始、从共同感悟礼物教育文化开始、从聚焦“分离焦虑”对话开始，当然，也从走进童心家园开始。

小班入园适应第一周，爸爸妈妈陪伴孩子一同走进幼儿园，与孩子在童心家园游戏、成长，我们期待这样的走进可以是一种“心”的走近，感受彼此、了解彼此，建立起童心同行的信念，同时我们也期待礼物教育文化能让我们产生共鸣。

① 摘自“凤凰岭下的童心家园”微信公众号 2019 年 9 月 17 日的推送。

小班第一周的幼儿园生活，礼物教育之旅已经开启，老师会带给孩子们怎样的童年礼物呢？

健康的体魄

➤ 每日爱心小餐包。饮食是新小班家长入园焦虑之一。孩子不好好吃饭、对饭菜挑剔、饭量小，在前期的新生家长调查问卷中，这些都是共性话题。入园适应的第一周孩子不在幼儿园进餐，那怎么能让孩子对幼儿园的饭菜有所期待呢？对此，食堂叔叔、阿姨每天都会为孩子们准备一份爱心小餐包，可爱的卡通形象、诱人的色彩、香喷喷的味道，这份美味礼物很用心，很多孩子收到礼物都迫不及待地品尝。

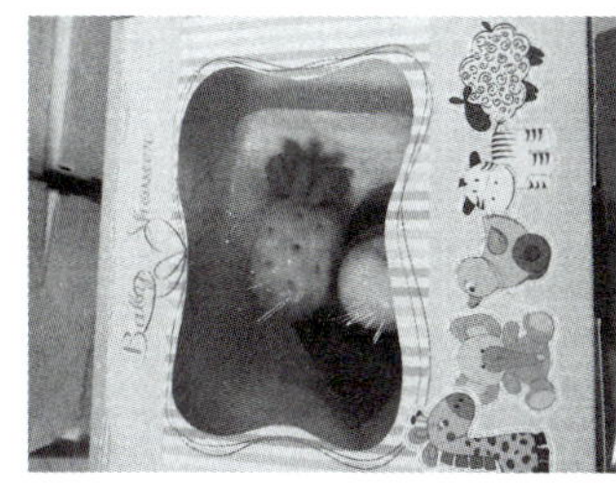
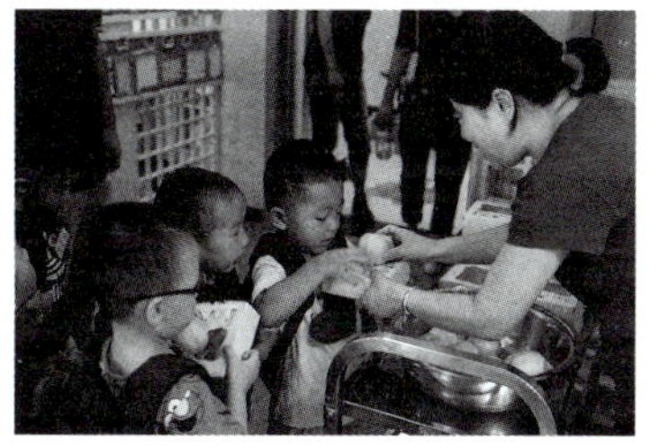

➤ 阳光下的游戏。小班孩子们喜欢幼儿园的大滑梯、小秋千、细沙池、摇摆车……全开放的户外游戏环境让小班孩子们快乐地奔跑。老师们有很多户外游戏神器，大泥鳅、彩虹伞、小飞盘……有趣的游戏让童心家园的操场上到处回荡着孩子和家长的爽朗笑声。

良好的习惯

➤ 甜甜的问候。童心家园良好的习惯从清晨的问候就已经开始了。每天爸爸妈妈拉着孩子的小手走进班级，老师都会用微笑迎接他们，并和每一位孩

子问好。仅仅一周，晨间问好已经成了孩子与老师见面的一种甜蜜互动方式。

➤ 洗手是个游戏。饭前便后要洗手，怎样将这句耳熟能详的常规带给小班的孩子呢？小班老师在洗手环节也跟孩子们玩起了游戏。打开水龙头，拿起小肥皂，搓搓小泡泡，手心搓搓，手背搓搓，小手冲干净，谢谢水龙头。哇～真香！“大兔子”来跟小朋友分享什么时间来洗手，看孩子们认真地听“大兔子”的讲解。

优秀的品质

新小班孩子走进童心家园，和老师们一起组成了新的小家庭。在小家庭中，找到自己、相识家人、接纳彼此是小班入园的第一课。老师是怎样和孩子们一起建立一家人的情感与关系的？

➤ 小一班：新学期见面的第一天，孩子们收到了写着自己名字、专属于自己的礼物，我们班老师希望用这个小礼物将幼儿园、小朋友、老师和家长连接在一起。

➤ 小二班：开学前，老师与小朋友们分享自己喜欢的小动物，希望小朋友们选择一个自己喜欢的小动物，开学第一天，小朋友们来到幼儿园，他们惊喜地发现幼儿园的角落里都贴着专属于自己的动物朋友，他们开心极了！

➤ 小三班：开学第一天老师为孩子们准备了专属于他们自己的标识名字贴，并让他们在情景剧的互动中熟悉老师和同伴。

➤ 小四班：今天是我们新学期见面的第一天，小四班的每个小朋友都收到了老师为你们精心制作的新学期礼物，老师希望你们在幼儿园拥有很多童年礼物，希望你们喜欢。

➤ 新学期开始了，小五班举办了米妮的生日会，老师为每位小朋友都精心准备了小动物的名牌，希望这场生日会能把幸福传递给你们每一个人，让我们的认识从这次生日会开始！

小蜜蜂带你去游童心家园　2019 年 9 月 6 日

对于小班的宝宝来说，拟人的动物形象是最吸引他们的……于是，老师变身成了小蜜蜂，带着小二班的宝宝们飞在幼儿园的各个角落，看看都有什么好玩的地方……希望你们能爱上幼儿园，还有的班级开着小火车去参观幼儿园。

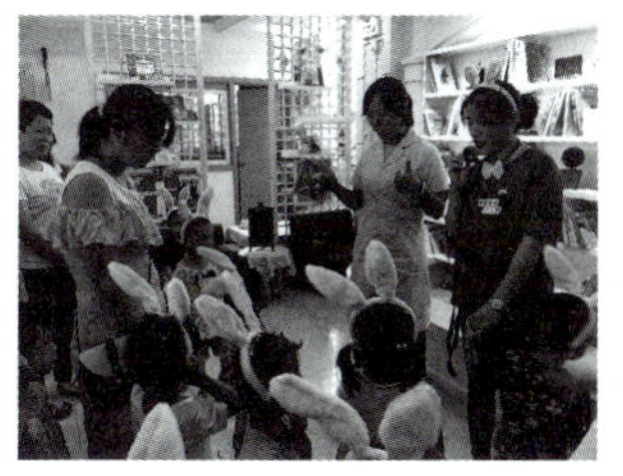

老师们看见……

童年的礼物就在老师和孩子在一起的生活中自然而然地发生着，快乐的游戏让老师和孩子们幸福地在一起。礼物教育不仅仅是给予，我们在送出礼物的同时，也收到了孩子回馈的礼物：纯净的目光、童真的情感、自由的心智。

高雪飞老师：今天，看到嘟嘟不小心把玩具掉到了地上，他淡定地将它们一个一个捡起来，让我感动的是虽然他刚刚来到小一班但他却已经在这个集体中有了自己的担当，感受到了嘟嘟传递给我的爱！

张晓萌老师：“我是小宝贝，我不怕累……”当收玩具的音乐响起时，家长带着小朋友们纷纷停下手上的游戏，回到班级中排队，操场上零零散散摆放着一些户外玩具。“悦悦，你能把车开回车库吗?”我问他。“可以。”之后他就和爸爸一起把车送了回去。等到离园环节，小朋友们纷纷离园，他和爸爸才回来。原来他和爸爸一起把幼儿园里所有的车都停进了车库。看到你累得满头大汗把每辆车停好、摆整齐，如此认真，不禁让我钦佩，小小的身躯有大大的力量……

王桂婷老师：户外活动结束啦！我发现操场上还有许多玩具没有收，便说了一声它们怎么没回家呢？话音刚落，就看到小朋友和大朋友一起去给它们归位了。我想说你们太棒啦！愿意用自己的行动来爱惜它们。

张晴老师：今天是开学的第二天，小朋友和爸爸妈妈一起开心地来到了幼儿园，一丞小朋友今天到班级后直奔自然角观察小动物。我发现他一直站在小乌龟面前，说明他很喜欢小乌龟。这时候我就上前询问："你喜欢小乌龟吗？"一丞点点头说："喜欢。"我又问他："你想喂小乌龟吗？"他开心地说："好呀！"于是，我把钓鱼竿递给他，他高兴地将它放在乌龟嘴边，这一举动把小乌龟吓了一大跳，只见小乌龟把头缩了回去。这时候一丞特别淡定，一直耐心地等待小乌龟把头伸回来。慢慢地小乌龟再次把头伸出来，一下子就吃掉小鱼干。一丞开心地鼓起掌来。

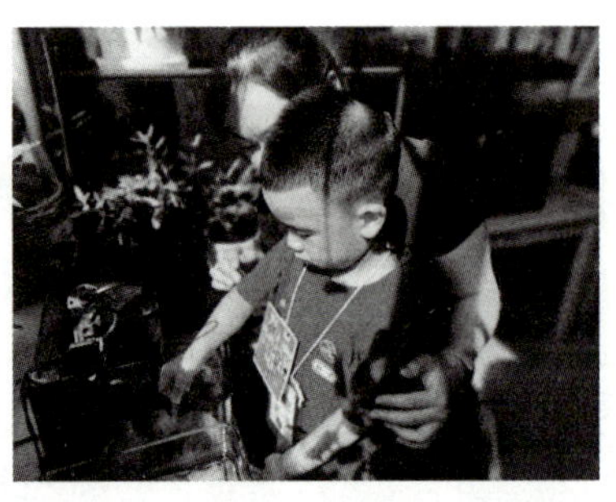

欢欢老师：新生来园的第二天早上，馨妍开心地走到我的面前对我说："欢欢老师，送给您一张我画的画。"这幅画上有三棵树和一个大大的太阳，我们一起拿着画合了影，她开心极了！看到孩子这样的表达，我心里无比开心。

养育的礼物

在童心家园的礼物教育中，有给孩子的童年礼物，也有给家长的养育礼物。在养育的礼物中，我们希望送给家长的是真爱的习得、自我的完善、科学的养育。

➤ 陪伴的精心时刻：家长走进幼儿园并不是旁观孩子的游戏，而是希望在这样一个入园适应的活动中家长真的能够放下手中的事情，专心地陪伴孩子，能够跟他们共享与孩子在一起的精心时刻，感受与孩子在一起的成长时刻！

➤ 找回童年的快乐游戏。成人阔别童年已经很久了，我们的童年是什么

样的？在记忆中已经渐渐模糊了，让我们一起跟孩子们回归童年，在和孩子们共同游戏的时候，也让我们再次感受了童年的快乐！

➢ 全心的互动体验。新生入园适应活动的一周里，幼儿园为家长搭建了很多参与活动的平台。让家长有机会参与幼儿园的活动，在幼儿园的活动中获得丰富的体验。在“开园第一课”中，家长们也融入了幼儿园，成了幼儿园这个大家庭中的一员。在互动体验中，家长也收到了童心家园的第一个小徽章。

当我们真诚、真挚地关注家长“真爱的习得、自我的完善、科学的养育”时，我们也收获了来自家长的“真诚的尊重、珍贵的信任、鼎力的支持”。

家长们的感受……

“开学典礼不仅仅只是一个仪式，它提醒家长们要放手了，它是告诉孩子们自己要脱离父母，我相信这样的一个开学典礼在孩子幼小的心灵里会是一个不一样的典礼！孩子们，加油吧！”

“作为家长看到了、也了解了幼儿园的环境、教师、饮食和教育理念，家园的老师们也都非常有爱心，对小朋友们非常照顾。各种场景看在眼里，由衷地赞同老师们、认可老师们、尊敬老师们。”

“今日开学典礼，在这一周的陪伴中，我感受到了童心家园的用心。相信

在家园共育的努力下，小朋友一定能顺利融入集体生活，养成健康的体魄、良好的习惯、优秀的品质。”

“孩子在老师的精心呵护下，开心地度过了一周。在这一周我感受到了孩子的开心，看到了老师的用心。同时也切身体会到了老师的不易，在以后的日子里希望孩子快乐成长。老师们辛苦啦！”

“非常有幸参加这么有仪式感的开学典礼，老师们洋溢的笑容和孩子们的喜悦，让我对童心家园礼物教育理念有了更深入的体会，我也相信老师有能力、有方法教育好孩子，希望在孩子走出幼儿园时，会给我无限惊喜！”

童年的礼物

通过一周与儿童和家长的相处，我们心与心的距离更近了，彼此之间都收获了属于我们的礼物。入园的第二周，孩子们就要独立来园了，其实在我们每个人心中或多或少有些小担心。小班儿童要如何勇敢地迈出第一步呢，在这一步的过程中又能收获哪些童年的礼物呢？

➤ 幼儿园变身游乐场。儿童收获了一份老师们精心准备的礼物。儿童在面临还没有完全熟悉的环境时，我们给他们提供了更加宽阔的生活、游戏空间，没有四壁的禁锢，儿童的情绪会更容易得到释放，希望儿童在这样轻松的环境中释放自我。

➤ 喜欢的玩具。儿童在班级的小环境中，不断地熟悉着新环境，每一个玩具、每一个设施、每一个角落、每一个人、每一个情绪……这样的过程是循序渐进的，需要我们的尊重和等待！静等花开的美好让我们彼此更加亲近了！

➤ 品尝幼儿园里的美食。家里的饭菜和幼儿园里的饭菜真的不一样，不仅有干稀搭配、荤素搭配，还很有营养。孩子们在这里品尝着美食，体会着成长的快乐！

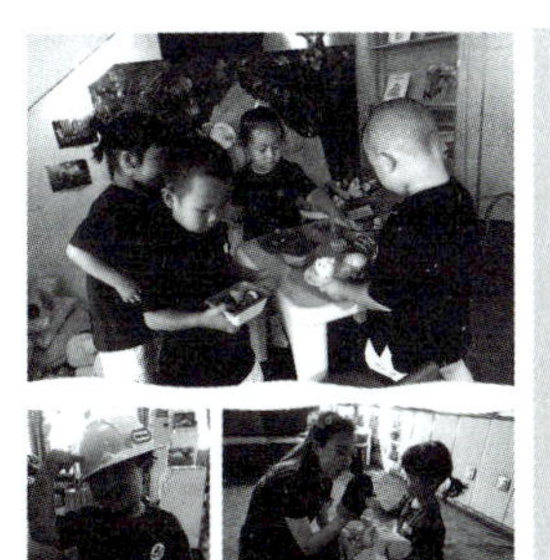

我喜欢漂亮的纱巾

我们一起玩

小班宝宝第一次中秋聚会

中秋节是一个团圆的节日，我们和小班的小朋友们在这个日子里进行了第一次聚会。从早上迎接嫦娥姐姐和小兔子，到观看皮影戏和品尝食堂叔叔送来的“冰皮月饼”，这是一个一家人欢聚在一起的节日。我们在一起的第一次聚会，惊喜、开心、温暖，还很甜蜜。

“礼物教育”是童心家园的教育文化，也是一种幸福的互动，我们在给予与付出的同时，也同样享受着收获与回报。

走进此门，走近彼心，新小班的孩子们和家长们，让我们携手一同开启礼物教育的相伴旅程。

童心家园的《新小班入园适应纪实》既是课程实例，又是写给全体小班儿童和家长的集体学习故事，记录了小班儿童共享的一段生活和学习体验。从中，我们可以看到童心家园以“礼物教育”为核心建构幼儿园文化是如何与幼儿园的各项工作和实践编织在一起的。

表 8.1　童心家园的“礼物教育”文化

三份礼物	幼儿园给每个人的礼物		每个人给大家的礼物
致儿童 ——童年的礼物	健康的体魄 良好的习惯 优秀的品质	⟺	纯净的目光 童真的情感 自由的心智
致教职员工 ——职业的礼物	健康的体魄 专业的成长 职业的幸福	⟺	全心的付出 用心的创造 真心的感恩
致家长 ——养育的礼物	真爱的习得 自我的完善 科学的养育	⟺	真诚的尊重 珍贵的信任 鼎力的支持

对新小班儿童来说，入园适应是一段非常重要的融情感和认知为一体的学习旅程。和其他年龄班儿童一样，新小班儿童也是在与幼儿园里的人(包括班级老师、保育老师、家长、校医、厨师等)，事(吃饭、睡觉、玩耍、集体活动等)，物(玩具、书籍、家具、动植物等)和地方(幼儿园各区域)相遇后建立的互动互惠关系中，建构着对自己、对幼儿园生活和对周围世界的认知。幼儿园想要鼓励儿童与幼儿园的人、事、物和地方建立什么样的交互关系，拥有什么样的学习体验，并为此创设了什么样的环境、提供了什么样的条件，是幼儿园所有人的责任，而且它们与幼儿园的文化、愿景、价值观密切相关。因此，重视儿童体验的课程建构和发展，是在儿童、教师、家长和幼儿园各部门彼此倾听、对话和持续呼应和陪伴中，生成、共创、共建、共享的一段学习旅程。

二、源自幼儿园大活动的课程实例

春游，是幼儿园的一项大活动，也是儿童特别期盼的活动。当春游因故被取消时，儿童会怎么说、怎么想，有什么样的感受呢？老师又会如何倾听儿童的心声，与儿童对话，呼应儿童的说法、想法和感受呢？

课程实例 8.2　春游取消了

作者：郭清华（北京市西城区实验幼儿园　中班）

时间：2019 年 4 月—5 月

原定于 4 月 17 日的春游活动因故被取消了。早晨一来园，石头和几个小朋友开始聊了起来："你知道这个周五的春游不去了吗？""我妈妈告诉我了。""为什么不去了呀？"在得到我确认的消息后，孩子们更"热闹"了："我的书包都准备好了。"郭思彤说，"我已经让我妈妈带我去超市买好吃的了。""我也买了，我还想和大家一起吃呢！"丰子川撇着嘴大声说。王瀚晨垂着脸说道："太没意思了。"更多的孩子追问我为什么不能去了？在这之前，孩子们查看了春游地点的介绍，做好了春游"攻略"，盼望着这一天的到来。

子川的提议　2019 年 4 月 9 日

午饭前，我和孩子们聊天。我问："你们为什么喜欢春游活动？"子川说："我觉得春游是最好玩的事。"思涵说："能和小朋友在一起玩。""春游是我最开心的时候。"开心大声说。翌凌说："春游的时候能够吃好吃的。"翌凌的话刚说完，孩子们就开始呼应起来："对，我们就想在一起吃好吃的。""我也喜欢。"嘟嘟说。"我觉得坐在垫子上吃东西特别有意思。"平时不怎么出声的瑶瑶说道。"我觉得大家的东西放在一起吃特别好玩。"丁华笑着说。子川说："要不我们在幼儿园吃一次吧。"

子川的话让孩子们欢呼起来……

亲爱的孩子们，看到你们得知春游取消后的沮丧心情，作为教师，我也感到很伤心。在我企图用聊天的方式帮助你们疏解"郁闷"的心情时，你们大胆、有创意的想法让我惊喜和欣慰。当遇到问题时，你们能够大胆表达自己的想法，我知道你们长大了。让我意想不到的是，你们用"惊人"的速度达成了一致：在幼儿园里进行一次"野餐"。这一刻，我看到了一群有想法、有行动的孩子们，这也让我深信，野餐是你们喜欢的活动，我要支持。

确定了要野餐，相信接下来的问题也一定难不住你们。"野餐"都需要什么？这些材料又从哪里来？这些问题的出现，你们能解决吗？你们能够完成这个任务吗？你们会有什么具体的想法和做法呢？你们会如何解决这些"问题"呢？我有了更强烈的好奇心，我会继续关注你们！

自己带的食品不能吃　2019 年 4 月 10 日

早晨来园时，石头、元元、润博、嘉桐等小朋友每人带着一大袋的物品笑

着走进了活动室，并大声对我说："郭老师，我们带来了食品，今天终于可以野餐啦！"你们每个人的脸上是掩饰不住的笑容。

区域游戏时，不断有孩子问我："老师，几点开始野餐啊？"

正在这时，保健老师走了进来，问道："早晨我看到有小朋友带着食品来园了，我想问一下，你们有什么活动吗？"

你们听了，异口同声地说："我们要野餐。"

说着你们拿过来自己的食品让保健老师看。

保健老师看了后，对你们说："你们想野餐，就从家里带来食品。可幼儿园有规定，你们吃的食品必须是幼儿园里的，自己带来的食品是不能在园食用的。"

你们听了，本来满是笑容的脸上瞬间皱起了眉头，并带着不相信的语气问道："为什么？"

保健老师说："为了小朋友的健康和安全。"

你们你看看我、我看看你，石头听后，把食品用力扔进了袋子里，边收拾边大声说："你们是骗人的，哼！"

石头的话引起了共鸣，你们纷纷嚷着："我不信，这个不可能的。""我们在幼儿园也吃这些食品啊！"子川说："我要去问问园长妈妈。"其他孩子也一起说道："我们要去问园长妈妈。"

园长明白了你们的意图后，告诉你们保健老师说的是真的，但如果你们想在幼儿园野餐，可以请保健老师为你们采买野餐的所需物品。你们听后，原本有些失落的脸上又恢复了笑容。你们每个人双手举过头顶跳着大声喊："耶！耶！耶！"

上次，你们决定在幼儿园野餐，并把时间定在了这个周三后，在接下来的时间里我没有提醒你们要野餐的事情，也和家长提前沟通好，关于野餐的事情让你们自己做主。没想到，今天一早，有一半的孩子带来了自己野餐的物品。这让我看到了兴趣的魔力。但事情却因为保健老师的一席话发生了转变。说实话，为了你们的安全，园内确实有这个规定。孩子们，你们的反应让我看到了兴趣的力量，敢于表达自己的想法，并能够想办法解决问题，让我对你们刮目相看！

我本以为你们一开始是因为取消春游发发牢骚而已，没想到你们对这个春游如此上心。这也让我看到了这个活动对你们的意义。我和园长都会支持你们组织你们自己的野餐的。不过，你们会请保健老师采买些什么物品呢？

食品订购 2019 年 4 月 12 日

户外游戏时，子川、力早等几个小朋友找到我说：“老师，我们的食品想好了，能找保健老师吗？”我问道：“你们的食品是大家的意思还是你们几个人的意思呢？”孩子们听了我的话，笑着说：“是我们几个人的意思。”说完就离开了。不一会儿，我看到子川在问喝水的几个小朋友，想吃什么野餐食品，几个小朋友说了不同的食品名称，子川听了没有说什么，转身离开了。

孩子们，我一直在关注你们的购买计划。自从园长答应了你们的请求后，直到今天，子川和几个小朋友才提出活动的下一步计划，并开始有意识地询问其他小朋友的意愿。不过，在问了几个小朋友后，子川发现大家的需求都不一样，没有说什么却转身离开了，是放弃了吗？这个环节中班孩子能够完成吗？我很好奇！

在户外活动时，子川找到我说：“郭老师我们商量好了，大家把食品确定了几个品种，告诉保健老师这样就可以了。”我询问确定了什么品种。子川说要水果、面包、火腿肠和山楂就可以了。但每个品种的具体数量孩子们没有提出来。保健老师在接到购买计划后，征求了孩子们的意见，最后按照孩子们决定的数量进行了采买。在野餐时，孩子们会有什么发现呢？

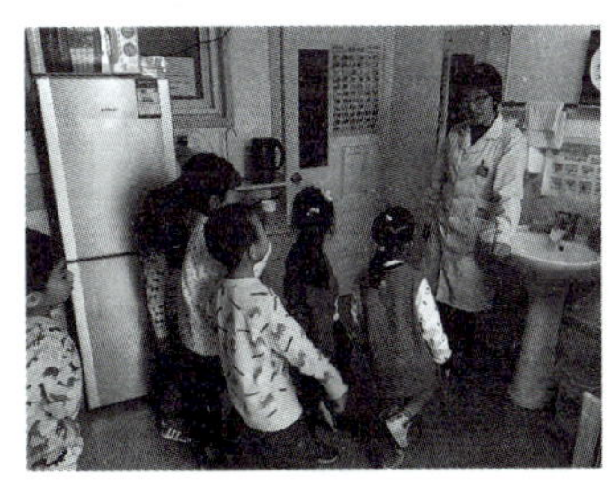

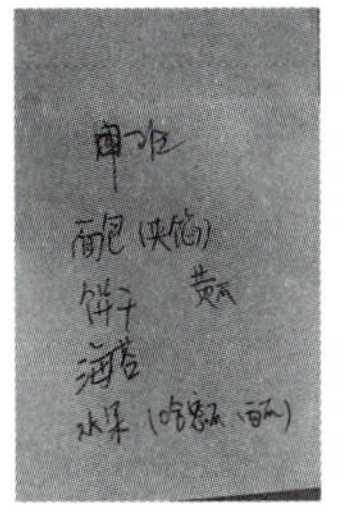

第一次野餐！ 2019 年 4 月 13 日

今天，保健老师买来了野餐的食品。早饭后，你们迫不及待地拿出物品打算野餐。本以为拿着食品就可以野餐的孩子们突然发现：水果没洗也没有削皮；所有的食品都放在了一起，不知道都有什么……思考了几分钟后，你们决定自己动手清洗水果、削皮、切块：有的拿着水果去洗、有的准备塑料刀具、有的开始尝试用果皮刀削皮、有的尝试切水果……

在经历了四十分钟的准备后，水果终于有了你们心中想要的模样——变成了小块。

切水果在你们的"手忙脚乱"中终于完成了。当你们拿好事先的物品，打算下楼野餐时，我告诉你们，今天是中度雾霾天，外出的时间不能太长。你们听后都愣住了。在反应了几秒后，元元说："那我们就在班里野餐。"奕芠随声附和说："对，我们在班里进行也一样。"

说完，你们简单收拾了材料，并选取了自己满意的位置，找来报纸、塑料袋等铺在地上，开始了期盼已久的野餐活动。

野餐后你们还主动收整物品！

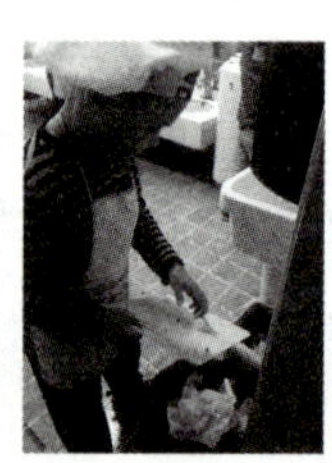

随着野餐的进行，让你们意想不到的问题也不断出现：水果因为切的块太大需要用手拿着吃；面包买少了不够分；水果种类少——只要了苹果；操作完的地上都是水……面对这些问题，你们用自己的办法顺利解决了，如面包大家分成小块吃，吃水果前先洗手。你们在餐后能及时发现地上的垃圾，并主动收拾。这次的活动孩子们因为没有关注天气，在商定好的时间遇到了雾霾天，野餐只好改在了室内进行。这个没有完成的"心愿"你们会有什么新的想法呢？野餐还会有吗？

第一次野餐在许多的"意外"中结束了。孩子们也在这样的"意外"中有了收获：知道了购买物品要有数量；水果种类要多一些；提前清洗水果，以免到处是水；切水果时要把果核去掉，带一次性的叉子吃水果（牙签因为不安全被孩子们否定了）；提前分好组，分工合作；提前关注天气等。说实话，孩子们的这一次野餐也给了我许多"意外"：孩子们能够快速地调整，遇到问题不退缩，尝试自己动手解决问题，这也让我看到了潜力与兴趣的力量。孩子们的第二次野餐会成功吗？

室外野餐 2019年4月23日

在确定了第二次野餐的时间后，你们提前分好了组，组员根据自己的特点安排分工合作内容——准备水果。

在野餐前一天的晚饭后，你们提前找到了水果盘，并一一摆放好。你们还商量好，从家里带来自己会用的削皮器，晚上回家练习削果皮。

今早来园后，你们分组开始清洗水果，并把洗好的水果放到水果盘中控水。你们说，这样的操作没有太多水，就不会弄脏地面。早饭后，你们开始削皮、切块，装盒……

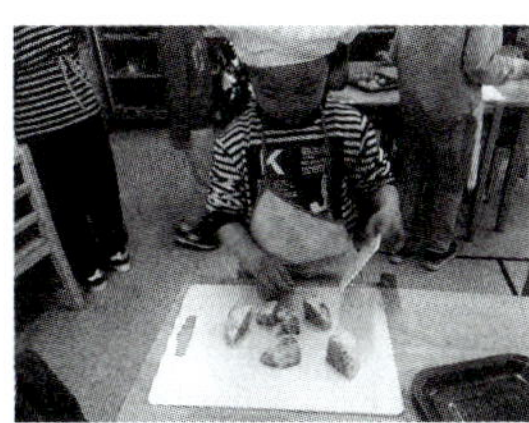

大约过了二十分钟，几种水果准备完毕。地面、桌面收整干净后，孩子们拿着分好的野餐用品，迈着轻快的脚步，来到了幼儿园的院子里，大家选取了喜欢的场地，开始铺垫子、摆放食品……随着音乐的响起，孩子们期盼已久的户外野餐终于实现了！

这次野餐因为有了上一次的经验，你们很顺利地完成了最“艰难”的准备水果的过程。在户外活动中，我看到了会分工、会合作的你们；看到了做事有计划的你们；看到了一群有能力解决问题的你们……

你们户外野餐的心愿终于达成了，接下来你们会满足于此吗？又会有什么新想法呢？

我们想带着爸爸妈妈野餐 2019年4月25日

早饭后是孩子们的游戏时间。梓茉走过来对我说：“老师，可以带着爸爸

妈妈一起野餐吗?”我好奇地问：“你想带着爸爸妈妈在哪里野餐呢?”“在幼儿园外院就行。”梓茉笑着说。这时，旁边的小华说：“我们可以去公园，那里地方大。”“我经常去陶然亭公园玩。”瑞泽说。“我也经常去。”文文大声说。孩子们越聚越多，围绕去陶然亭公园野餐的话题都说着自己的想法。

在上次的野餐中，你们给了我们许多惊喜。你们能够分工合作准备水果；在分组野餐的时候，能够自己分组；在火腿肠外衣打不开时，你们能想办法自己解决，并把好的想法及时告诉伙伴们。在这个活动后，当你们提出带着爸爸妈妈野餐的想法时，我惊喜于你们的大胆想法，更惊喜于你们对这个活动的浓厚兴趣，你们让我看到了兴趣的力量。

今天孩子们提出了新的话题——带着爸爸妈妈野餐，当你们提出这个想法时我真为你们感到高兴。我相信你们一定也能组织好这次和爸爸妈妈一起野餐的活动!

野餐地点大 PK 2018 年 4 月 28 日

“这里是我选择的野餐地点，这里有椅子，累了可以坐着休息。”小瑄在前面说着自己选取的野餐地点。

“我选择的地点有绿色的草，还离水比较近。”嘉桐说。

“我选的地点有一个很大的空地，小朋友可以一起玩。”李润好指着照片介绍道。

在小伙伴介绍完自己选的地点后，你们开始表达自己的想法：“离水太近不安全。”“我喜欢在草地上玩。”“草地上不能玩，要爱护小草。”“有亭子的地方凉快。”……你们你一言我一语地说着自己的看法，野餐地点意见不统一怎么办？我把这个问题提了出来。孩子们听后沉默了，这时，石头说：“我们投票吧。”一句话让气氛活跃了起来。

当你们提出带着爸爸妈妈去公园野餐的想法后，你们还讨论了什么时间去、在哪里野餐、准备哪些野餐物品，等等。但是你们的想法不一样，很难统一。于是你们决定请爸爸妈妈带着你们去公园寻找合适的地点，拍照后再回到幼儿园讲给小伙伴听。你们在经过一次次的野餐“风波”后，做事开始有计划性了，也能够听取并愉快地接受别人的意见，还想到用投票的方式达成共识。接下来，是不是就是进行野餐的准备和确定时间了呀？

今天，我看到了一群有想法、会表达的你们。带着爸爸妈妈去户外野餐是个多么大胆的提议，我为你们的敢想而开心。活动中要注意什么事情，你们又需要准备什么，这些你们都想到了吗？期待你们给我带来更多的惊喜！

陶然亭野餐前的准备 2019 年 5 月 9 日

“这个周五是你们决定去陶然亭野餐的时间，你们选定了野餐地点，那野餐的物品怎么办呢？”

小瑄：“我妈妈会给我准备的。”

翌凌：“我妈妈说，我想要什么她就帮我准备什么。”

文文：“我妈妈早就给我准备好了。”

……

“野餐是你们提出来的，是你们邀请爸爸妈妈加入的，你们觉得应该由谁来准备野餐物品呢？”我问。

沉默一会儿后，司丞说：“我们自己准备。”

“野餐需要什么？都需要带哪些物品？你们要自己想好了。”

孩子们纷纷表示没问题。

孩子们，我知道为野餐做准备不容易，是个大挑战。不过，你们让我看到了你们面对挑战的勇气，我越来越期待野餐那天的到来啦！

陶然亭野餐 2019 年 5 月 15 日

离约定的时间还有半个小时，你们就陆续来到了集合地点。见面后，你们相互介绍着自己的食品。然后，满脸笑容的你们，向商定好的地点出发了！

到了约定的地点，我为你们设置了一个挑战——今天的活动全部由孩子们动手准备，爸爸妈妈不帮忙。你们听后，开始快速铺野餐垫，把自己带来的物品摆放在垫子上。

你们互相品尝着带来的美食，野餐中的你们，好开心呀！

今天的野餐是你们盼望已久的。为了这次野餐，你们等了很久，也做了最充分的准备。野餐活动开展得很顺利。你们在野餐时，能够把自己带的玩具、食品与好朋友分享。在铺野餐垫的过程中，你们能够快速组成一个小组，一起动手铺好大大的野餐垫，并能把鞋摆放整齐。让我最为惊讶的是，几个孩子在相互配合下，帐篷也顺利地被扎好了。看到你们脸上的笑容，我知道你们又有了新的收获。

野餐活动在你们一次又一次的努力下，终于圆满结束了。这对于你们来说是一次难忘的经历。对于我来说，就是在学习等待、学习放手，让你们去解决问题，支持你们“玩”自己喜欢的游戏。在选择、决定的过程中，我看到了一群有想法、有行动、有担当的孩子们。你们让我看到，兴趣给了你们动力和内驱力，支撑着你们不断思考、不断探索和操作。我会陪着你们游戏，和你们一起期待、一起忙、一起思考、一起发现、一起梳理、一起玩！我会一直做你们有力的后盾，期待你们创造更多的惊喜！

伊丽莎白·琼斯和约翰·尼莫在论述生成呼应课程时提出，课程和计划要从儿童的生活和教师的教学中浮现出来，重视儿童的兴趣，将学习的自发性和教师的计划融合在一起。野餐，就是在“春游取消了”之后，在儿童的生活与教师的教学中浮现出来的一条很生活、很生动的课程线索。有意思的是，郭老师教学计划和教学实践的目标指向的都是“关于野餐的事，让孩子们自己做主”这个愿景。在这个愿景的引领下，郭老师似乎并没有为“野餐”做什么，但她却为支持“孩子们准备好、很愿意、有能力策划和组织自己的野餐”做了很多：给予孩子信任，保持和孩子的倾听对话；给予孩子时间、空间，放手让孩子尝试和体验；给予挑战建议，即时呼应，拓展延伸学习；建立与家长、幼儿园和其他部门的连接，和家长、同事、孩子保持共同思考；记录孩子们的学习历程，让孩子们看见作为有能力、有自信、积极主动学习者的自己！这段学习历程对孩子们来说，充满了沮丧、意外、开心等千般滋味；对老师来说，充满着不确定，但又惊喜连连。如同伊丽莎白·琼斯和约翰·尼莫所说的那样，生成呼应课程是理智的，但不可预测。

第九章　源自家庭生活的课程实例

"Te Whāriki"提出，儿童不仅是带着自己的力量来的，还带来了他所在家庭、部落和祖先的馈赠、天赋和力量。因而，当一个儿童来到幼儿园，他也是背着两个书包来的，一个是装着上幼儿园所需的物品的实体书包，一个是"装满了知识、经验和心智倾向"的虚拟书包。通常情况下，幼儿园教师只从实体书包里取东西，而没有意识到虚拟书包——如幼儿带到幼儿园的情绪、家里发生的一件事、在幼儿园外的一次体验，以及已有的"知识技能储备"和"心智倾向储备"。本章的两个课程实例让我们看到，如果老师从孩子背的虚拟书包里取东西的话，可能会发生什么。

一、源自家长发现的孩子的兴趣

孩子幼儿园外的生活，也是丰富多彩的，也是他们学习和探索的重要场所。《魔术师》系列学习故事源自 Sam 在某个周末与魔术师的一次邂逅。妈妈记录下了这次点燃了 Sam 心中"魔法"的相遇，并和老师分享。于是，一段家长、儿童、班级教师和幼儿园其他教师共同开创和建构的学习旅程就此开启。

课程实例 9.1　魔术师

作者：Sam 妈妈、陈楠、李苑（广州市越秀区东方红幼儿园　中班）
时间：2019 年 1 月—3 月

我是小小魔术师

作者：Sam 妈妈
2019 年 1 月 5 日　星期六

今天上完珠心算课后，你兴奋地跑出来告诉我："妈妈，今天有魔术师来。"

是老师下课前告诉他的："Sam，你看，那边穿黑衣服戴帽子的就是魔术师。"你马上飞奔过去，在魔术台上仔细地观察道具，好奇地问："魔术师，你会变什么魔术?"魔术师放了一颗心形海绵在你手中，让你握紧，他通过“魔力”，变出了两颗心形海绵。你思考了一会儿说：“哇，太厉害了！”你还忍不住把手里的两颗心拿给旁边的同伴看。接着，你问：“你能教我变魔术吗？”魔术师回答：“当然可以。”魔术师拿出一个小花盆道具教你变了一棵树出来。你开心地欢呼：“我也是魔术师啦！我也会变魔术啦！”

你主动要求学习和大胆尝试的精神值得妈妈学习。

妈妈把故事发给老师后，陈老师回应：“Sam，我们也想看你变魔术，这期广播站表演可以来一个！”

我要给大家表演魔术

作者：陈楠

2019 年 1 月 13 日

Sam 妈妈发了一个你为大家表演小魔术的视频给我。你用语音说：“陈老师，我想明天回来给大家表演魔术！”我点开你的视频仔细地看了一遍，从说词到魔术表演都是经过认真准备的，不简单呢！我回复：“太好了，欢迎欢迎！小朋友们一定会特别喜欢！”

将近一周的时间，你一直把魔术表演放在心上，并且在家里认真准备，这份专注投入的精神很棒！

魔术表演之魔术棒

作者：陈楠

2019 年 1 月 14 日

周末，知道了你要为小伙伴们表演魔术的消息后我观看了一段你表演魔术的小视频，非常喜欢！

今天，我特意在饭前为你留出了魔术表演的时间，你非常兴奋，躲在教室里准备道具(要把小棍卷起来)。趁这个空当，我向小朋友们介绍：“今天 Sam 给大家带来一个神秘的表演，让我们用热烈的掌声欢迎 Sam！”教室里响起了热烈的掌声。

你挺胸大步流星地走到小伙伴面前，大方地自我介绍：“大家好，我是中一班的吴振宇，我给你们表演一个魔术。你们看着，可以叫我也可以叫妈妈，要不要学一下？谁想来试一下？”我纳闷怎么要叫妈妈，原来你是要小伙伴问你要变什么的问题。你请了芹菜，芹菜说：“你表演的魔术是什么？”你说：“我不告诉你！”芹菜无奈地坐回位置上。接着，你说：“我变出来给你看看好不好？谁愿意看就举手手！”哈，原来你这个“我不告诉你”是卖弄关子、故弄玄虚的做

法，厉害！魔术中用语言转移观众注意力的方法也被你演绎了一番！小伙伴们纷纷举起右手表示想看你的魔术表演，我喊了一句："我们等不及了，快点吧！振宇来一个，Sam来一个！"小朋友们也学着我喊："来一个、来一个！"突然，"唰"的一声，一个黑色的棒子飞出来，掉在了思宏的身上，把我们吓了一跳。思宏捡起黑色的魔术棒，给大家看，我说："这是什么？"几个小男孩说："这是金箍棒！"我说："这是魔术师的魔术棒啊！快点给Sam鼓掌啊！"教室里响起了热烈的掌声！

Sam，你变魔术的样子太可爱了！你就是我们班的小小魔术师！

你会在表演前做好准备，小手流利地将"魔术棒"卷起来，不需要成人的帮忙！

你的台风淡定自如，站在众人面前一点儿也不怯场，厉害！

你的魔术表演会用上卖关子、故弄玄虚的技法，把小伙伴们的注意力都吸引过来！

你的魔术虽然有点儿小意外，但你会临场应变，你的应变能力超强！

我要给你创设一个魔术表演区，让你把魔术表演带给更多的小伙伴，也可以让大家一起破解你的小魔术！

老师与家长沟通，分享这个学习故事，并讨论创设魔术表演区的相关事宜。

魔术小课堂

作者：李苑

2019年1月16日

从周一开始，你就化身为小魔术师给小朋友表演了一个魔术：从手里变出一根长长的魔术棒。虽然这只是一个小魔术，并且还是同一个魔术，但因为你的表演生动、有趣，所以三天里你连续表演了三场，每一次都能吸引大家，可见你已经激起了大家对魔术的兴趣。

今晚我问你是否愿意将你魔术的秘密告诉小朋友，当一回魔术老师。你爽快地说："好啊，没问题！"

你开始给小朋友上课了，你先问小朋友想不想知道这个魔术是怎样变出来的，大家纷纷表示很想知道。你聪明地用一个问题调起了大家的学习热情。接着，你开始边示范边讲解，每一个步骤和细节都讲得清清楚楚，同时你还强调难点部分："卷的时候一定不能松开。"大家都被你的讲解吸引了，每一个人都睁大眼睛，努力看着你是怎么卷魔术棒的，课室里静悄悄的。讲解示范完了，你问：“谁想出来试试?”话音刚落，一双双小手“唰唰”地举起来，你再次成功地把大家吸引了。你请欣欣出来，然后手把手地教她怎样卷魔术棒，还不时提醒她：“不要松开，要卷紧点。”最后因为欣欣一不小心松了手，表演失败，你马上用这个失败的例子告诉大家一个道理：“表演魔术要多练习才可以成功，我就是练了很多次。你们如果想表演成功，就要多练习。”

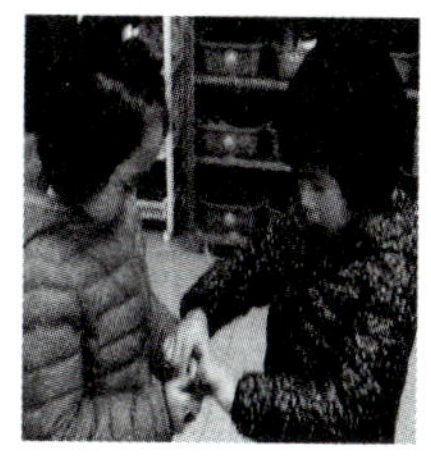

这个“魔术小课堂”全程由你主持。你会用不同的方式来引起大家的兴趣，你的语言表达不但清晰，还非常生动，特别是最后还能给小朋友们总结道理，你举手投足间真的很有小老师的范儿！相信在你的带动下，我们班会掀起一股变魔术的热潮！

家长反馈

Sam 妈妈读了学习故事后的回应：Sam 回到家很踊跃地要求每天都学一个魔术。

初见魔术师——吴老师

作者：陈楠

时间：2019 年 1 月 18 日

上午放学礼的时候有一个节目就是魔术表演，由“后羿哥哥”吴老师表演。吴老师表演了好几个魔术，而且难度都不小，只见你一直聚精会神地看着，最后到高潮的时候还站起来不停地鼓掌！

最后看完，我说：“Sam，我要介绍给你认识的就是吴老师，他变魔术也是很厉害的，你看完他表演觉得怎样?”你好像还沉浸其中，反应有点儿慢，过

了一会儿才说："好厉害啊！"我问："你觉得哪个最厉害？"你说："比我厉害多了！"

临近放学的时候，吴老师拿着他上午变魔术的一个道具——扇子，来到我们班。一看见他来，我就知道他是来找你的，因为前天我把你变魔术的视频发给了他，吴老师夸你有潜质。他说，小小的你表现得很大方，还会善用魔术的语言引导，很棒！

我说："Sam，吴老师找你！"你有点意外地瞪大了眼睛，然后向吴老师"飞"了过来。吴老师说："Sam，我送你份礼物。"他边说边把扇子递给你，你拿着扇子捣弄一番，可能还没找到玄机。吴老师说："等我来教你吧！"吴老师介绍了起来，你听得特别认真，小手忍不住跃跃欲试！旁边的芹菜也想摸一摸，你有点儿不情愿地说："这是吴老师送给我的！"

这时家长都来接孩子放学了，你和吴老师的第一次近距离接触只能先告一段落。我说："Sam，你可以拜师父了，你是吴老师的徒弟，他可以教你变魔术。"你有点不好意思地笑了。

Sam，很欣赏你专注于魔术时的样子，特别是在新魔术面前你充满了好奇。我也没想到吴老师会送你一个新的魔术道具，从你的表情中我知道你很惊喜，你是不是迫不及待地想要尝试一番？我有种预感，等寒假回来你一定又会给我们看你的新魔术！

家长反馈

Sam 妈妈：Sam 回家尝试了好多遍，都没能顺利变出来。爸爸说是因为他手太小了，要多吃饭才能变成功。

布置魔术区

作者：陈楠

2019 年 2 月 22 日

中午，广府庙会活动结束以后，你和妈妈一起留在课室里布置了一个魔术区——Sam 魔术小课堂！我们一边布置一边听妈妈介绍，原来你在这个寒假里参加了一个魔术学习班，你特意学了好几个魔术，要跟小伙伴们分享。

Sam，虽然还没有看到你表演的新魔术，但听到妈妈的描述，我更深刻地感受到了你对魔术的喜爱，并且为了给小伙伴分享更多的小魔术而持续去学习，为你点赞！同时，我还看到在你背后一直支持你学习的妈妈，有一个有爱又懂得用心的妈妈，你的家庭一定充满幸福！

准备

作者：陈楠

2019 年 2 月 26 日

昨天下午，我问你："你这次打算给大家介绍什么？"你说："魔术书！"我有点疑惑："不是金箍棒吗？妈妈不是给全班小朋友一人准备了一支金箍棒吗？"你很肯定地回答："是魔术书，我最喜欢魔术书了！"我建议你做一个小通告和注意事项，让小伙伴们知道这周魔术课堂的内容以及需要遵守的规则。你埋头聚精会神地制作着，很认真地为自己魔术小课堂的开设准备着。

小伙伴们对你的"魔术小课堂"充满了期待。今天，大家终于等到了你的介绍。你把魔术箱里的魔术道具、服装，以及魔术小课堂需要注意的事项一一介绍给小伙伴们。你反复强调"魔术小课堂"的规则，重点提醒大家不要玩弄魔术箱的盖子，因为砸下来会弄伤手指……大伙听得很认真，特别是当你穿上魔术师服装的时候，小伙伴们情不自禁地发出一声："哇！"欣欣说："Sam，你好帅啊！"

一上午，总会有孩子来问我什么时候可以分区。看来大家对你的这个“魔术小课堂”充满了兴趣呢！

Sam，当你穿上小魔术服装时，那模样超级帅气，怪不得小伙伴们会情不自禁地发出赞叹！从你的准备到介绍，可以感受到你对魔术的喜爱，你会为了自己的魔术课堂做好前期准备，你会给小伙伴们介绍箱子里的魔术道具，你还会告诉小伙伴们需要注意的安全事项，真棒！

家长反馈

妈妈：Sam，妈妈一想你就会情不自禁打开文档看看你，今晚又看到老师更新你的故事了，我同爸爸看完后，爸爸情不自禁赞叹：“Sam 真棒！”加油，Sam！

Sam 魔术小课堂第一课之：魔术棒

作者：李苑

2019 年 2 月 26 日

今晚，Sam 的魔术小课堂正式开课了。梓欣和另外两个小朋友早早地把椅子搬到魔术区静静地等着“上课”。Sam 老师先给他们提出了学魔术的要求：“要安静听讲，认真练习。”然后，他还发给他们一人一根魔术棒，Sam 先示范了卷魔术棒的方法，然后让他们跟着练习。

在三个小朋友当中，梓欣是最专注的一个。一开始因为还没掌握方法，魔术棒卷着卷着就弹开了，你一点儿都没有灰心，又重新开始卷，就这样反复了好多次。Sam 也一直提醒窍门：“要卷紧些，手指要抓紧些。”失败了很多次后，梓欣终于把魔术棒卷好并藏在手心里了，完成了这个魔术最重要的一步。接下来，Sam 开始教你们怎么跟观众交流：先自我介绍，然后让小朋友看看左右手有没有东西，从而引起大家的兴趣。Sam 讲得又细致又清晰，梓欣听得可专注了。

最后，我让 Sam 请一个学得最好、最认真的学生给大家表演今晚学到的魔术，Sam 马上就选了梓欣。

Sam 和梓欣一起准备道具。Sam 还亲自给梓欣戴上魔术师的帽子，并在她耳边再三叮嘱。我看到梓欣边听边点头表示知道了。接下来，梓欣的第一次魔术表演隆重登场，梓欣把今晚从 Sam 那里学到的每一句话、每一个动作，都一一表演了出来，最后 Sam 还进行了点评："如果能跟大家说会儿话再变魔术就更好了！"（我想 Sam 指的是要和观众有更多互动）

Sam 你真是一个称职的小老师！你愿意把自己的本领毫无保留地教给小朋友，教的时候你不但能用生动的语言把方法、步骤和难点讲得清清楚楚，你还很有耐心，所以大家都非常喜欢你。相信你的小课堂会吸引更多的小朋友。

家长反馈

Sam 妈妈：看来梓欣是你的超级粉丝哦，每次都有她。

魔术小课堂之：评分表

作者：李苑

2019 年 2 月 27 日

今晚，你的魔术小课堂继续开讲。学生有思谕、果果、铭铭和小祺。我远远地看你讲解、示范，几个学生也认真地坐着听讲。过了一会儿，我看到铭铭和思谕一起跑到美工区找东西，铭铭拿了一支油性笔，思谕拿了一张白纸和一块垫板，他们回到魔术区把东西交给了你。

你埋头在纸上写写画画，教魔术还要写什么呢？

好奇的我来到你身边，看到你在纸上画了四个小圆圈，每个小圆圈下面都分别有不同的数字，我忍不住问你："这是什么？"你回答："这是评分表，四个圈圈代表他们四个人，下面的数字是他们的得分，学得好、学得认真就有 2 分，学得不好就要扣 1 分。"哇，厉害了，你想到了用评分的方法来激励小朋友！

这时你很认真地对果果说："你只剩下 1 分了，再不认真就没分了。"我问你："如果扣到没分了怎么办？"你想了想说："那就不能再来学了，要等下次再来。"

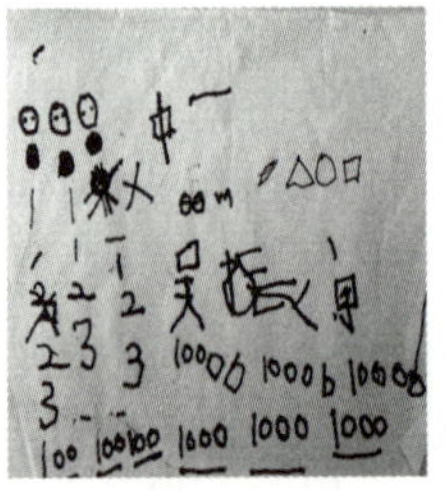

Sam，为了办好你的魔术小课堂，为了教小朋友学习魔术，你真的想了很多办法。从开始的设计课堂规则，讲解注意事项，到今天的评分表，你的小脑袋里总有源源不断的点子。这个评分表一定是来源于日常生活的经验，被你用在了这个小课堂里，真的太棒了。有了这个方法，小朋友一定会更认真、更用心地跟你学魔术表演。

家长反馈

妈妈：Sam，太棒了，你在家也是用积分的方式来换取自己喜欢的玩具。

仙女姐姐的提议：给全园小朋友表演

作者：陈楠

2019 年 2 月 28 日

自由活动时，仙女姐姐郭老师笑着对我说："你们班 Sam 变魔术这么厉害，看魔术的'托'也很厉害！要不要在自由活动时给大家表演一下？记得一定要把'托'们也带上，哈哈！"

我把郭老师的提议跟你说了一下："Sam，仙女姐姐邀请你自由活动时给大家表演魔术。"

你侧着脑袋想了想，说："几时？"

我算了一下时间，周五时间有点儿紧，来不及，你好奇地问："为什么？"

我说："要做全园表演，这事情得好好准备和策划一下，不能太随便。例如，我们要搞点宣传，不然你就这样站在操场上，大家还以为你在玩玩具。也要准备观众席，他们离你太近，魔术就泄密了！你打算表演什么魔术、和谁一起表演，这些都要想想。"

你侧耳听着我的叙述，然后点头说："是，要好好准备一下！我想和王梓欣、卢梓进一起表演。我妈妈说了看魔术的人不能靠得太近。"这两人，一个是你魔术课堂的忠实粉丝，一个是你的好兄弟。

大 show 前的准备

作者：陈楠

2019 年 3 月 4 日

上周四，仙女姐姐郭老师前一天晚上来班里看你的魔术表演，你同意了，并想和欣欣、梓进一起表演，还说要好好准备。

隔了周末，周一回来，分区的时候你很想去参加进进的军人区游戏，但我提醒道："你明天的魔术表演准备好了吗？"你犹豫了一下："好吧，我还是先去准备魔术吧！"你找到欣欣，把魔术表演一事说了一下，欣欣也一起和你准备，进进因为要先安排军人区的活动，所以你俩决定把进进的工作也一同承担下来。

你俩开始着手海报工作。你说，海报上要弄些什么呢？我说，要让大家知道有什么魔术表演、表演者，就像音乐会的时候也会有节目、演员介绍一样。就这样，你俩开始画起来，画完还给我介绍一番。你们画的内容非常清晰，我感到由衷佩服！

接着，你说我还要写一些规则，像魔术课堂一样。说完，你和欣欣就着手画规则。欣欣说，要听魔术师讲话，看完表演要拍手。你说，要安静地坐好观看。

最后，我们一起把所有东西都粘贴在一块黑板上。你说，还少了一个名字，就叫"小小魔术"，你帮我写吧。我说："好！"

就这样，魔术表演的海报完工啦！

Sam，从开始在班上给小伙伴们表演魔术到准备自己的"魔术小课堂"，再到现在自由活动的全园表演，一路走来我看到了你的成长与变化。

1. 你愿意把自己的魔术表演分享给更多的小朋友，特别是你在全园小朋友面前表演时的那份勇气和自信不容小觑！说不定在你的分享、表演之后，会有更多的小朋友对魔术产生兴趣，从而拜你为师呢！

2. 从你为自己的魔术小课堂做准备，到这次自由活动全园表演的准备中，我发现你在设计海报、制定规则，选择合演的小伙伴、确定表演节目等方面都有自己的想法，整个准备工作已经如同我们成人做一个活动策划一样，细致而周到！

3. 看到你在自己很想参与的军人区游戏与魔术表演准备之间做选择时，我感受到了你的责任感。

欣欣，从你参与 Sam 的魔术小课堂开始学习变魔术，到你被 Sam 选为最认真的小学员为小伙伴们表演，再到你被 Sam 邀请和他一起为自由活动的全园表演做准备时，我肯定你是 Sam 心目中最有实力的一名徒弟，同时我也看到了你对魔术的兴趣。你每次的学习肯定是认真、专注的，所以才会把 Sam 魔术中的技巧收入囊中！

在今天的海报工作中，我还看到了你的合作精神，你会倾听 Sam 的意见，同时也会表达自己的一些看法。

家长反馈

妈妈：Sam，你真是幸福啊！我每次读老师写的故事都犹如身在其中，我为你的成长和进步感到自豪！

小小魔术师的牛刀初试

作者：陈楠

2019 年 3 月 12 日

今天，你的魔术表演终于在自由活动时拉开了序幕！你和我、欣欣、芹菜一起合作把所有材料都搬到了操场上并布置好，有许多孩子被吸引了过来，纷纷坐在前面，魔术表演开始了。

刚开始你有点儿拘谨，不知道怎么开场，我在旁边小声说：“你给大家自我介绍一下。”

你说：“大家好，我是中一班的吴振宇，今天我给大家表演魔术。你们想不想看我的魔术表演啊？想看的举个手！”场下坐的小观众们“叽叽喳喳”地讲个不停，听见的孩子纷纷举手，表示要看魔术！

你给大家带来的第一个魔术是“魔术书”。

接着，你表演的是“魔术花”。当你小心翼翼地在小花盆上变出花来时，全场观众发出了“哇”的一声，掌声瞬间响了起来！连续两个小魔术，你刚开始有点拘谨的状态越来越放松了，因为你的放松，你又开始用起了你的拿手本领——提问！

第三个魔术是“金箍棒”，你邀请了你的小徒弟欣欣来为大家表演。初出茅庐的欣欣，也学着你的样子，问小朋友们想不想看魔术？猜猜魔术棒会出现在哪里？最后就把金箍棒“飞”了出来！

最后压轴的魔术是“魔术袋”。你把长长的一串拉花放到袋子里，然后说：“你们猜猜袋子里的拉花还有没有？”小观众们拿着小话筒开始了互动环节，有些说没有了，有些问去哪里了？你接着问：“你们还有没有想问的问题？”有位大班的哥哥说：“你的魔术能不能快点开始？”我说：“大家迫不及待了，Sam，快点来一个！”你说：“好，那我就变给你们看！”拉开袋子底部的拉链，大家看到袋子空空如也，大部分都相信拉花不见了。(估计大班哥哥是见过这个魔术，小声说了一句：“袋子旁边还有一个袋子！”话音刚落，他就被班上的李老师拉走了，哈哈，为了你的小魔术表演大家都在“出力”呢！)你接着拉上拉链，假装在袋口洒了一些东西，嘴巴配合着音效：“噔噔噔……”手上拉出一串长长的拉花，瞬间小观众们报以热烈的掌声。

小魔术表演落幕，兼任主持的我说道：“欢迎大家有空到中一班和我们一起参与魔术小课堂，大家一起学习变魔术！”

Sam，今天是你第一次把自己的小魔术带到全园分享，从小班弟弟妹妹到大班哥哥姐姐都被你这帅气的造型迷住了，是不是很有成就感呢？

第一次表演，你一开始会有点儿小小的拘谨，但随着第一个魔术结束，小

伙伴对你的喜爱以及掌声，让你越来越淡定，你又开始像在班里表演魔术时那样会与现场观众互动，整个场面逐渐被你 HOLD 住了，真不简单！

家长反馈

妈妈：哈哈，Sam 真棒，妈妈也好崇拜你！

Sam 在的是一个全托班，每周一上午入园，周五下午回家。家园之间的连接对于孩子和家长来说，都是非常重要的。“魔术师”这个课程实例让我们看到，家园的连接不仅是家长和老师间用各种沟通方式连接——如微信沟通、石墨文档共同撰写和分享学习故事，并留言反馈等；更是通过这些沟通方式，明白家园之间连接的究竟是什么？全托孩子在幼儿园的吃喝拉撒睡，一定是家园连接的重要内容，但还有一种可能，那就是家长和老师因共同呼应和支持孩子感兴趣的学习而建立起来的连接——如学习魔术和体会魔术师这个身份。在这样的连接中，家长和老师在共同注意、识别、回应孩子的学习，也在共同促进着孩子的发展。

“魔术师”这条课程线索源自 Sam，并且吸引了班里欣欣、芹菜和梓进等小伙伴的主动加入。Sam 的老师尊重 Sam 的兴趣，也尊重班里其他孩子的兴趣和选择，因而没有把 Sam“一个孩子”的兴趣，泛化为“孩子们”的兴趣，成为“班级主题”。这又是一条非常重要的学习线索，因为它对 Sam 和他的小伙伴有意义，也为激发班里其他儿童，甚至全园儿童对魔术的兴趣，提供了新的学习机会和可能。因为我们认为围观、与魔术师互动也是有价值的学习。谁说与 Sam 魔术师相遇的那些孩子们，不会像 Sam 那样，被点燃了心中的“魔法”，开启属于自己的魔术之旅呢？

二、源自家庭文化背景和家庭生活中已经发生的学习

家庭文化的熏陶，对儿童来说是潜移默化的，并且意义重大。豆豆妈妈爱书法，常常在家练书法，这一点也影响着豆豆。豆豆在家里和妈妈一起学书法、练字。了解了豆豆虚拟书包里的这些“宝贝”，豆豆的老师们会怎样识别和呼应呢？

课程实例 9.2　豆豆毛笔屋

作者：邱英杰（重庆市两江新区上林幼儿园　大班）

2017 年 10 月—2019 年 10 月

从 2017 年 10 月开始，妈妈就经常和我们分享你写的毛笔字。妈妈说：“你特别喜欢写毛笔字，在家里每天都会自己写毛笔字，不断地练习。”奶奶也

说："你的毛笔字写得越来越好了，字体更有笔锋，手腕更有力度了。"看着你写的毛笔字，我产生了浓浓的敬意：虽然小小年纪，但是你却已经有了写毛笔字的风范，而且已经初具笔锋。

我想在活动室为你创设一个写毛笔字的区角，不知道你愿不愿意当小老师呢？你听了我的提议，非常开心，一回到家就迫不及待地跟妈妈分享，妈妈也全力支持你！

豆豆小老师

2017 年 10 月 10 日，你将家里写毛笔字的工具都带到了幼儿园，自信地向小朋友们介绍毛笔、宣纸、毛毡、洗笔器、墨汁、练习纸等。小朋友们崇拜地看着你，梓彤更是高呼："豆豆太厉害了！"你嘴角微翘，很自豪。

活动区活动开始了，你的小粉丝诗韵来了。她穿上了美工罩衣，想学习毛笔字，可是毛笔屋没有人。诗韵向我求助："老师，豆豆在玩消防局，可是我想写毛笔字怎么办？""你可以去问问豆豆，愿不愿意教你写毛笔字？"诗韵征求你的意见，你放下消防帽，走到了毛笔屋。你准备好写毛笔的材料，把毛笔用水冲洗一下，倒出适量的墨水，把纸铺整齐，然后请诗韵自己尝试写一下。由于诗韵是第一次写毛笔字，不会捏毛笔，你说了几次，诗韵还是捏不住。于是，你换了一种教学方法，用手拿着毛笔，示范着说："诗韵，你看我的手是这样捏笔的。"你一边说一边动了动捏住的手指，但是诗韵还是捏不好。你又用了第三种方法：捏住诗韵的手，带着她的手一起动，这样的效果似乎要好一些。慢慢地，你放开了捏住诗韵的手，因为她可以尝试着写了。诗韵学习的第一个内容是"十"，你告诉诗韵："'十'最好写，刚开始学的时候要写好横和竖。"诗韵一会儿就学会了！

有了第一次当小老师的经验，你教欣怡就得心应手了。第一步，你向欣怡示范正确的握笔姿势，然后将笔交到欣怡手上，慢慢地你帮助欣怡正确握笔。第二步，你给欣怡讲解如何下笔："要先写横，再写竖。"第三步，你帮助欣怡找准写字的位置。欣怡喜欢将字写在纸的边上，你很快发现了这个问题，一边说方法一边拉着她的袖子帮助书写："欣怡，纸中间有一些线，我们要把横写在中间的横线上，把竖写在中间的竖线上，这样'十'字就会很好看。"

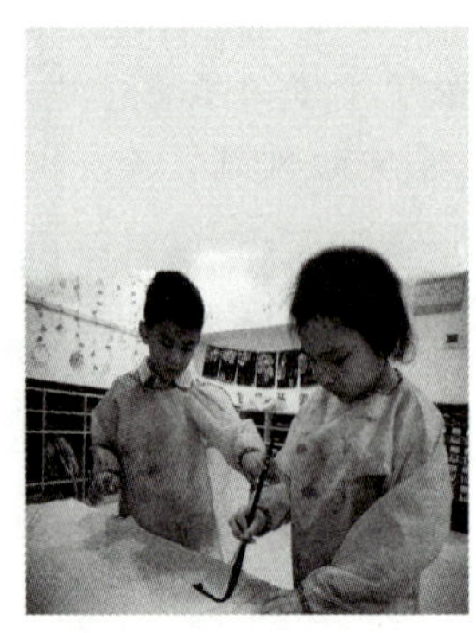

2017 年 10 月 15 日，你主动找到我说："老师，我的毛笔屋没有名字，想取个名字叫豆豆毛笔屋。我还想把名字挂起来。哪些东西可以把它挂起来呢？""泡沫板上穿两个孔，穿上绳子就可以挂起来了。""老师，你帮我准备泡沫板和绳子吧，我要让妈妈和我一起做豆豆毛笔屋。"离园时，我为你准备了材料，你邀请妈妈一起制作，因为"笔"和"屋"字有点难，所以你决定让妈妈帮你写。妈妈在泡沫板上写第一个字的时候，发现写在泡沫板上的字墨水不均匀，于是你们又改用宣纸写了"豆豆毛笔屋"。我负责帮忙裁纸，你负责粘贴双面胶，我们一起把宣纸粘在了泡沫板上！瞧，豆豆毛笔屋正式诞生了。

我的感受

小朋友们第一次写毛笔字，遇到了很多困难，你耐心地指导他们，并且根据小朋友们各自的书写特点调整自己的教学方法。你现在已经是我们大四班的书法小老师了！

还会发生什么？

豆豆毛笔屋引起了家长的关注，吸引了幼儿园老师的参与：思源妈妈在网上订购了水写毛笔字帖放到豆豆毛笔屋，我们班的莉莉老师、大二班的江江老师来到豆豆毛笔屋写毛笔字。同时，也吸引了越来越多的小朋友的参与。我满怀好奇，接下来会发生什么故事呢？

我们也来写吧

2017 年 11 月 10 日，这次迎来的小客人是莉莉老师，莉莉老师非常喜欢你的毛笔屋，一直在练习写毛笔字。经过你的同意，莉莉老师还邀请了她的好朋友江江老师来写毛笔字，

江江老师、莉莉老师的加入引来了小朋友们的围观，大家都喜欢看老师写毛笔字，也愿意像豆豆

和老师那样写出漂亮的字，于是更多的小朋友开始了尝试。

这天，我发现洋洋一个人在悄悄地写毛笔字。洋洋将墨汁倒掉换成了水，他拿起毛笔沾上水，慢慢地在水写毛笔字帖上面写下了自己的名字“陈鑫洋”，可是“鑫洋”中的“鑫”字太复杂，所以“鑫”字写到了格子的外面。你看着那个“鑫”字，默默地换了一个格子，重新书写。这次，洋洋小心地将“ ⸍ ”写得小一点，并且尝试着控制手的力度。这次写出来的“鑫”字小一些了，洋洋又写了“陈”字和“洋”字。洋洋的认真投入吸引了思辰和雨瞳，她们在旁边默默地看着，眼神一直随着洋洋的笔尖转动。

思辰、雨瞳也来到豆豆毛笔屋开始写毛笔字了。雨瞳发现了豆豆带来的毛笔书，尝试着临摹书写。思辰不仅写了毛笔字，还当起了小老师，教笑笑、雨瞳怎样握笔。

老师的话

从边缘到中心，从学徒到专家，我看到了你们学习状态的变化，我将继续引导、支持你们的深度学习。加油！豆豆毛笔屋的宝贝们！

豆豆妈妈的话

看到小朋友们那么喜欢学习写毛笔字，我很开心，希望有更多的小朋友爱上毛笔字！谢谢老师给予豆豆当小老师的机会，这对于豆豆也是一种鞭策，让他体会到做成一件事情不容易，当老师也很辛苦；豆豆当老师当得有模有样，能把自己学的东西教给其他小朋友，我也很开心，为豆豆感到骄傲！

参加第一届跳蚤市场

2017 年 11 月 30 日，幼儿园的跳蚤市场开始了！宝贝们纷纷带来自己喜欢的玩具、图书。你打开书包，拿出了一幅字，我觉得很奇怪，询问奶奶，奶奶告诉我：

"维亚老师(孩子们给邱老师起的小名)，他不想售卖他的玩具，但是他想卖他的图画书和字，他定了一个售价 10 元，你觉得可不可以?"我听了奶奶的话很开心：你通过不断的练习，毛笔字写得越来越好，而且有了勇气想要售卖自己写的字，我当即点头对你的行为表示赞赏。

第一次参加跳蚤市场活动，妈妈协助你一起将地毯铺开，奶奶想帮助你摆物品，你自信地告诉奶奶："我自己的事情自己做!"跳蚤市场活动正式开始了，你不擅长叫卖，就默默观察旁边的小朋友。你听见了小朋友们的叫卖声，于是你也轻轻地喊道："快来买呀，快来买呀。"声音太小，没有人理你，你深吸一口气，大声叫起来："快来买呀，快来买呀，很便宜的。"这次的效果很不错，有几位家长朝着你的摊位看，你受到了鼓舞，越发大声，一会儿就有很多人围了过来，连园长妈妈都被你的叫卖声吸引了过来。

"你这本书多少钱呀?"(买方)

"10 元钱。"(豆豆)

"可以便宜点吗？我觉得有点贵。"(买方)

你沉思一会儿告诉买方："可以，1 元钱。"最后，你们以 1 元的价格成交。看着交易成功的 1 元钱，你开心地笑了，继续叫卖。

跳蚤市场活动结束了，没有人买你的毛笔字，不过你没有不开心，还告诉我要回家继续练习。

我眼中的你

豆豆，你选择了毛笔字作为商品，并自信地进行了展示！你拒绝了奶奶帮助你摆摊位，有序、有计划地开展活动；你发现小声叫卖不能吸引顾客时，能及时调整策略，并大声吆喝，吸引了顾客；你心爱的毛笔字没有卖出去，你没有灰心，还鼓励自己继续努力练习毛笔字！老师为你感到骄傲！

豆豆，加油！期待你更多的作品！

参加第二届跳蚤市场

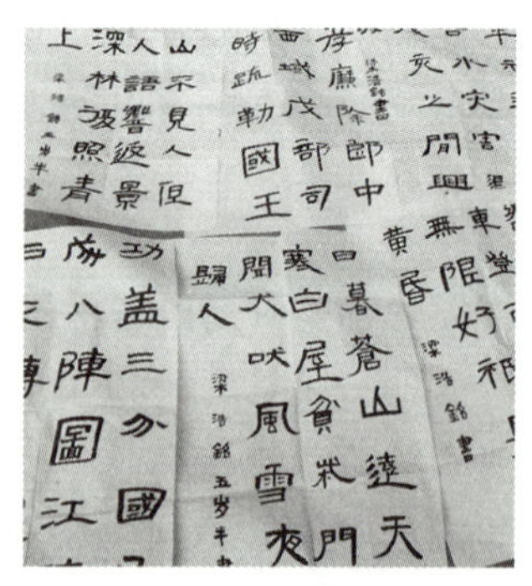

2018 年 11 月 28 日，第二届跳蚤市场开市啦！随着主持人话音落地，操场上立马就摆满了摊位，喇叭声、吆喝声、讨价还价的声音交织在一起。

在一片热闹的氛围中，你不慌不忙地将一幅幅毛笔字摆放整齐，这是你第二次参加跳蚤市场的活动。奶奶告诉我，你这一年认真练习毛笔字，现在能在15分钟内就可以写出一幅作品，这次的爱心义卖你只想售卖你亲手写的毛笔字。看到你写的字，我惊叹不已，透过一幅幅毛笔字，我仿佛看到了你认真练习毛笔字的身影。

我蹲下身子，欣赏你写的毛笔字：“豆豆，我好喜欢你的毛笔字，我可以买吗?”你点点头，认真地帮我挑选。我选取了你写的一首诗，你帮我选取了一幅盖有印章的毛笔字，并告诉我：“维亚老师，这个是我的印章，以后我的作品，都要刻上印章。”我成了你的第一位顾客，交易成功的你开心得手舞足蹈。

你的毛笔字引来了家长们的围观，每位经过的家长都会问：“这是谁写的?”得到你的肯定回答之后，大家纷纷称赞：“你这么小就能写得那么好，好厉害！而且有的是繁体字，你认识的字有几百个了吧?”

牛牛妈妈：“这个小朋友以后可能是书法家，我要买2幅。”

任老师：“现在买来收藏，等以后豆豆成了书法家，这幅字就是大师作品了。”

旭旭妈妈：“我要把你的毛笔字买回家，激励我的孩子，让他好好学习。”

梦梦老师：“你的毛笔字太好了，比我写得好。”

你带来了13幅字，售卖了11幅，一共收获了40元，你拿着40元走向了爱心捐赠箱，全部捐赠给了“乐语鸟特殊儿童早期干预中心”的孩子，并在“爱心手拉手”的记录板上写下了自己的名字。

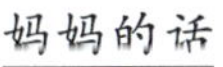

妈妈的话

这一年的你，获得了极大的进步，毛笔字越写越好，我很高兴你能够一直坚持练习。暑假的时候，你还考取了软笔书法的三级证书，谢谢老师们对你的鞭策。

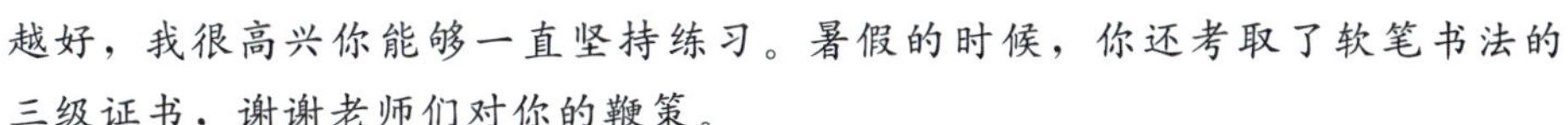

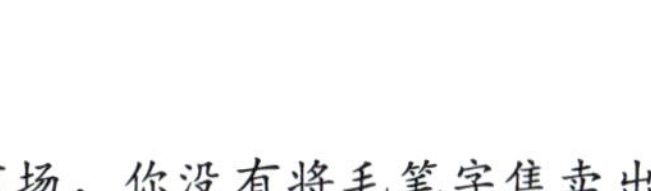

亲爱的豆豆

我佩服你的毅力。上一届的跳蚤市场，你没有将毛笔字售卖出去，你不但没有气馁，而且通过一年的练习，你的毛笔字更具有笔锋，并获得了家长的一致好评。你将售卖毛笔字的钱，全部投进了爱心捐赠箱，为你的爱心点赞！

书写全园春联

新年即将到来，全园都在准备新年物品。去年是邀请煊煊妈妈为大四班撰写春联，今年我想邀请你为全园的各个班撰写春联，你欣然同意。

2018 年 12 月 19 日，奶奶向我询问春联的内容。奶奶说："豆豆认为每个班级的春联风格应该不一样，要有班级特色。"我在全园群里发通知，请各班选取具有班级特色的春联。

妈妈将我们收集到的春联念给你听，细心的你发现没有厨房的春联，于是到幼儿园询问我："维亚老师，厨房的老师们天天为我们做好吃的饭菜，为什么没有厨房的春联？我想给厨房写一副春联。"我感叹你的细心，将其告诉厨房的老师，她们十分感动。

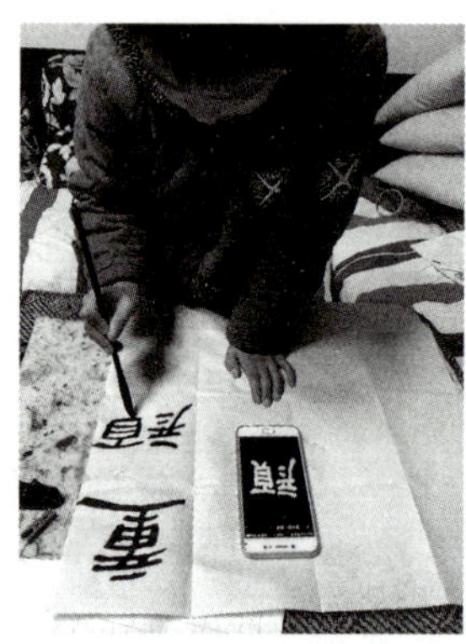

在练习写春联的过程中，很多字你不认识，奶奶就下载了一个软件并帮你输入文字，你按照隶书进行练习。历时 6 天，在 2018 年 12 月 25 日，19 副春联全部书写完毕。

2018 年 12 月 26 日，你开始正式写春联了。在春联纸上书写时，你遇到了两个问题。第一，春联纸底部没有印记，怎么才能保证每一格的距离相同呢？爸爸为你想了一个好办法，将纸折叠，折叠出来的每一格距离相同。妈妈陪伴你练习毛笔字，爸爸在旁边为你折叠春联纸。

第二，春联的字数不同，有 7 个字的、8 个字的、9 个字的、11 个字的，字数少的春联写出来不美观。你和奶奶将 7 个字的春联拿到幼儿园给我和文文老师看，征求我们的意见。文文老师建议字数少的春联用大毛笔书写，可你没有使用大毛笔的经验。但是你克服了困难，坚持练习。豆豆妈妈说："豆豆之前没有用过大毛笔书写，一开始掌握不好字的大小，试了很多次，练习了 2 个小时才写出一副。豆豆一直很努力，没有放弃，我很感动。"全园春联 19 副，共计 672 个汉字，历时 14 天，全部由你书写完毕。

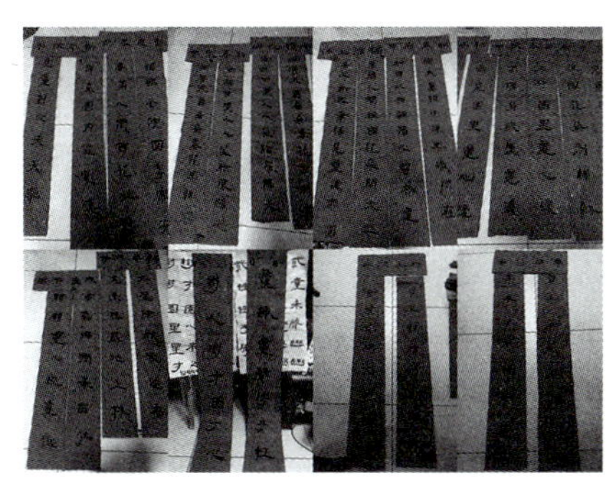

2019 年 1 月 2 日，你将自己写的 19 副春联赠送给各个班级和各个部门，大家对你的春联表示感谢和赞赏。

朗朗爸爸：“这个小朋友好厉害！”

缇缇爸爸：“这不像一个 6 岁孩子写的字，好多字已经很有笔锋，只有个别的字可以看出是一个 6 岁孩子的作品，太厉害了，以后会更棒！”

田田老师：“豆豆太厉害了，每天都会坚持练习毛笔字，欢迎你到小班来教弟弟妹妹。”

文文老师：“豆豆在写毛笔字的过程中，发展了耐心、坚持、主动尝试的心智倾向”。

园长妈妈在升旗仪式上为豆豆颁奖，感谢豆豆为幼儿园、为老师、为小朋友做出的努力和贡献，老师和小朋友也对豆豆表示感谢。

园长妈妈：“豆豆，继续努力，你是我们的骄傲和榜样！”

初霁：“谢谢豆豆哥哥，你要当我们的小老师。”

欧阳：“我想像豆豆一样，什么字都会写。”

感动

亲爱的豆豆，谢谢你对全园所有人的爱，你用心地写出了一副副精彩的春联，我们每个人都深受感动。我们相信你的坚持和努力，将会收获更多的成

果！今年9月，你将离开上林幼儿园，入读金山小学，老师会一直等着你的好消息！

后续故事

2019年7月18日，我收到了妈妈发来的好消息：2019年7月7日你参加了“重庆市第十四届中小学生才艺大赛(艺术作品类)”，并在小学生毛笔字比赛中荣获一等奖。老师无比欣喜，为你感到骄傲和自豪！与此同时，我期盼着未来能参加豆豆书法展览！

2019年10月6日，妈妈和我聊天，说你一直记得幼儿园的生日是10月8日。在10月6日这一天，你主动提出要为幼儿园写生日祝福，本来想10月8日早上送到幼儿园，但是由于距离的原因，你决定在10月7日下午亲自将这份礼物送到幼儿园。礼物一共是两幅字。一幅是祝上林生日快乐，另一幅是王之涣的《登鹳雀楼》：“白日依山尽，黄河入海流，欲穷千里目，更上一层楼。”你说：“祝福我的上林幼儿园越来越好，更上一层楼。”谢谢温暖又有爱的豆豆！

当书法与幼儿园区域游戏、“跳蚤市场”爱心义卖、春节环境布置等幼儿园生活相遇，并被老师有意识地编织在一起后，不仅拓展和延伸了豆豆的学习机会和可能，也给其他小朋友提供了与书法亲密接触的机会。

写福字，装饰教室

2018年1月4日，我带着孩子们一起欣赏有关春节装饰的图片。大家一起讨论如何装饰教室，孩子们看到门上贴有倒着的“福”字，便问我，那个字是什么。我告诉孩子们是福字，倒着贴是因为中国的传统，如果将福字倒着贴表示“福到了”。孩子们听完我的回答，纷纷表示自己也要像豆豆一样写毛笔字，写福字。

孩子们穿上美工衣和教师一起准备红纸、毛笔、墨汁等，并且用豆豆教授大家的方法，用毛笔撰写“福”字。由于“福”字比较难，于是我将“福”字在电视屏幕上放大，孩子们对照着“福”字，一笔一画地开始模仿。在写的过程中出现了一些问题，有的孩子将“福”字右边的“口”写得很大，然后下边的“田”写得很小；有的孩子写得歪歪扭扭，甚至有重合的地方，但是大家都没有放弃，一直坚持练习。

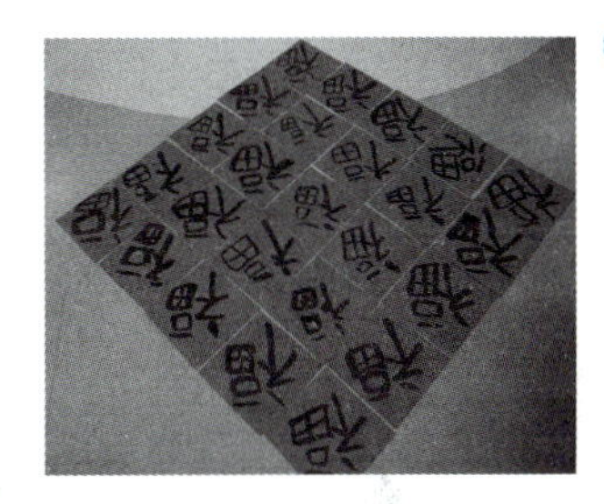

你们写好“福”字后，一起将“福”字晾干，晾干的时候你们一再强调需要倒着放，这样福气才会来到我们的教室，“福”字晾干后，有的孩子选择贴在了教室，有的将“福”字带回了家。

亲爱的孩子们，你们通过自己的观察、模仿写“福”字，虽然写得不是那么尽善尽美，但是通过自己的不断练习，你们写出了一个个与众不同的“福”字。你们是班级的小主人，大家一起商讨如何更好地装饰教室，并且付诸行动。谢谢可爱的豆豆，为孩子们开启了毛笔书法的学习之旅。

我也想学习毛笔字

2017 年 12 月 20 日，学习故事《豆豆毛笔屋》在微信公众平台发表后得到了很多家长的好评。旸旸妈妈在看完这篇学习故事后，将故事讲述给旸旸听，旸旸听完后，对毛笔字充满了兴趣，希望自己也能一起学习毛笔字。

2018 年 3 月 12 日，旸旸实现了自己的愿望：妈妈为旸旸报名了毛笔书法班和豆豆一起学习毛笔字。

旸旸学习毛笔字很认真，每周都会在家练习，外婆和外公一直陪伴旸旸练习毛笔字。旸旸的毛笔字进步很快，短短两个月的时间，就能够将毛笔字写得有模有样，

并且写出的毛笔字得到了老师的赞扬。

亲爱的旸旸，你能够追随自己的兴趣，学习写毛笔字真的很棒！毛笔字是一门需要耐心的学问，每周你都会抽出时间，认真练习毛笔字，所以在两个月的时间里，你已经能够将毛笔字写出笔锋，并获得老师的赞扬。你的每一份努力和付出，老师和家人都看在眼里，喜欢这么热爱学习并且坚持的你！

书法，将豆豆一家人与幼儿园里的老师们、其他孩子和家长连接在了一起。在长达两年的时间里，豆豆在幼儿园和在家里学习写书法的故事当然不止这几个，豆豆在幼儿园和家里学习的也不只是书法。但是，为什么书法这条课程线索对豆豆和他身边的人来说如此重要呢？一是因为，书法是豆豆喜欢、热爱的；二是因为，豆豆的这段学习旅程不只关乎书法知识技能的习得，还包括豆豆在心智倾向/学习品质的进步和发展，以及家庭文化和中国文化的持续传承。

第十章　源自社会文化生活的课程实例

课程线索，可能源自儿童、教师、幼儿园议程和家庭文化，还可能源自社会文化生活，包括儿童关心的新闻事件如火箭升空、中华人民共和国70周年大庆等；与儿童生活息息相关的节气、节日等，如六一儿童节、二十四节气、中秋节、重阳节等；以及我们所生活的这片土地，如中国的山川和优秀的传统文化。当然也包括2020年伊始，新型冠状病毒肺炎疫情中浮现的课程线索和学习故事，如本章中分享的两个课程实例。

一、源自儿童对社会文化生活的感受和连接

疫情期间，儿童无法返回幼儿园，他们会有什么样的感受？会想念幼儿园吗？想念幼儿园的什么呢？幼儿园无法开园，还有课程线索或课程吗？《把幼儿园的滑滑梯“搬”回家》就是好奇的老师在与孩子们的视频对话中，发现的一条课程线索，于是一系列在家里的学习发生了。

课程实例10.1　把幼儿园的滑滑梯“搬”回家①

作者：陈宁宁（杭州市西湖区文苑幼儿园　苗苗一班）

2020年3月

2020年的寒假，因为疫情的原因，我们相聚的时光延期了，但是我们的快乐却从未停歇，通过线上互动我们了解到幼儿非常想念幼儿园的滑滑梯。为了满足幼儿的愿望，我们通过网络将幼儿园的滑滑梯活动“搬”到了家里，将游戏的欢乐传递到每一个家庭。

【第一话　小讨论】

师：你们最想念幼儿园的什么地方呢？

幼1：我最想念幼儿园的滑滑梯。

幼2：我也是，我还记得我和小朋友还在滑滑梯的下面玩过家家的游

① 《把幼儿园的滑滑梯“搬”回家》完整版请参阅微信公众号“文苑幼儿园”2020年4月2日的推送文章。

戏呢。

幼3：去不了幼儿园，我还在家里用沙发做过滑滑梯，很好玩的。

为了满足宝贝们想玩滑滑梯的意愿，经过商议我们决定来一次线上的滑滑梯互动游戏——寻找家里的“滑滑梯”。

【第二话　线上游戏号召令】

Hi 亲爱的小朋友们：

你们还记得在幼儿园玩的“滑滑梯”游戏吗？

大型玩具上的滑滑梯、沙池冲的滑滑梯，还有我们用桌子和椅子一起搭建的滑滑梯……

其实在家里也能够找到滑滑梯，它会出现在哪里呢？

好期待你们的发现，快点行动起来吧！

【第三话　寻找·分享·游戏】

通过寻找，小朋友们在家具中、玩具中、绘画中、书籍中、木材中、垫子中找到了“滑滑梯”，并且用自己的方法玩起了游戏，只有你想不到，没有他们找不到的，快来一起看看吧！

家具中的“滑滑梯”

➤ 家具组合滑梯·真人游玩版

小朋友们将各种各样的家具，如沙发、桌子、柜子、茶几、榻榻米、凳子等组成了滑滑梯乐园，真人是可以上去玩的，听上去是不是很好玩呢？赶快跟着他们玩起来吧！

上上：“这是我的城堡滑滑梯，我要和我的好朋友‘雪雪’（娃娃）一起玩，我们先从楼梯（凳子）上爬上去，从山洞（呼啦圈）中钻过去，然后从洞（榻榻米）里下去上来，跨过一个障碍（被子），最后从大熊和小桌子组成的滑滑梯下去就可以了！”

小希希：“我的滑滑梯有三种玩法，我用小板凳做楼梯，第一种是从沙发面上跨过去，第二种是从茶几上走过去，第三种是从沙发背上走过去，最后从斜柜和板组成的滑滑梯上滑下来。”

阳阳：“我是用我们家床造的滑滑梯！爸爸和姐姐帮我抬着，我从上面滑下来很开心！”

艾艾：“这是我用沙发设计的滑滑梯，我来给大家示范一下。”

畅畅：“今天我要给大家介绍的是我的超级大滑梯，它有两种玩法，一种是从沙发面上走，另一种是从沙发靠背上爬过去，它是用我们家的沙发和椅子组成的！”

糖糖：“这是我和爸爸还有妹妹一起做的滑滑梯，是把茶几架到沙发上，然后把抱枕铺在滑滑梯的下面，我来给大家示范一下，真的很好玩哦！”

➤ 家具组合滑梯·玩具游玩版

用各种各样的家具做成的滑滑梯，除了自己可以玩，还可以给自己心爱的玩具玩，如小玩偶、小车子都可以。

点点：“我要带着我的‘丁丁’一起玩，先带着它从椅子上爬上去，然后跨过一座桥(纸箱)，就到了滑的地方(爬行垫组成)，滑下去之后下面有很多软垫，因为我害怕它摔跤！”

瑶瑶：“我的滑滑梯是用我姐姐的小桌子做成的，我要带着我的小兔兔一起玩，这个玩具很好玩，再来一次！”

小溪：“我先搬来小椅子，把它放斜，然后搬来小沙发翻过面来做成滑梯，再用小螺丝刀加固一下，滑滑梯就做好了，让我的小玩偶来玩一下！”

画作中的“滑滑梯”

“滑滑梯”还跑到了小朋友的画里面呢，快来看看都有什么样的精彩小故事吧！你也可以拿起画笔和小朋友们一起画！

柔柔：“在画之前我还戴着口罩去小区里玩了一下滑滑梯，红色的这一幅滑滑梯里面有屋顶、门和爱心的装饰。第二幅是一个小女孩在玩滑滑梯，天上有太阳和白云，很漂亮！”

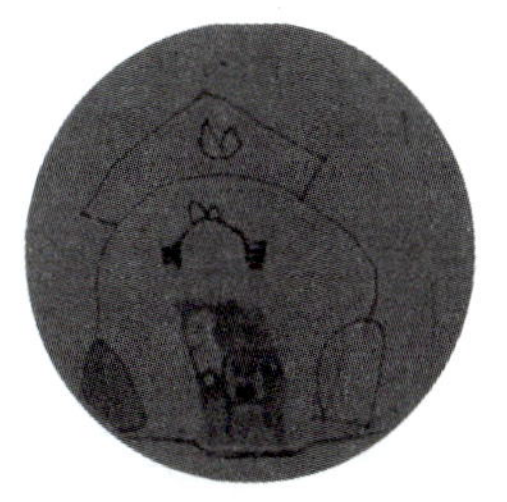

Apple：“我很想念小朋友们，所以滑滑梯上面有很多小朋友，希望小朋友们快点来幼儿园的滑滑梯上面玩。”

宝宝：“我画的是彩虹游乐园，里面有滑滑梯、秋千还有沙池，我还画了一个彩虹，既漂亮又美丽。菲比(游玩人物)可以在上面玩，可以从滑滑梯上滑下来。”

金宝：“这是一个大象的滑滑梯，就像我手里的玩偶大象一样！”

思思："有一个小女孩叫希希，可以从一边上去玩直板滑梯，从另一边上去可以从七彩的滑梯上滑下来，上面还有一个小屋子可以休息！"

王宝："我画的是王宝号高空滑梯，上去和滑下来的地方不一样哦！"

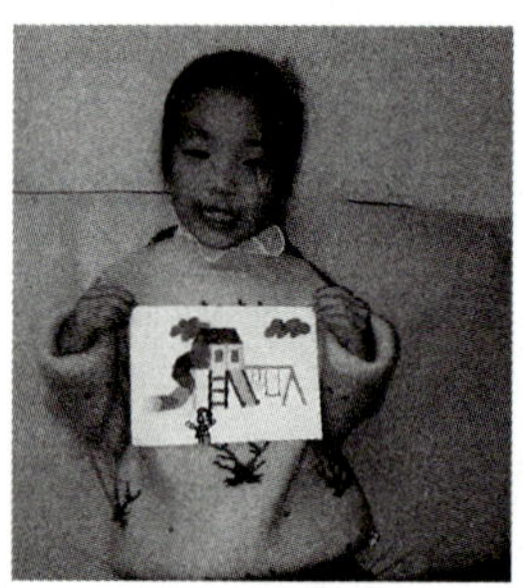

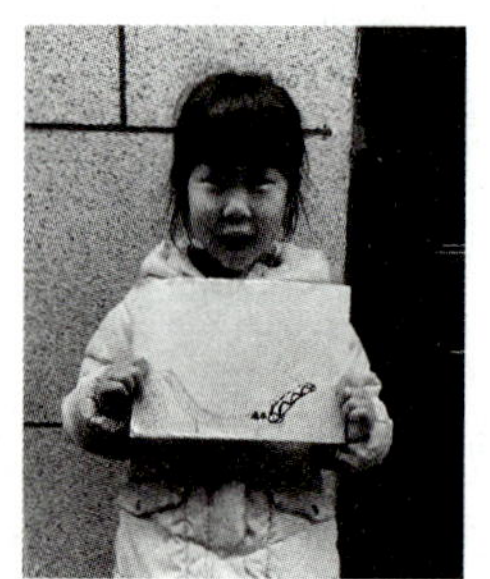

玩具中的"滑滑梯"

你的家里是不是也有很多的玩具呢，其实这些都可以用来搭建"滑滑梯"，让你的小汽车、小玩偶和你一起感受滑滑梯带来的快乐！赶快行动起来吧！

轩轩："这是我用木板做的滑滑梯，可以让小车子玩，速度是不是很快？"

大天天："这是我用积木拼的滑滑梯，上面有一面旗，这个可以给贝警员（玩具）玩，它可以踩着梯子慢慢往上爬，如果害怕的话可以让小手帮忙，'啾'地一下就滑下去了，再来一次！"

子帆："我怕人太多了，所以搭了三个滑滑梯，旁边有围栏，这样就不会掉下去了，小车子也可以从滑滑梯上滑下去。"

大希希："我搭的是希希野外世界游乐场，里面有滑滑梯、跷跷板、海洋球……我的滑滑梯是用眼镜盒子和乐高搭的！"

凡凡："这是我用积木搭的滑滑梯，两边有楼梯，玩具小人走上去，然后滑下去。"

阿妹："我可以和姐姐一起玩这个滑滑梯乐园游戏，我们要先开车到游乐园，然后走着去滑滑梯，里面还有很多好玩的地方！”

小天天：“这是我给小火车搭的滑滑梯，‘呜呜呜’出发喽！”

创想滑梯无极限

滑滑梯还可以用书本、爬行垫、木板等材料搭建，你还能想到更多吗？

肉饼：“这是我用书本和积木叠起来建成的滑滑梯，小车子从一边上去，从另一边滑下来。”

安安：“这个滑滑梯很大，是用书一本本叠起来当楼梯，将书壳做滑梯面，这个宽度很宽，两个娃娃也可以玩哦！”

Momo：“我搭了一个很长的滑滑梯，是用爬行垫搭建的，小车子可以从上面开过去。”

航航：“我是用木板架在楼梯上做的滑滑梯！”

【第四话　云上滑滑梯讨论会——一样，不一样】

各位亲爱的小朋友们：

我们分享了很多创意滑梯的视频，可能有些小朋友并没有打开所有的视频，所以我们做了后期处理。

这么多的滑滑梯，你有没有从它们当中找到一样的地方和不一样的地方呢，赶快来分享一下吧。

经过热烈讨论，总结一下大家找到的。

一样：

都有滑梯面板、都有走上去的地方、走下去和滑下来的中间都有一个连接的支点、都是往下滑的、名字都叫滑滑梯。

不一样：

材料、种类、搭建的地方、形状、玩的人和方法不同。

老师发现可以延伸的知识点——关于速度

1. 滑滑梯的梯面如果比较光滑的话，滑的速度比较快，因为粗糙的表面摩擦力比较大。

2. 滑滑梯的斜度越大，滑的速度也越快！

【第四话　云上游戏——家庭总动员】

畅畅的超级大游轮

幼儿园的游戏“搬”到家里，会有更多不一样的精彩，畅畅小朋友就和妈妈

在家里玩起了“超级游轮”的游戏。那是一个暴风雨的日子，妈妈当船长，暴风雨把畅畅和爸爸吹到海里去了，妈妈下海救他们。她先用绳子把爸爸拉上来，然后爸爸喊：“我的孩子还在下面。”妈妈又跳下海，把畅畅捞上来。

后来畅畅妈妈告诉我：“最后畅畅拿着奖状说，这是世界上最厉害的船长，突然给我颁发奖状是为了感谢我。”

教师的话

我想这就是游戏活动的魅力：享受游戏当下的快乐，也感受游戏延续的力量与创造。希望每个家庭都能为孩子创造一个游戏的氛围，保持童心，与孩子一起感受童年时光的快乐。

《把幼儿园滑滑梯“搬”回家》是从儿童的疫情生活和教师的教学中浮现出来的课程实例。它让我们看到，因为教师重视儿童的想法、感受和愿望，愿意与儿童对话，倾听他们的心声，所以教师能发现新的学习机会和可能，激发儿童和家长的学习灵感，尊重和发挥每个人的主体能动力，共同创造和共享一段特别的学习旅程。在这里，老师的角色是倾听者、陪伴者、建议者、连接者和记录者，让儿童能在与自己家、微信群、思念中的幼儿园以及特别的社会生活环境的多重交互关系中学习和发展。在这里，“疫情生活“可能是一条会在很多幼儿园和班级浮现的课程线索，但是“把幼儿园滑滑梯‘搬’回家”这条课程线索却是专属于文苑幼儿园苗苗一班幼儿的，因为它源自幼儿对“疫情生活”的独特感受和情感。

二、源自教师重视的儿童与社会文化生活之间的连接

当教师重视的“阅读”与“疫情生活”相遇，会和儿童、他们的家人在家里发生什么样的连接？教师、儿童和家长在一起，会开创和共创哪些学习机会和可能呢？教师、儿童和家长各自为这段学习旅程做着什么样的贡献呢？

课程实例 10.2 闻书香 听故事 看主播①

作者：龙艳、彭奕（成都市第五幼儿园 小班）

2020 年 4 月

你也许有一箱箱珠宝和很多财富，但是你没有我富有，因为我有一个给我讲故事听的爸爸/妈妈。

——《朗读手册》吉姆·崔利斯

在没有去幼儿园的日子里
不如和家人一起捧着一本小书
沉下心来阅读
静静地成长

- 书香满家

有的小朋友家里
会有一个神奇的地方
每个晚上进入甜甜的梦乡之前
都会从那里精心挑选出今晚的睡前故事
那个地方
就是家里的阅读角

“老师，那你家的阅读角是什么样的呢？”
彭老师：“我家的阅读角也有很多很多的书。”
其实，神奇的不是阅读角什么样，而是里面的各种各样的书。
爷爷奶奶的中医书
妈妈的文学小说

① 摘自微信公众号“成都市第五幼儿园”2020 年 4 月 29 日的同名文章，选入本书时，内容有删减和修改。

爸爸爱看体育书
哥哥爱看奥特曼的书
还有电子书
手机上的书
有声读物

宝宝的书架

爸爸妈妈的书架

从爷爷奶奶的时代
到爸爸妈妈的时代
再到现在
阅读的爱好各有千秋
阅读方式各不相同
相同的是我们对阅读的深深的喜爱之情

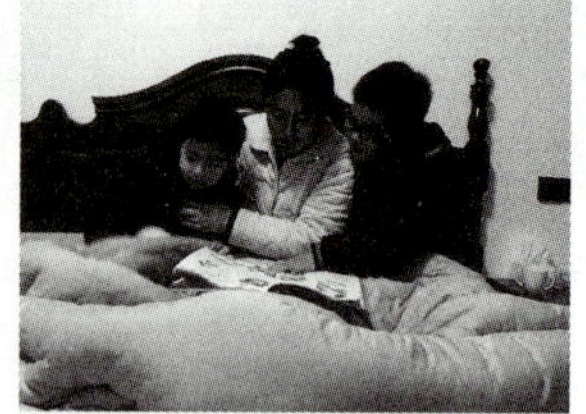

教师的话

小朋友，你们家里的阅读角创设得很充实。相信它会是支持你们早期阅读发展的重要宝库。除此之外，家人共同阅读时的温馨阅读氛围也是培养阅读爱好必不可少的哦。你们在探索阅读角的过程中还发现家人阅读的喜好和阅读的方式各有不同，不过，你们也感受到了大家对阅读的热爱是一样的！

- 爸爸妈妈的故事

孩子们，你们知道吗？爸爸妈妈、爷爷奶奶小时候也爱听故事，那他们听的故事和你们听的有什么不一样吗？

玥萌妈妈："玥萌的奶奶会给孩子讲《熊家婆》的故事，就是为了让孩子早点睡觉。"

司澳妈妈："我们小时候比较喜欢听一些奇幻的带有神话色彩的民间故事，如《田螺姑娘》之类的。"

天宇："爷爷奶奶那时候会讲《孙悟空打妖怪》的故事。"

乐之妈妈："我会和孩子一起看《小蝌蚪找妈妈》《大闹天宫》《三个和尚》，这些都是我们那个年代的经典故事。"

小朋友，现在的你最喜欢听什么故事呢？

教师的话

聆听故事其实就是在和时代对话，这些故事陪伴了一代又一代人的成长，你会发现在口耳相传、代代更迭中，这些故事历久弥新。人们常说，不了解过去，就把握不住现在和未来。了解过去的故事，是了解过去的文化，感受现在的故事是体验当下的幸福，未来的故事，等待着新一代去创编。宝贝，你觉得未来的故事会是什么样的呢？

- 小主播背后的故事

疫情期间，老师发起了"故事小主播"活动。小二班的小朋友和爸爸妈妈勇敢面对老师发起的这个小挑战，不仅让我们听到了很多好听的故事，爸爸妈妈还记录了小主播如何面对挑战的背后故事。

主播司澳讲故事《小蛇散步》

遇到的挑战

➢ 分不清故事里小动物的出场顺序怎么办？

尝试按故事中小动物的体型大小来排序。小朋友知道了小蛇散步时遇到的小动物是越来越大的，记住了动物的出场顺序。

➤ 在讲故事的时候缺乏足够的耐心怎么办？

展示上一次或上上次录的故事视频，小朋友自己发现每一次都比上一次更好，信心越来越强。

➤ 录视频录到一半就走神了怎么办？

引导小朋友边讲故事边做动作，这样他们的注意力就会一直集中在讲故事的这件事情上。

爸爸妈妈的话

亲爱的宝贝，在担任故事小主播的过程中，我们发现平日完全静不下来的你，能在爸爸妈妈的鼓励下安静坐下来，对于只爱听故事不爱讲故事的你来说，算是踏出了一小步。虽然你在讲的过程中也有抵触情绪，但是经过反复尝试，现在的你已经能脱离书本，勾勒出一个小小的故事片段了！希望以后，从纠正吐词发音开始，我们能一点一点进步，加强记忆，摸索故事逻辑，争取成为一个有渲染力的故事主播，加油！

主播梓淇讲故事《小壁虎借尾巴》

遇到的挑战

➤ 自己最想讲的那本书没有带来怎么办？

鼓励孩子可以根据自己头脑中的印象先尝试着讲一下，也许可以讲得更出色！

➤ 面对要录视频的小朋友表现得比较拘谨怎么办？

分析小朋友的心理，不强迫他录制视频，先帮助他理解故事，并引导他把故事先讲给玩具听，然后再慢慢引导他录制视频讲。

爸爸妈妈的话

臭小子，在第一次录制视频时你落枕了，情绪非常不好，录制的效果也不理想，但你坚持要完成，妈妈觉得应该表扬你。过了几天，我以为你不愿意再挑战小主播的任务了。可是，晚上临睡前，我用试探的语气跟你沟通，你居然满口答应了，给了妈妈惊喜！虽然你讲起故事来还不太流利，也不太完美，但是你是发自内心、满心欢喜地给美人鱼讲故事，真棒！这次故事小主播的活动，让我看见了你的成长，我们收获颇丰！

主播权芯讲故事《乌龟小小逛商场》

遇到的挑战

➤ 不愿意对着镜头讲故事怎么办？

和孩子玩“交换故事”的游戏，在平等的环境下让孩子能主动讲述绘本故事。

➢ 感受情感和肢体动作。

和孩子解释什么叫情感和肢体动作时，孩子对此有很多的问题，在一问一答之间，孩子能准确地表达一些较为简单的情感。

<u>爸爸妈妈的话</u>

亲爱的宝贝，在参加小主播这个活动的过程中，我发现爸爸妈妈在给你讲故事的时候，你听得很仔细，听了两遍之后，你就能用自己的语言把故事讲出来，这让我们很欣喜。妈妈看到了你的用心，也明白了和你一起做事时必须要用心去做，因为在这个过程中你的成长永远比我想象的多。

主播一苇讲故事《好饿的毛毛虫》

<u>遇到的挑战</u>

➢ 记不住故事的内容怎么办?

先看着绘本讲述故事，等孩子熟悉了内容之后尝试脱稿讲故事。我们可以在孩子卡壳的时候给予一些提示。

➢ 有小情绪，不想配合录制了怎么办?

我们听取孩子的心声，帮助她解决身体上和心理上的不舒服，等她舒坦了以后再录制。第二次录制时，孩子对录制的位置有自己的想法，孩子邀请我们一起整理客厅书架，并邀请了心爱的玩偶们一起来录制故事。孩子的小情绪多来源于存在的问题，当问题解决了，孩子录制的情绪也就好起来了。

➢ 讲的故事不生动怎么办?

我们和孩子商量创编一些表情和动作来丰富这个故事，有了动作的辅助，记忆整个故事也就更加容易了。

<u>爸爸妈妈的话</u>

亲爱的宝贝，在整个活动的参与过程中，我们发现你的交流和沟通能力很不错，咬字、吐字都很清楚，在家能坚持用普通话和我们交流。你的理解能力很棒，当我问你毛毛虫吃撑了是什么表情时，你很快就能理解并做出相应的表情，你创编的这些动作和表情很好地丰富了整个故事。一个优秀的主播需要好的仪态和规范的礼仪，我们能看到你在整个讲述过程中站得直直的，仪态很有主播的风范！在选择录制环境的过程中，我看到你有自己的想法，展现出了基础的布置和收纳意识，我和你一起收拾了杂物，为书架摆上了两盆植物，你邀请玩偶朋友来玩，整个故事背景充满了童话的氛围。虽然在录制的过程中你有一些小小的情绪，但经过努力，我们一起想办法克服了它，录制了一个特别棒的故事！希望以后在讲故事的时候，我们能把动作和表情再表现得准确一点，

录制时能把良好的姿态坚持下去，这样离专业的主播就更进一步啦！加油！

教师的话

在担任"故事小主播"的过程中，孩子们不仅需要记住长长的故事、复杂的人物角色，还要面对镜头，语言、动作、表情各方面协调配合把故事声情并茂地讲述出来。虽然在这个过程中，你们遇到了各种各样的问题，但是你们都没有放弃。因为有爸爸妈妈和你们一起面对挑战，在爸爸妈妈的支持和鼓励下你们都能积极寻求解决问题的方法。在一个又一个问题迎刃而解的背后，是你们学习品质的提升，你们的专注力、坚持、情绪的自我调节能力等都得到了锻炼，爸爸妈妈也更加理解了你们的学习方式，看到了正在进步和成长中的你们！

• 不能忘记的阅读好习惯

小朋友，当我们在书海畅游的时候，常常忘记了时间的流逝，也常常无意间坐得七倒八歪，这样对我们的小眼睛不好。你知道应该怎样科学阅读吗？你能记住下面这几句话，并试着那样做吗？

环境光线要合适，不能太亮或太暗。

看书姿势要正确，不能走着或躺着。

看书时间不宜长，休息眼睛做眼操。

一定要保护好小眼睛哦，因为将来还都很多很多有趣的书等着你去阅读呢！

阅读是"闻书香　听故事　看主播"课程实例中小二班教师重视的学习，如何在疫情期间激发儿童的阅读兴趣？如何建立儿童与家里的阅读环境、家人和家人的阅读体验间的连接，可能是教师在计划和实践中要思考的。和"把幼儿园的滑滑梯'搬'回家"不同的是，这个课程实例来自教师的想法，由教师发起，激发儿童和家长参与。不过，我们可以看到，教师是学习的发起者，但是儿童和家长才是学习的主人。因而，教师非常重视引导家长在激发、陪伴、支持和鼓励儿童参与阅读活动的过程中，与儿童对话、倾听他们的心声，关注儿童的体验和感受，与儿童共情，从取长的视角发现儿童的优长和能做的，重视儿童有助于学习的心智倾向/学习品质，记录并发现儿童参与学习的意义和价值，以及儿童的成长和进步。爸爸妈妈记录和撰写的四个小主播背后的故事，以儿童为主角，聚焦对儿童学习的注意、识别和回应，并让一个个有能力、有自信的学习者和沟通者的形象跃然纸上。

本章选用的两个课程实例，都发生在突如其来的新型冠状病毒肺炎疫情期间，也让我们看到家长们在老师的支持和鼓励下，与老师一起，学习和尝试用相信和专业的视角看儿童、理解儿童、呼应和支持儿童的学习，用四川省成都市第五幼儿园闵园长的话说：“疫情期间我们最大的收获，就是从来没有如此和家长结过盟！”

以儿童为重点、以人为本的课程，不论源自哪里，儿童、教师、家长和其他相关人士可能都需要在共享的儿童观和愿景的引领下，彼此关爱，在对话、倾听和相互呼应中，形成互动互惠的“结盟”关系，让共同开创和共创新的学习机会成为可能，并激发每个人学习和成长的力量。

第十一章　课程实例带来的思考和启示

在第六章到第十章收录的十三个课程实例中我读到了什么？感受到了什么？想到些什么？可能会有哪些困惑、思考或启示？

一、为什么这样呈现课程实例？

在教师投稿的学习故事和课程实例中，有的课程实例教师会做两个版本：一个是“学习故事版”，另一个是“课程版”。前者是围绕某条课程线索的一个个学习故事，后者凸显了课程线索在发生、发展中教师的教学——教师怎么想、怎么做，有些“学习故事”可能会被认为是“课程”的一部分，收入“课程版”中，有些则没有被收入。在本书中，我都选用了“学习故事版”的课程实例，为什么这样选择呢？

本书“下篇”开始部分表明了本书的课程立场和愿景，即在幼儿园教育实践中，坚持《指南》“以儿童为本”的核心理念和教育原则，将课程与儿童的学、教师的教、幼儿园的一日生活和我们身处的社会文化环境编织在一起。教师的责任就是在明确的儿童观——相信儿童是有能力、有自信、积极主动的学习者和沟通者的引领下，让课程在儿童和教师的生活和体验中生发，在教师专业的注意、识别、回应、记录、再读和回顾中拓展和延伸。教师通过一个开放、灵活、发散、合作的过程为儿童的学习制订计划、创设环境，并在教学实践中重视儿童的经验、体验、经历，重视自身对儿童、学习和课程的领悟和解读，重视教室里真实发生的事情，重视当时、当下参与课程编写的每一个人的力量以及他们与环境的交互关系和影响。

这样的课程立场以社会文化建构理论和生态系统理论为主要理论基础，借鉴了琼斯和尼莫对《生成呼应式课程》的探索和阐述，并从“Te Whariki”和学习故事中关于课程建构与形成性评价之间关系的论述得到启发，重视儿童、儿童与周围世界关系，以及儿童的学习体验——可以是对如数学、语言、科学等某个学科的体验，可以是对如探究活动、建构活动、运动活动、游戏活动、生活活动等各种活动的体验，也可以是与同伴和周围人在一起时的种种体验，或者对某一个物品、地方、事件等的体验。由此，如果一定要给课程下个定义，我选择认同基于社会文化建构理论“参与即学习”这一学习观的“课程即体验”的说法。因而，本书选择的课程实例文本，都把儿童的参与、儿童与周围世界的关系和儿童的学习体验放在前景位置呈现，凸显儿童的学习以及学习中的儿童作为有能力、有自信、积极主动学习者的形象。即便是由教师发起的或者源自幼儿园工作议程的课程实例，也强调关注“作为个体的儿童”和“作为群体中一员的儿童”的参与状态、关系和体验，即儿童体验到的“学习过程”，而不只是教师组织的“活动过程”。因为，课程可以指各类专家学者等研究出来的理想中的课程；政府教育部门规定的正式课程；一线教师基于自己对正式课程的理解和解读领悟到的课程；实际上在幼儿园、在班级里发生的正在实施和运作的课程；每一个儿童真实体验到的课程。

在本书中，我选择以教师撰写的一个个以具体的儿童为主角的学习故事来呈现“每一个儿童真实体验到的课程”，因为我不希望独“1”无二的一个个儿童被淹没在“许多”儿童中、“许多”活动中、“许多”教师的想法中。同时，这些学习故事还融入了教师对儿童学习的“注意、识别、回应”，让教师的目标、计划、行动、价值观以及师幼、家园关系也清晰可见。因而，一个个学习故事既可以呈现对个体、小组或群体儿童来说重要的学习事件和学习经验，还让基于儿童、重视关系的课程发展历程看得见。新西兰教师会把这样的故事称为“兴趣故事”或“回溯式计划故事”。

感谢本书学习故事和课程实例的作者们，以及她们所在幼儿园的管理者们，他们让我看到以儿童为本、以儿童为重点这一教育取向，不仅可以融入每一天的教学实践中，还可以呈现在文本的撰写过程中。关键是，教师是否被允许和被鼓励为儿童做记录、写评价和梳理课程文本，并在文本中凸显儿童，同时在自己的记录、评价和课程文本中融入自己对儿童的“注意、识别和回应”，让自己的教学和想法也被看见。虽然，有的园长和业务管理老师经常说，能够这样做的老师还不是很多，但允许老师根据自己的能力，在不断支持下，持续尝试和探索。

二、如何理解课程线索源头和儿童学习的源头？

我把十三个课程实例分别归于源自儿童、源自教师、源自幼儿园议程、源自家庭和社会文化生活这四个大标题下。在这里，我所说的“源自”指的是，教师注意和捕捉到的某条课程线索的源头，而不是儿童学习的源头。比如，课程实例 6.1 “专业量身高”，量身高、体重这条课程线索可能源自儿童对班里新出现的身高测量表的反应开始，但儿童对于测量和数学概念的学习却在此之前就已经开始；“挖掘机”里的勋勋亦如此，“挖掘机”这条课程线索可能从勋勋发现幼儿园围墙外的那台挖掘机开始，但勋勋对挖掘机的探究和学习，却早在这

之前就开始了。同样的，一条课程线索或一个课程实例，在某个班可能有起点和终点，也可能没有真正结束，而是在幼儿园以其他形式在班级中延续着，如课程实例 6.4 中的“锯锯钉钉厂”；也有儿童的学习在教师发现和支持某条课程线索之前就已经开始了，不会随某条课程线索因各种原因没有继续下去而结束，如课程实例 6.3“红楼梦”中的孩子们，虽然毕业了，幼儿园的生活结束了，但孩子们相约上了小学后可以在周末的时候继续她们的《红楼梦》，并且在幼儿园与《红楼梦》结缘的那段经历和体验可能会长期影响着他们。借用莱姆基的“跨越多重时间轴”①的概念来理解儿童的学习过程和课程的发展过程，就不难发现学习与课程、儿童的长期发展和短期事件之间的联系和交互影响。

以“把幼儿园的滑滑梯‘搬’回家”为例，它是发生在疫情期间的特殊的课程线索和实例，但是，什么样的过往可能在影响着它的发生发展，它又可能带来什么样的未来呢？如果用“多重时间轴”来分析课程线索和儿童学习之间的关系，是什么样的呢？温迪·李和玛格丽特·卡尔认为，连续性可以指从最久远的过去延续至今，或继续延续到最久远的未来，而延续的是一个可能的自我，一个理想中的身份。在“把幼儿园滑滑梯‘搬’回家”发生、发展的“多重时间轴”上，一直延续不断的是每个参与其中的儿童——以有能力、有自信、积极主动学习者身份在学习和成长。儿童以这种身份学习和成长的过程，是由一个个不同的时刻、一件件不同的事件累积而成的。不同的时刻和事件，又可能给儿童带来不同方面和不同程度的长期影响。

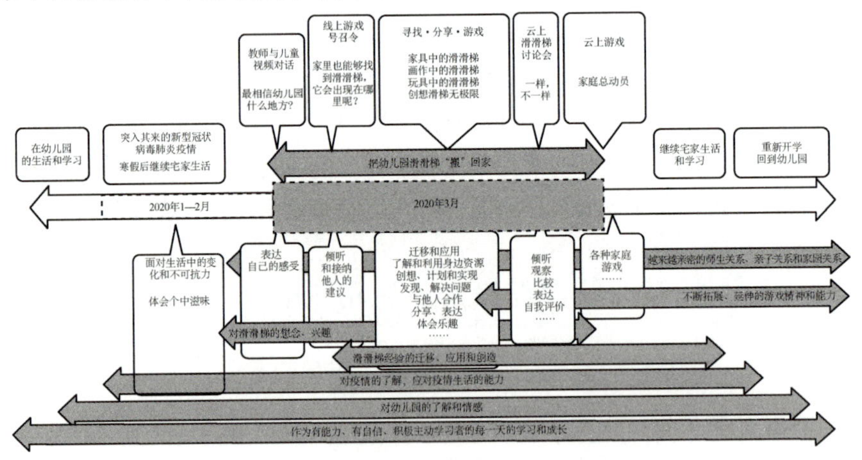

在多重时间轴上解析“把幼儿园滑滑梯‘搬’回家”

---

① ［新西兰］玛格丽特·卡尔、温迪·李：《学习故事与早期教育：建构学习者的形象》，100 页，北京，教育科学出版社，2015。

在中间那条具体时间轴上方的方框中，是可以被观察到的、从儿童的生活以及教师与儿童的互动中浮现出来的一个个生活事件和学习事件；下方的方框中，是对儿童每次学习体验的识别；灰色箭头，则是不易被看见的、在“水面下”发生着的对儿童的学习和发展有着持续影响的多条线索。从这张图中可以看出，儿童在幼儿园的生活和学习是短暂的，但给他们带来的影响是长期的，如对幼儿园的了解、情感和与幼儿园的关系。这些影响可能一直在背景位置影响着儿童的生活和学习，但当有一天，因为某些事件，如疫情期间无法回到幼儿园，让儿童的生活和学习发生变化时，它的影响就开始在前景位置显现。就如同在这个课程实例中，因为疫情无法回到幼儿园这个现实引发儿童表达自己对幼儿园的想念，由此引发了“把幼儿园滑滑梯‘搬’回家”这条具体的课程线索，以及随后发生的一系列具体事件——视频对话、线上游戏号召令、在家里玩与滑梯有关的游戏和云上滑滑梯讨论会等。这些事件从教师的角度看，是课程活动、教学实践，对儿童而言，可能是学习机会。就这样，与“把幼儿园滑滑梯‘搬’回家”相关的课程和学习从儿童的生活和教师的教学中生成并发展了，又在儿童与周围的环境——儿童、教师、家人、家里、“云上”、疫情等形成的环境在不断互动的过程中留下了多重的学习轨迹，并影响着未来可能发生的学习和事件。

“多重时间轴”可以用来分析像“把幼儿园滑滑梯‘搬’回家”这样面向群体的课程线索，也可以用来分析像“挖掘机”这样聚焦一个儿童的课程线索。一个学习事件在时间轴上，可能只是在某一天里的几分钟而已，如发现幼儿园围墙外的挖掘机，与小伙伴和老师一起看看、说说，但这几分钟的影响可能是长远的，也可能引发其他的学习机会与可能——一次次尝试把看见的挖掘机画下来、寻找幼儿园的哪个角落能看见挖掘机、跟其他小朋友分享经验……也可能在未来激发儿童更多关于工程车、关于方向、关于绘画的学习。教师在和勋勋妈妈的共同识别和解读中，能了解勋勋对挖掘机感兴趣背后的已有知识技能和心智倾向储备：“勋勋在不同的阶段有不同的喜好(洒水车—蜗牛—挖掘机)，他对喜欢的物品或形状相似的东西敏感度较高。乐于探索发现，遇到阻碍能思考解决的方法。”“勋勋与幼儿园围墙外挖掘机”这条课程线索可能会慢慢退到背景位置，但勋勋在此过程中收获的学习体验、与周围人的关系，以及知识技能和心智倾向方面的发展，会继续影响他的学习和成长。

“挖掘机”这条课程线索在老师的记录文档里只持续了十几天，但它带给勋勋的影响是长远的。更重要的是，这些对勋勋来说重要的学习事件(可能对别的儿童来说并不重要)，让勋勋有机会发挥自己的主体能动性，并觉察到自己所处的环境——在这里就是教师与他的互动，教学行为——能对自己的行动做

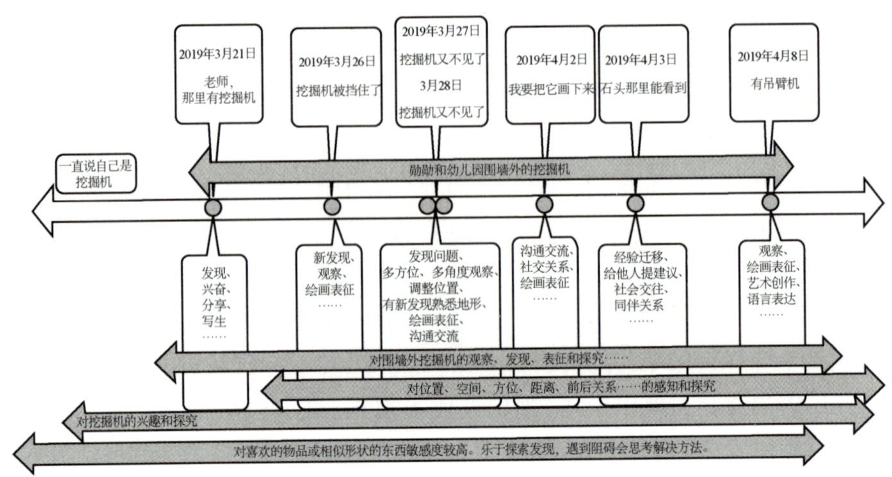

在多重时间轴上解析“挖掘机”

出反应，让勋勋主导自己与围墙外挖掘机的交互关系和学习。如果每个儿童都和勋勋一样，有机会让自己的主体能动力的火花闪现，那该是多么幸福的事情呀！

那么，借助“多重时间轴”分析和解读课程和学习，可能有什么意义呢？

➢ 可能提醒教师重视时间对儿童学习的影响，以及短期的课程、事件和活动，在儿童长期学习和成长中的位置和影响。

➢ 可能帮助教师理解儿童学习的复杂性和课程的复杂性，分析不同学习事件和课程线索发生、发展的源头，以及“准备好、很愿意、有能力”等维度对儿童的短期价值和长期影响。

➢ 可能提醒教师觉察儿童和教师在学习和课程中的角色和位置：儿童，是学习的主人；课程，是教师的责任。学习和课程，从儿童的生活和教师的教学中浮现，并被儿童、教师和家长共同编织在一起。

如果把本书中所有学习故事实例和生成呼应课程实例放在“多重时间轴”上分析，就不难看出，“生成呼应课程”不仅可能源自儿童的想法、感受和生活，还可能源自教师、幼儿园和家长的想法、兴趣、感受和重视的东西，是发生在过往的某种学习体验在某个或某些层面上的延续。同时，某条课程线索的源头，只是可以“生发”出“许多”可能性的“1”个起点，儿童、教师、家长间的相互对话、倾听和持续呼应，才能让这条课程线索得以拓展和延伸出“许多”学习机会，让儿童的持续学习和发展成为可能。

三、儿童和教师共创和共建课程

在所有的课程实例中，无论某条课程线索的源头来自哪里，儿童和教师在课程生成和发展过程中都在互相激发和合作，并同为学习和课程的开创者和共创者。《指南》和“Te Whāriki”都鼓励把儿童放在开创和共创学习的位置上，重视发挥每个人的主体能动力，要放手和赋权，师生共创共建课程和学习旅程。那么，教师在与儿童共创共建学习旅程和发展课程时可能需要关注些什么呢？

(一)始于“以儿童为重点”的愿景

愿景，即对儿童、对学习、对教学、对课程以及童年的期待、愿望和目标。《纲要》《指南》给我们提出了共同愿景，即以儿童为本，从实际出发，因地制宜地实施素质教育，为儿童一生的发展打好基础，让儿童度过快乐而有意义的童年。父母，对儿童和他们的幼儿园生活、教育，也都有自己的愿景和期待。每个幼儿园园长也有自己的愿景。为本书提供了学习故事和课程实例的一些幼儿园园长们说：

“我想实现的愿景是让老师觉得自己的工作很幸福，能更温柔地对待孩子，能更专业地识别孩子的兴趣，能与孩子幸福生活在一起。”

“我刚踏上园长岗位时的梦想和初心就是孩子的笑声、老师的笑脸与我们内心的平静。”

“特别希望来建构‘有温度’的师幼关系，在春夏秋冬中与孩子真实地生活在一起，(老师)能更好地看见孩子、理解孩子，能积极回应孩子的经验、兴趣与需求。”

“农村幼儿园由于环境条件、家长文化程度及教师的教学水平等因素，家长对启蒙教育缺乏基本了解，所以‘小学化’非常严重。家长只盯着每天老师教孩子学多少汉字，写多少算术题，老师为了迎合家长的需求，就用小学的教学手段教孩子写字、算数，这种教学方法扼杀了孩子爱玩的天性，剥夺了孩子‘玩’的权利，孩子变得呆板、厌学，影响了孩子的全面发展。为了孩子的全面发展，为了给孩子一个美丽的童年，我想让老师、家长转变儿童观、教育观，让他们相信儿童的能力，转变视角看孩子，用科学的方法促进孩子健康成长。”

“期望让我们幼儿园成为一个能够看到每个人(每名儿童、每名教职工、每位家长)，并重视每个人的地方。成为一个生活在其中的每个人都能不断成长的地方，都能够拥有‘成长型思维’，都能体会到成为一名‘准备好、很愿意、有能力’的学习者的快乐。”

这几位园长的愿景虽然不同，但都强烈地表达了对人的重视、对人与人关系的重视、对儿童和教师的“相信”和“看见”，以及对幼儿园里每个人在一起幸福生活的具体描述和向往。从本书的学习故事和课程实例中，我也清晰地看到老师们的共同愿景，那就是放手让儿童成为自己的主人。这些都在告诉我，在借助学习故事理念和实践，与儿童共同开创和共创学习旅程和发展课程之前，要先明确自己的愿景，然后再寻找学习故事理念和实践，以及基于儿童和关系的生成呼应式课程与自己的愿景之间可能存在的连接。

(二)将价值观、原则与具体行动编织在一起

价值观和原则，指的是与儿童、教育、教学有关的认知、理念和原则。学习故事是一套由明确价值观——儿童观、学习和发展观、课程观、评价观等引领的儿童学习评价体系，需要遵循“激发力量与赋权”“整体发展”“家庭和社区”和“关系”等教育原则。《指南》也为我们明确了基本的价值观和原则，如关注幼儿学习和发展的整体性，尊重幼儿发展的个体差异，理解幼儿的学习方式和特点，重视幼儿的学习品质等。任何一个价值观和原则，只有与具体的行动和决策过程编织在一起，身体力行，才有它的现实意义。比如，教师和家长相信每一个儿童都是有能力、有自信、积极主动的学习者和沟通者，并重视儿童视角、尊重儿童的价值观和原则，但如果在实践中，对儿童的评价总是聚焦“缺点”，不倾听儿童的声音，对儿童视而不见、充耳不闻，各类计划和文案中只有教师想法的呈现，又怎能说重视儿童视角、尊重儿童呢？如果秉持尊重个体差异这一原则，但幼儿园课程仅重视教师预设、面向全班的统一主题，那何以践行尊重个体差异呢？又如，看见儿童、转变观念、尊重个体差异等只是对教师的要求吗？园长们如何看见儿童、看见每个人，把价值观、原则和自己的行动编织在一起呢？

“我是自己先写，班级老师发现但凡被我记录的孩子就会特别黏我，和我很亲近，关系也很甜蜜。老师们受到诱惑以后，就跟着写了。”

“2016 年的团拜会，我为每一位教职工写了一张手写的贺卡，虽然没有完全按照注意、识别、回应三段体来撰写，但学习故事的理念呈现在了我为老师撰写的贺卡里，当我读完并亲自送到她们手里时，我明显感到老师们被感动了。我想用我的温暖和用心慢慢感染老师们也用这样的方式把爱传递给孩子们。”

“我带动我的保教主任一起阅读《另一种评价：学习故事》，并时不时和她进行一些讨论。第一次教研，我们选择了案例和原有的教学反思对比，同步传达培训会议中的内容，引起了教师的共鸣。”

“幼儿园从 2014 年年初开始，管理人员为教职工撰写‘幸福日记’，也就是管理者每天有意识地去关注、发现发生在教师身上的故事，通过‘日记’的方法分享给大家，‘幸福日记’和‘学习故事’都是以积极的视角去看待一个有趣的灵魂，以优促优，关注和识别意义，教师因为有这样的体验，从而更愿意去实践‘学习故事’。”

“作为一所农村幼儿园的园长，为了促进每个孩子的健康成长，我需要带领老师了解孩子，走进孩子的内心世界，理解他们的所思、所想、所需，相信他们是有能力的，并用学习故事中的儿童观和教育观进行科学的保教，从而促进孩子的发展。学习故事，让我改变了自己。每日从繁忙的工作中解放出来，给自己充电，并带领老师学习。几年来我跟着周菁博士共读《另一种评价——学习故事》《学习故事与早期教育·建构学习者的形象》《学习的心智倾向与早期教育环境创设·形成性的学习》《儿童的一百种语言》等几本书，从书里学习理论知识，为实践活动做铺垫。我边学习，边带领老师学习、研讨，用理论指导实践，让大家共同成长。这就是四大教育原则的整体发展和互动互惠。作为园长就要信任老师，与老师对话，了解老师所思、所想，支持老师的想法，给老师搭建展示自我的平台，给老师自由的空间。每日从繁忙的工作中解放出来，还原我想要的工作状态，享受工作的乐趣：走近孩子，和孩子一起游戏、一起玩耍。闲暇时刻，我都会钻到孩子堆里，和他们一起玩，一起学搭积木，一起玩纸箱，一起到‘水果店’买点‘水果’，到‘银行’排队取‘钱’，到‘烧烤店’品尝‘烧烤’，到‘理发店’做个头发，到‘医院’量个血压……当你和孩子在一起时，才能看到孩子的能力，才能真正了解孩子、看懂孩子，理解他们的想法。”

“自己尝试着实践，尝试着在和儿童在一起的时候，看见他们的优势，并进行积极评价；尝试着用相机记录下儿童的行为，发现儿童视角；和老师们一起讨论儿童；重新定义自己作为园长和儿童在一起的角色。”

从我开始、从园长自身开始，在学习和行动中体悟这些价值观和原则，是园长在激发和鼓励老师将自己的思维和行为过程与价值观和原则编织在一起的共同之处。我不想说这是一种方法或策略，在我看来，它是园长用行动在诠释的另一条重要价值观和原则：“欲变世界，先变自身”①。

（三）在对话和倾听中看见每个独“1”无二的儿童

一条课程线索无论源自哪里，如果在课程发展中它以儿童为重点，重视儿童的体验和感受，与儿童对话，倾听儿童的心声，看见并识别本书上篇学习故事集里探讨的许多个“1”，那么它就是思考和设计进一步支持、拓展和延伸儿

① 圣雄甘地名言：“Be the change you want to see in the world.”

童学习“许多”可能的前提，也是与儿童共创共建课程的基础。但是，看见每个独“1”无二的儿童，以及与儿童有关的许多个“1”并不容易。园长们会怎么说呢？

“那些不容易、困难都不是事，只是一阵风，我是磐石，很坚定。”

“困难和挑战更多来自一些物化的东西。学习故事是一种理念，特别是成人，不但需要时间，更需要与原来的自己告别，不断在与伴随自己成长的点滴对话中获得力量，需要灵魂的拷问与破茧化蝶的勇气，不是一蹴而就的，需要静待花开的心态。这与快餐式的现状有些不匹配。这是挑战，也是困惑，有可能也是园长的内心不够强大。”

“我们通常会将教师的学习故事作为案例讨论，最大的问题仍然是选择观察的‘点’的问题，如果这个‘点’选得好，故事质量就会高。如何选择这个‘点’，实际上需要解决的是教师‘不会看’‘看不见’‘看了不知道怎么办’的一系列问题。这将是我们研究的重点。”

“研习学习故事、发现实践学习故事，需要整个管理体系的改变，包括对一日生活安排的改变，包括对教师评价的改变，等等。教师在实践过程中，存在理念与实践间的矛盾。观察什么、以怎样的视角观察，如何识别和如何通过环境等支持，教师间存在着很大的差异，用什么样的方式来支持教师更好的实践学习故事，也是一个困惑。”

“我们老师说，每天班内两位老师要看护五六十个甚至六七十个孩子，哪有精力和时间静下心来观察。而且，老师案头工作太多，教学设计、各种计划总结、各种记录表格，又要关爱留守儿童，还要下乡精准扶贫，千头万绪的工作压得老师喘不过气来，哪有时间‘回应’和‘识别’。同时，农村幼儿园由于场地有限，人满为患，区角设置受限，没有多余的空间来设置更合理的区角，孩子们的游戏活动只能在室外，游戏活动的种类少，老师的观察就少，记录内容也就少，因此‘似像非像的学习故事’就少。听到老师的心声，让我再一次审视，作为园长有没有倾听老师和孩子的声音？有没有与他们对话？有没有读懂他们、走进他们、了解他们？”

“我对自己的角色重新做了审视，我现在愿意花更多的时间创造和孩子们在一起的机会，而且在一起时我们的互动发生了许多改变。过去我总是习惯性地教导、纠正孩子，无论见到哪个孩子，脑海里似乎总有一个标准的‘理想儿童’的形象，很难看到和听到每个孩子独特的兴趣、努力和想法，那些‘不够勇敢’‘合作意识不足’‘认知不准确’‘行为习惯不好’等评价会自然而然地跳入脑海，然后用自认为温和、尊重的方式引导幼儿，认为这是尽到了教育者的职责。现在，我会越来越多地去倾听他们的声音。神奇的是当你真的相信儿童是有力量的学习者的时候，和他们在一起时你似乎总能感受到他们的力量、智慧、善良、努力和创意，原来儿童成长的主体能动力一直都在，只是我们一直未正视他们。”

园长们的感言，让我感受到探讨对话、倾听和看见儿童这一话题，需要在视角和认知、方法和策略、思维和行为等层面上来进行，这也是本书上篇“学习故事实例集”的聚焦点；需要在信念、态度、习惯、管理和幼儿园文化等层面上去觉察、思考和行动；也需要时间和耐心等待，因为变革是一个漫长而复杂的过程，园长和教师的学习、实践与成长也需要时间和等待。

(四)在持续呼应中促进“ABCDE”

看见独“1”无二的儿童和许多个“1”，只是开始。玛格丽特·卡尔和温迪·李提出可以从“ABCDE”五个维度来促进儿童的学习和发展。

➢ 主体能动力(Agency)：在对话和倾听中呼应儿童的兴趣、意图、目的和情感等“1”，提供能让他们开创和共创学习机会的环境。

➢ 宽度(Breadth)：在不同的学习情境之间建立连接，如家里、幼儿园、社区、图书区、艺术区、建构区、户外活动。

➢ 连续性(Continuity)：从“跨越多重时间轴”这个视角理解学习的连续性，并共创共建有意义的、持续的学习路径。

➢ 分布或迁移(Distribution)：用越来越复杂的方式占有知识技能和心智倾向。

➢ 情绪情感(Emotion)：热情、幸福、卓越的人生。

学习故事5.8《基地城堡》的作者郑丽梅老师就在注意、识别、回应孩子学习的过程中，体悟着“ABCDE”这五个维度。她写道：“2018年的秋天，大(一)班的孩子们与幼儿园的大树发生了许多有趣的故事，这些故事触发了孩子们的深度学习。因此关于搭建树屋的课程从9月一直持续到了12月。在整个课程持续深入的过程中，我们不断反思——每个孩子绝大部分的时间是如何度过的？我们想教给孩子的是什么？在新西兰学习故事的评价体系与课程实践中，我们慢慢寻找到了答案——孩子是在关系与参与中学习的。当我们的反馈聚焦于‘还需要做的事情’，以推动学习的进一步发展时，孩子的主体能动性不断得到激发，并且越来越多地与周围环境中的人、事、物建立连接，学习的宽度也得以不断拓展。当孩子沉浸在‘搭建树屋’这一学习情境中时，问题和困难形成的刺激与挑战，使他们的学习呈现出连续性的特点。在‘树屋’主题课程中，领域的学习也自然渗透其中，学习分布性体现在幼儿生活的方方面面。最后，幼儿情绪的宣泄与释放，曾经常常被教师忽略。在学习故事的启发下，我们开始更加关注幼儿作为具有独特个性的学习者以及他的所思所想。每个孩子都值得被看见。”

需要提醒的是，“ABCDE”不仅可以用来构思“未来学习的机会和可能”，如给儿童提供的新信息——书籍、活动、材料、图片、对话、新经验，提供新的学习机会，构思新的课程线索和方向与这五个维度编织在一起，来支持儿童螺旋上升式的学习，同时“ABCED”这五个维度还蕴含在儿童当时、当下的学习中，可以在学习故事和课程实例中呈现。

(五)在记录和评价中传递价值观，在共创共建中转变评价文化和学习文化

本书收录的课程实例还有一个共同特点，那就是可以清晰看到教师、儿童、家长间的信任关系、共同愿景、价值观和彼此间的激发和支持，以及他们如何在持续的多元对话、倾听和呼应中保持共同思考，共创共建学习旅程的。我们也可以体会到，教师为儿童撰写的学习故事以儿童为主角，是写给儿童和家长的，重视凸显儿童作为积极主动学习者的形象，以及儿童在课程中的“开创和共创”位置和他们在学习中的体验。同时，教师又通过撰写学习故事传递价值观，与儿童和家长逐渐形成共识，共同推动课程发展。

➢ 在“注意”部分，教师根据自己的价值观选择记录那些她认为重要的学习事件。

➢ 在“识别”部分，教师运用她的专业知识解读儿童的情感，并赋予其所记录的学习事件价值。

➢ 在“回应”部分，教师融入儿童、教师、家长、幼儿园和国家对儿童学习和发展的愿景和目标，计划和设想着进一步促进、拓展和延伸儿童学习的机会和可能，并通过自己的文字和图片，让儿童的形象、儿童与周围世界的关系，以及儿童的知识技能清晰可见。

为促进儿童学习而进行的形成性评价过程，不仅为学习提供了强大的助推力，也传递了重要的价值观：保护和增强学习动力；理解学习的复杂性；接纳学习的不确定性；倾听儿童的心声；重视儿童与周围环境的关系；支持和鼓励儿童在参与过程中促进知识、技能和心智倾向的发展。学习故事作为一种“边界介质”，也通过分享、阅读、讨论、再分享、再阅读、再讨论存在于儿童、教师和家长等不同的社会群体中，能跨越不同群体的边界，在不同群体间建立连接，形成交互关系，促进学习在这样的交互关系中持续发生。同时，它们也串起与某条课程线索相关的重要学习事件链，如形成本书收录的以儿童为本、以儿童为主角、重视儿童学习体验、心里想着儿童、写给儿童和家长的课程实例。虽然，有些集体性的课程实例，如童心家园的“小班宝宝入园适应纪实”“锯锯钉钉厂”等课程实例不是写给某个儿童的，但也可以放入每个参与的儿童的学习成长档案中，因为这是一份属于他们幼儿园生活的共同经历和记忆。当然，在这些儿童的学习成长档案中，也可以收入专属于他们每个人的学习故事和课程线索。

记录和评价不只出现在为儿童撰写的正式评价文本——学习故事中，也应融入日常教学行为和教师讨论制订班级计划时的非正式评价中。北京市西城区三义里第一幼儿园把非正式评价和正式评价的记录融入了日常计划制订和班级管理中，并在《班级课程文档》中呈现。广东省广州市东方红幼儿园也改变了日常集体备课的模式和方法，在班级几位教师分享自己所注意和识别到的儿童学习中的许多“1”过程中，发现可能源自儿童、教师、幼儿园议程和社会文化生活的多条课程线索，共同支持和推动这些课程线索的发展。

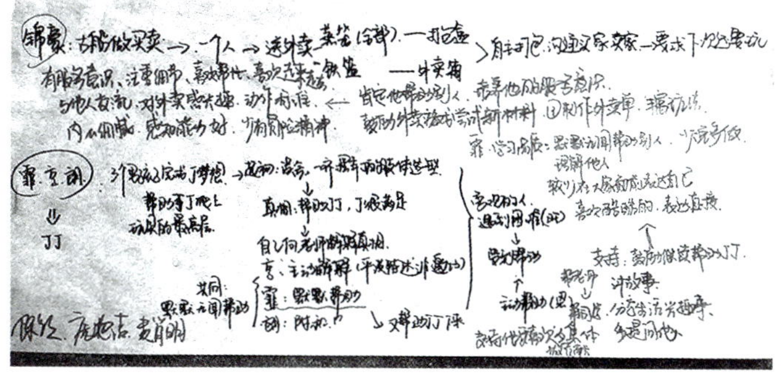

在班级周计划中“注意、识别和回应”不同课程线索和计划

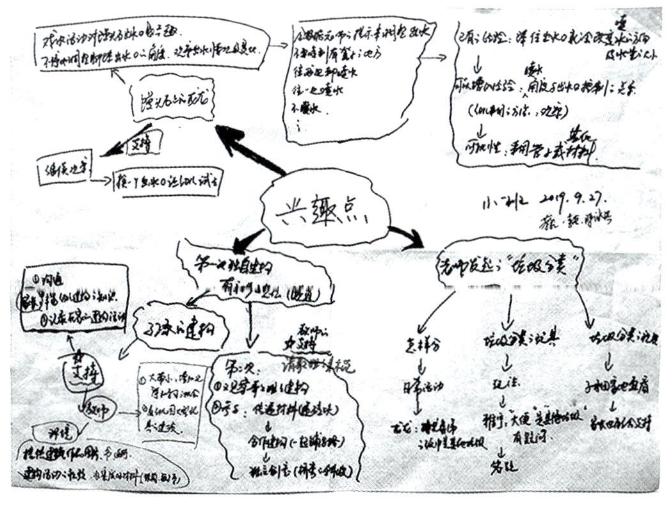

围绕来自儿童和教师兴趣点的课程线索和计划

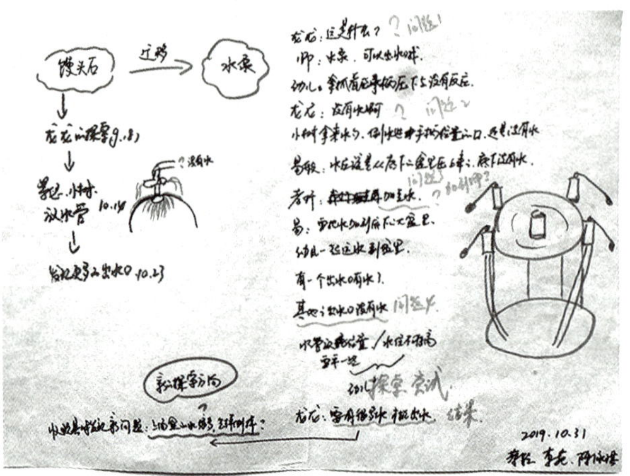

围绕某一条课程线索的记录、识别和计划

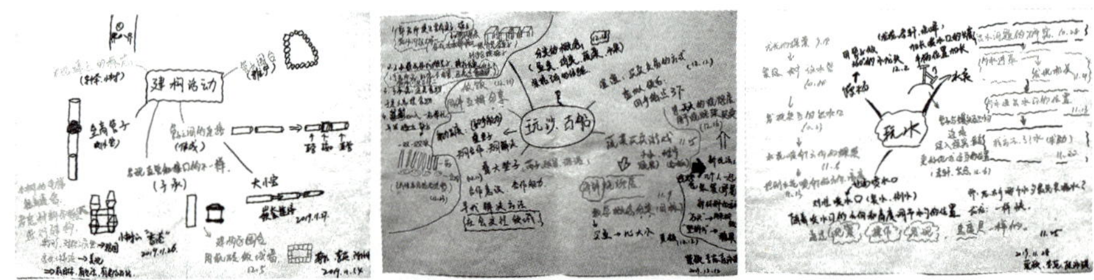

围绕室内或户外某个活动区的注意、识别和回应

在现实中，任何一所幼儿园和一个班级里的课程，都可能像这些计划所呈现的那样，同时出现多条线索，关键是幼儿园允许和鼓励教师选择看见哪条(些)、重视哪条(些)、呼应哪条(些)，是否支持班级教师与一个、或几个、或整个班儿童共同编织多条课程线索。很显然，三义里第一幼儿园和东方红幼儿园都允许并鼓励教师看见、重视、呼应多条同时出现的课程线索，并在管理和教研层面给予支持，让教师通过相互倾听、对话和彼此呼应，保持共同思考，形成共识，共同促进儿童的学习和课程的发展。

在共创共建基于儿童、重视关系、具有不确定性、不可预测的生成呼应式课程的过程中，儿童、教师和家长形成的共享愿景、价值观，以及彼此间的信任，相互的激发、鼓励和支持，至关重要。学习故事理念和实践，有可能把儿童、教师和家长连接在一起，并在共创共建的课程中，逐渐转变评价文化和学习文化，形成“取长”式的评价文化和重视“儿童视角”的学习文化。聚焦“参与”的评价文化和重视“有助于学习的心智倾向”的学习文化，用“叙事”理解复杂性的评价文化和重视“不确定性”的学习文化，促进“关系”的评价文化和重视“联结性认知”的学习文化。

四、共创共建学习旅程、发展课程对管理者的挑战

本书收录的课程实例是幼儿园园长、教研人员、教师、儿童和家长共同学习、探究和努力的成果，这个过程并不容易。除了前面园长们提到的，也是本书上篇“学习故事实例集”聚焦的，教师在注意、识别、回应儿童学习时可能面对的是如何看见独“1”无二的儿童方面的各种困惑和挑战，幼儿园管理者也面对着各种挑战。例如，管理层面如何赋能赋权教师，看见每一个作为有能力、有自信、积极主动学习和沟通的教师，并为教师提供能够激发他们力量的环境，和教师在一起，像期待教师与儿童相互对话、倾听、持续呼应那样，与教师共同学习、共同面对困惑和挑战。在《相信每个人的力量：构建基于儿童、重视关系的幼儿园课程与文化》一书中，北京市西城区三义里第一幼儿园分享和讨论了他们是如何在教师、教研和管理等多个层面共同面对研习和变革路上的困惑和挑战的。在这里，我邀请了广东省广州市东方红幼儿园的林举卿园长，分享她是如何借助学习故事的理念和实践，共创共建基于儿童和关系的生成呼应式课程，以及它给幼儿园管理带来的挑战。以下是林举卿园长的观点。

首先，是对管理者系统意识的挑战。幼儿园是一个整体，当学习故事作为一种新的元素进入幼儿园时，不管它的切入点有多小，都必然会破坏原来的生态系统，引起一系列的变化，甚至会让整个幼儿园的系统进入一个新的混沌期。作为管理者，对此要有足够的理解，并做好系统重构的准备。在确立理想目标的基础上，尽可能保持幼儿园的整体稳定，以动态的变化方式引导系统从局部向整体的重构过程。例如，我们幼儿园引导教师学写学习故事，开始仅仅是课程评价方式上的一点点变化，随着新旧两种评价方式之间的不协调从而引起幼儿园管理工作上的不协调。同时，由于不同评价模式价值取向上的差异，也逐渐引起了教师内在的冲突，行为表现或接受、或拒绝、或抵抗……种种矛盾会从隐性向显性发展。此时，管理者的适时呼应和恰当引导，可以帮助教师重新认识教育评价的功能，使教师的观念发生变化，并在行动上做出调整。与此同时，新旧两种做法的冲突会随着研究的深入，重构一种全新的做法，以适应系统的需要。

评价系统的改变、教师观念的改变、工作流程上的一些改变，都会引起整个课程运作方式的改变。原有的方式因此产生一系列的不适应，这些不适应会随着改革的推进而逐步扩大和突出，产生内在冲突的面积也会不断扩大。部分员工会因此产生无所适从、不知所措，甚至产生焦虑和愤怒

的情绪。由此，我们对新事物的好奇和期待，夹杂着对过往成绩的怀念和坚守交织在一起……

这些对幼儿园的管理者来说是很大的考验：一是，内心的理想是否会被动摇；二是，是否能够承受来自各方面的质疑和压力；三是，是否会有足够的策略、耐心和力量应对和梳理矛盾和冲突，逐渐引导整个幼儿园尽快从混沌中重构一种新的秩序。因此，对幼儿园的管理者来说，明确的目标非常重要——为什么要借鉴学习故事的做法，你希望引起什么样的改变？这一点自始至终不能改变。

其次，是对幼儿园管理者教师观的挑战。在传统的教学管理中，幼儿园管理者强调对教师教学全过程的计划和监控。教师在本质上是监控的对象和教学内容的执行者，教学目标、教学内容甚至组织形式都有既定的模式控制。从某一角度来说，教师并没有被充分信任，而学习故事所隐含的儿童观和教育观则要求教师要相信儿童、支持儿童、追随儿童，师幼关系发生了质性的变化。为此，管理者也需要以同样的教师观支持教师教学，给予教师更多的信任和课程自主权。与此同时，这种放权让幼儿园的管理工作变得动态和不确定。原来的教师评估、考核方式面临着改变，管理者与教师的关系以及交流、沟通方式都会在此过程中发生微妙而持续的变化，这无疑对管理者来说是一次颠覆性的挑战。

再次，是幼儿园管理中增与减的挑战。随着学习故事研究的不断深入，教师设计课程的方式越来越多地关注儿童的兴趣以及发展需要，生成、即兴和个性化的教学方式慢慢改变了传统的预成、统一的方法。为了适应这种变化，我们的工作方式和流程做出了相应的调整，管理上新增和改变了一些工作要求，很多工作细节也处于新旧交替的状态。通常在这样的状态下，管理者习惯上会以加法方式解决问题，如教师为每一个儿童写学习故事，但以前每周对儿童形式性的量化评价和评语还要继续；学习故事的发展，让教师意识到班级工作人员的沟通和互动很重要，于是就有了新模式的集体备课，但原来每周分工撰写的教学方案还得继续；教师支架了教学，改变了原定的教学方案，教学方案中的教学反思还要继续撰写。诸如种种细节的改变，在研究初期的时候矛盾并不突出，但很快，这些小矛盾就会聚集起来并浮出“水面”，工作量的压力会成倍增加，教师渐渐难以支撑，如果管理者不能很好地调整和处理，那上述问题就会转化为教师的怨气，和管理者之间产生极大的矛盾和冲突，甚至会越来越严重。

为此，管理者在推进改革的过程中，必定要遵循“有增必有减”的规律，及时发现矛盾，在管理上采取措施保证工作流程的流畅，及时梳理工作的内容，对同类型工作，或者合并，或者废除，“鱼与熊掌”只能做出选择，有所取舍。对于管理者来说，有一些做法可能是一个幼儿园的传统，也可能是一种习俗，更可能已经成为所有员工的习惯，取和舍都需要有相当清晰的改革目标和改革勇气。当新旧工作方式发生冲突的时候，我们就会召开全园性的研讨会，陈列所有的工作，然后分类、整合、评估，共同确定取舍方案，使教师工作量保持在一个相对合理的范围。

最后，就是来自幼儿园外部评价和问责机制的挑战。随着学习故事研究的深入，整个幼儿园的课程组织模式会因为儿童观、教育观、评价观乃至工作人员价值取向的变化而发生越来越明显的变化。例如，环境开放性发生大幅度变化，环境功能设计会更灵活和低结构化，传统区域设置方式的改变，传统组织形式的改变，儿童自主活动时间的大量增加，教师备课方式的改变，教师记录发生改变，师幼关系发生改变……或许，原来既定的东西都发生了改变，这些改变对幼儿园内部的工作人员而言，会从抗拒到慢慢适应，再到最后接受，变成一种新的定型。但对幼儿园以外的管理和评估部门而言，在 30 多年的评估改革中，已经形成了一整套评估幼儿园的指标和方式，这种评价通常以非常量化和刻板的条目审核幼儿园的工作，可变通性很低。一直以来，幼儿园很多的工作流程和档案材料、管理方式都是应评估需要设计的。所以，幼儿园管理方式和课程流程发生如此颠覆性的改变，于评估部门而言，要接受并非容易，但对幼儿园管理者而言，要应对这样的追问并非易事。

针对这种状况，在实践中，我们可以努力做到以下两点。

➤ 溯源共识，求同存异。一般情况下，不管我们运行哪一种课程模式，最深层和最核心的目标都是一样的——促进儿童身心健康发展。所以，不管我们采用哪一种做法，都能围绕这一核心做出合理化的解释。为此，面对评估部门的评估，我们要相信评估专家的思想力和理解力，同时还要自始至终把握住教育的“源头”和“初衷”，有条理、有依据、有逻辑、有思路地把这些不合规格的做法予以解释，与评估专家达成共识，并让他们理解我们改革的必要性，争取专家的支持。在我经历的两次评估中，我深刻地体会到了评估专家的工作态度和学术精神。尽管评估过程前所未有，但最终通过深入的研讨达成了共识。评估专家不但对我们的改革予以了肯定和支持，同时还给了我们很多启示和帮助，进一步推动了幼儿园改革的发展。

➤ 新旧融合，“自圆其说”。在改革过程中，我们会有很多新的做法。这些做法在表述和形式上可能跟以往的做法有所不同，但新旧方法基于的教育理论和教育追求并无不同。因此，我们在解说的时候，不宜完全否定

过去的存在和意义，应尽可能在原有的语境中发展地解说思路，尽可能合理地把现在和过去连接，使自己的做法能够“自圆其说”，争取理解和支持。

本书聚焦的是评价，探讨的是如何借助学习故事促进儿童的学习和发展，并基于儿童和关系生成呼应式课程。如同林园长所说，儿童观和评价实践的改变对幼儿园来说可能是“牵一发而动全身”的事情。特别是学习故事，它不仅是评价，也不仅是教师对儿童的“注意、识别、回应”，它还是评价过程，也是课程发展的过程，因此它必定会带来评价之外的一系列变革，如学习观和教学实践、课程观和课程实践，以及幼儿园文化层面的改变，甚至引起一时的混乱和秩序的重建。三义里第一幼儿园的园长和教师也经历过这样“破”和“立”“再破”和“再立”的过程。当管理者面对这些挑战时，很多会像林园长那样，用教师看待儿童的视角那样看待教师，用教师与儿童共创共建课程的方式那样，与教师和幼儿园内外相关人士对话、倾听和持续呼应，保持共同思考，形成共识，具体做法包括以下四点。

➤ 明确愿景、目标和价值观，把握教育源头，保持初心。

➤ 转变教师观，信任教师，赋予教师课程自主权。

➤ 理解接纳教师可能存在的内在冲突，尊重教师的个体差异，适时呼应，恰当引导。

➤ 与教师倾听、对话和持续呼应，共同发现问题、分析问题、寻找解读问题的可能性，共同选择、取舍、决策，相信在一起的力量。

➤ 做得明白、说得清楚，不断追问“我/我们是谁”（幼儿园的集体身份认知）？“我们”为什么是这样的“我们”？“我们”为什么要这样做、这样说、这样想？“我们”的存在，对儿童、对自己、对家长、对社会有什么意义和价值？“我们”对儿童和教师的期待和愿景究竟是什么？“我们”如何知道“我们”了解眼前的每一个儿童和教师，并促进他们的学习和发展？

和本章中访谈的其他几位园长相似的是，林园长也是从改变自身开始的。她先自己尝试换个视角看见儿童，给儿童写学习故事，用这种方式把学习故事理念和实践介绍给幼儿园教师。她也转变视角看见幼儿园教师，给幼儿园教师写学习故事，并尊重教师的个体差异。一位教师对给儿童写学习故事一直心存质疑，当有一天她主动写了一个学习故事，并发给林园长时，林园长激动地跟我说：“我等了一年的花儿开了！”

教育不是灌输，是点燃火焰！

——苏格拉底

数也数不清(成人版)

作者：十画

谁说数也数不清?
如果让我数糖果
我就一颗一颗
吃掉它

谁说数也数不清?
如果让我数厚厚的书有几页
我就一张一张
折成纸飞机

谁说数也数不清?
如果让我数头发
我就一根一根
打上蝴蝶结

谁说数也数不清?
如果让我数海水
我就一滴一滴
喝光它

谁说数也数不清?
如果让我数星星
我就一颗一颗
玩套圈

谁说数也数不清？
还有什么
可以让我数？

第十二章　讲好中国儿童的学习故事

学习故事的理念和实践，虽然来自新西兰，但我们要用它来帮助我们讲好中国儿童的学习故事，实现我们的教育愿景——让儿童度过快乐而有意义的童年，并激发每个参与其中的人的力量，让儿童感到幸福。这是我们努力的方向，也是我们的初心。因此，我们把一群对儿童好奇和感兴趣的，研习学习故事的同行者们联结在一起，携手同行。

园长们说：

“故事中的孩子和老师的关系像暖流流过我心间，我觉得终于找到适合我的表达方式，以及真正理解孩子的钥匙了。”

“学习故事吸引我的是它对独立个体的尊重与包容。一是能链接自己孩子的成长轨迹，初次尝到在我给予孩子充分信任后带给我的惊喜，让我深感重塑教育观的迫切。二是踏上园长岗位后，耳边一直有一种声音问自己——我能为这所幼儿园里的每一个师生做些什么，留下些什么，呈现怎么样的样貌？学习故事的理念与我向往的幼儿园里‘孩子的笑声、老师的笑脸与内心的平静’很契合。”

“《我的彩虹蝴蝶》是我最初被打动的第一个学习故事。这是一个在我们幼儿园生活中寻常的瞬间，儿童用自己最真实的样子表达着她的兴趣和遇到困难后的情绪，以及她的自我调整和再次尝试的行动。故事的表述表明了儿童一直在积极地、主动地参与学习，老师为她的努力提供了一个支持和鼓励的环境。教师眼中的她和过去眼中的她不一样。如果是在过去，我可能会觉得她使用剪刀的技能较弱，会觉得她不够勇敢，遇到不会的事情就生气、放弃，随后我会耐心地教导她勇敢尝试，再一次陷入评判、纠错、教导的循环中，我认为这就是教育互动的意义，也是促进儿童成长的可能性和有效策略。学习故事在一定程度上颠覆了我对过去教学策略、教育意义等的认知，如果我是这样的‘学习故事’中的学习者，我觉得好幸福，所以我当下的挑战就是我不是在这样的文化中成长起来的学习者，却要成为和这样的学习者一起成长的老师，这对我来说是非常大的挑战，但也充满期待！”

“几年来的研习旅程，就好比一段美妙的旅程：出发前的精心准备和满满的期待。旅途中虽然坎坷不平，但也能看到惊艳的风景，感受克服困难后的惊喜。教师在实践探索中感悟以儿童为本的教育理念，体验儿童的学习成长发展

中，身边的人、事、物都可以成为教育资源。教师的教育观和视角的转变为儿童的学习提供了支架，发现每一个儿童的特质，相信每一个儿童都是独一无二的，都是有能力、有自信的学习者和沟通者。然后慢慢体悟学习故事不仅仅是一个个'故事'，更是一种理念、一种思维、一种行为模式，它考验教师观察幼儿的角度与方法，让教师有一双善于发现的眼睛，让幼儿的学习看得见。"

老师们说：

"作为一名新老师，在工作中肯定会有很多迷茫和困惑。刚来到幼儿园上班的时候，家长会觉得连我自己都是一个小孩，还要来带这么多孩子，对我是很不信任的。面对孩子，我总是希望孩子跟着我的脚步走，按着我的规划去生活。当我让他们往左他们偏要往右的时候，我会觉得我不适合这个工作。不过在我接触了学习故事之后，我知道了去追随孩子，给孩子更多自发的时间，去顺应他们的天性。慢慢地，我和孩子们的关系融洽了起来。每天的工作、活动安排也更加轻松、愉快。当家长分享了我的学习故事之后，他们就会更加关注自己的孩子，重新去理解、去感受我的工作，从而支持我的工作。当孩子们听到我为他们写的故事之后，他们变得更加自信、更加阳光、更加富有创造力。他们不用被逼着去参加自己不感兴趣的活动，也不再担心如果没有达到我的要求会受到批评。在没有条条框框的教室里，孩子们更加快乐地生活着。家长支持我的工作，孩子们也更加喜欢我，我的创造力也不断被孩子们激发。"

"自从认真地写学习故事后，我的工作也好，生活也好，都'慢'了下来。工作上我有更多的时间去观察孩子、发现孩子、支持孩子。记得刚刚接触学习故事时，我在想，怎么写呀，孩子当时发生的故事、对话的内容，我怎么全都记不住啊？所以，我也不知从何处下手。后来我终于发现，我们其实是在赶时间，节奏很快，为了一日生活流程而一日生活流程。每个环节都很快，都在催促孩子，哪里还能静下来发现孩子、支持孩子呢？现在，我们老师和孩子都'慢'了下来，我们都能享受在幼儿园里的生活，孩子们也能尽情地享受他们喜欢做的事情，都很惬意。'慢'下来了之后，我能更多地给予孩子支持，孩子也有更多的时间去提问题、发现问题、探究问题。现在，我已经从不知如何下手，到能很好地观察孩子，给予他们支持，我们班有些孩子的性格也由急躁变得柔和了。"

2018 年 1 月，工作刚两年的池雨蒙老师为自己写了一篇学习故事，注意、识别和回应着自己的学习和成长。

学习故事 12.1　写给自己的学习故事

作者：池雨蒙（北京市西城区三义里第一幼儿园）

2018 年 1 月

来到三义里第一幼儿园的第一天，我被孩子们自己翻看《学习故事册》的情景深深吸引了。这是我第一次接触学习故事。2016 年 2 月，刘婷老师在“关注个体发展，建构课程体系”的教研中，为大家梳理了学习故事对课程观的影响，这是我第一次了解学习故事。2016 年 3 月，我拿到了一本名叫“发现儿童的力量：‘学习故事’在中国幼儿园的实践”的书，这是我第一次深入解读学习故事，并尝试写了第一篇学习故事。

不得不说，学习故事的力量，不是刚接触就能体会出来的。

2016 年 3 月，我仿照着书中“注意、识别、回应”的模式，试着写了第一篇学习故事《我是投篮小高手》。

当时、当下用的心是真心，用的情是真情。一年之后，翻看文件夹里满满的学习故事，我发现呈现在眼前的不仅仅是一篇篇孩子成长的印记，也是自己视角与思考不断转变的过程。

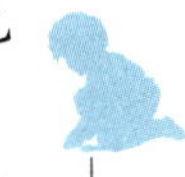

一年前，我写的故事基本上全是“注意、识别、回应”三段体。如今，我的学习故事有多种形式。

一年前，我更注重发现孩子的学习品质与知识技能。如今，我只需看见一个个有个性、鲜活的生命。

一年前，学习故事仅仅是学习故事。如今，我渐渐从学习故事中走出来，将其根植于骨髓，去发现、去看见身边一切的人、事、物。

2017 年 9 月，在“一言一行中的智慧”研习群中我收获了一个新词——“看见儿童”。从那以后，我不断地思考：什么才叫看见儿童，以前我真的看见了吗？如果没有真正看见，那怎样转变我的视角呢？我该怎么做呢？从那之后，我开始放慢自己的脚步，开始愿意倾听，开始喜欢记录他们说的每一句话，用他们的话形成环境，用他们的话开展课程。渐渐地，我慢慢地“看见”了儿童，并感受到了一种无形的力量。

从 9 月起，“看见”二字所带给我的改变是无形的。有很多次整理孩子的对话、看到孩子力量的同时也温暖、感动到自己热泪盈眶，很多次看到家长的反馈时我感受到了“看见儿童”的学习故事所带给我的力量。

还有很多很多我没有一一留存下来，印象深刻的话有“孩子比想象中要厉害呀！”“杨云卓又闯祸了？啊！看完之后我有点飘飘然了，谢谢老师！回家给这小子读读，他肯定高兴得不得了！”印象最深的转变是，很多孩子从此之后很

愿意在我身边，并对我说："池老师，我喜欢你！"

3个月的时间，"看见"二字带给我的启发、"学习故事"带来的转变，凝炼为这篇学习故事，送给自己。

2015年"六一"那天，黄羽欣老师在接触学习故事两个月后发给我下面一段话。

今天是个特别开心和值得纪念的日子，因为乐乐的火山展、杨起的军事兵团武器展终于开展啦，柯柯小茶吧也优雅开张。为两个孩子举行展览，为一个孩子开工作坊，这不是梦，我们愿望成真了！

两个月以前，我从没想过，为两个孩子办展览、做一个工作坊，因为这是根本不可能的！然而两个月后，学习故事使它变成了可能，并且还实现了，我又一次感受到了学习故事的魅力，并再一次见证了孩子是有能力、有自信的学习者与沟通者！

……

如果不是亲身体会，我真的很难想象，一个孩子为了探究自己感兴趣的东西，会有如此强大的学习动力、持续增长的学习热情和不断呈现惊喜的学习能力——这似乎不可思议却又合情合理。因为儿童本身就是有能力、有自信的学习者与沟通者！

……

学习故事，为孩子们建构了一个被理解、被接纳、被信任和被支持的乐园，让一切不可能变成可能。相信不久之后，会有越来越多的孩子以更独特、更多样的方式来呈现他们的学习热情，实现他们心中的梦想！

家长在读了教师撰写的学习故事后说：

"老师比我们家长更关注孩子的内心世界，我们要反思。"

"老师的记录让我们发现和看到了孩子的另一面。"

"很久没有认真地读过什么了，这次的学习故事不仅爸爸妈妈认真地看了，连爷爷奶奶也戴着老花镜看了又看。老师用激励、赏识和参与的方式辅助孩子的成长，让他们的天性得到解放。我需要反省自己对孩子干预的太多，希望以后我们能给孩子更多自由发挥的空间。"

重庆市上林幼儿园的老师在2020年年初与家长共抗疫情期间，通过线上"家长学校活动"，引导家长学习《3—6岁儿童学习和发展指南》以及学习故事的理念与实践，让家长在了解3～6岁儿童学习与发展的基本规律和特点基础上，传递"游戏是儿童最主要的学习方式之一"的观点，鼓励家长观察和倾听儿童的声音，发现儿童游戏中的惊喜时刻，并以学习故事的形式记录下来。家长的记录也让教师看到，家长也可以是在生活中、游戏中、学习中自然而然地捕捉孩子的惊喜时刻和带着爱与喜悦撰写自己孩子学习故事的专家。

坚持学习，笑对跌倒，这就是你的运动精神。
所以，爸爸妈妈风里雨里都陪着你，
让你明白坚持不懈是难能可贵的品质！

有时候，你没那么勇敢，
一只蚊子，甚至萤火虫，都能让你受到惊吓；
有时候，你勇气十足，自己想做的事，
哪怕面对可能飞溅到脸上的热油珠，
也会毫不犹豫、全力以赴。
原本以为只能为你摆拍，
没想到初试身手的你竟让牛排轻松翻转，
这才意识到：小小的你，
原来平时都在用心观察、学习，
你让妈妈惊喜不已！
2020.4.26

“宝贝儿，你们在玩什么呢？”
看到满桌的粉笔末，我没忍住问道。
最终被你们认真的样子吸引了。
你们回答：“我们在玩星空。”
我一脸疑惑。
只见你们把粉笔末收集起来，
用矿泉水瓶子装满了水，
小心地将把粉笔末从瓶口放进去，
盖上瓶盖摇晃起来，
你们兴奋地说：“看，紫色的星空，
看，这是蓝色的星空。”
我凑近一看，
果然粉笔末掉进水里，
五颜六色的真好看，
确实像五彩的星空。
亲爱的宝贝们：
在这一刻我感受到了想象和创造的魅力，
我庆幸我没有制止，
不然我就和这美丽的星空错过了！

2020.4.28

“你不需要看图吗？”
“这么简单看什么图呀，不看。”
漫长的假期，你学会了拼图，
从最开始的几十块到二百块，
从开始的“妈妈帮我找一下这个，找一下那个。”
到现在的“这个很简单，你等着瞧吧。”
一次次拼好、散开、再拼、再散开。
静静看着你认真拼图的样子，真美好！

生活中片片都有你喜欢的数字，在小区每栋楼的信箱前，你站在那里猜信箱编号！

闲暇的时间里，我发现了你的创意绘画。你指着白板上的作品说：“这是我、这是弟弟和妈妈。”望着这幅温暖的作品，我幸福而感动。

家长们写的学习故事，让我感受到了“相信”的力量、“行动”的力量和“用心在一起”的力量。如果每个儿童都能这样被看见、被倾听、被理解、被呼应、被爱包围、被温柔相待，多幸福呀！

研究儿童、理解儿童，走进儿童的世界，虽然不容易，但这是幼儿教师一辈子需要进行的工作。我们的研习旅程刚刚开始，不管未来怎样，我们希望本书中的学习故事实例和课程实例能让您开始相信儿童的力量、相信游戏的力量，相信自身的点滴改变有可能带来积极的“蝴蝶效应”。如果您读完本书后愿意试着这样去讲述中国儿童的学习故事的话，那我们的目标也算达到了。

以下是园长们的感悟可供您参考。

“学习故事有一种魔力，会让幼儿园温暖如家。在这里老师可能是孩子，孩子可能是老师，每位教职工甚至保安老师都可能是课程的发起者；在这里可以享受很多不确定因素带给我们的挑战和尝试；在这里每个人都是家庭的一分子；在这里会看到每一个孩子及老师的亮点；在这里只为了培养有能力、有自信的孩子和老师。”

“不要把学习故事视为只书写一个故事，只看到一个事实片段。应该把它和我们的课程紧紧相连，与教师的发展紧紧相连。它对课程的改革起着推进作用。教师的眼光可以变小(越来越有细节)，但管理者的眼光应该变大(有课程的格局和教师发展的格局)。”

“准备好迎接变革；准备好投入其中，学习故事不是针对教师专业技能的要求和培养，是一种将关系中的每个人置身其中的，对教育、对成长、对学习的探索和寻找，作为园长是这些关系中非常重要的一环，你不变很多探索就无法真正开始；准备好迎接喜悦，学习故事的探索将带来每一个个体生命样态的绽放，你有可能看到来自儿童、教师、家长包括你自己对已经很熟悉的、寻常的、日复一日的日子、活动、事物的新视角和可能性。”

“我会鼓励他们深入了解，在园课程领导层深入学习之后，还要厘清园本的课程现状，可以与骨干教师一起，探讨本园目前的课程如何有机地借鉴学习故事的理念与实践。我还会提醒他们，在整个改革或改变的过程中，要去倾听教师、倾听儿童，要坚定地相信儿童、相信教师、相信自己和你的团队，勇敢地赋权，也坚定地相信学习故事的力量，你一定能追寻到属于自己园所特有的、回归本质的教育！”

“我记得有一次读到一首小诗，说学习故事是教师唱给孩子们听的情歌，当时觉得心中那一片灿烂、那一片柔软被击中。所以如果有人也对学习故事感兴趣，我会与她说，你们也愿意唱情歌给孩子们听吗?”

“甜蜜地、热情地把情书写起来，写给孩子、老师、家长和你周围的人，以及你自己。”

再回到隐喻“1和许多”，本书聚焦的是与儿童有关的“1”和“许多”，但它的寓意不止于此，如十画的“1”首小诗《数也数不清》，引发了椰子树班小朋友的“许多”联想，而这“1”个隐喻也引发了园长们的“许多”解读。

“一个故事，有许多发展可能性，孩子的发展可能性，教师、家长的发展可能性；一个故事，联结许多的关系；一个故事，可能引发更多的故事……”

“一个共同的愿景，和许多种努力的姿态；一次变革，和许多投入其中的人们；一个‘虚拟书包’，和里面装着的许多曾经；一个独一无二的儿童，和许多努力和他一起成长的我们。”

“每一个独一无二的儿童和我，加起来就是许多但又是唯一的、独特的许多；我们不会只看见许多，许多里的每一个都应被看见、被支持！”

“因为一个启发，拓展更(许)多想法，关注一个儿童，读懂他的许多；怀着一颗初心，呼唤更(许)多同行人。写一个学习故事吧！体验爱如何在许多心意间流传。”

我希望，这“1”本集合了“许多”儿童、教师、园长、家长行动和智慧的书，也是带来“许多”可能性的那个“1”！

数也数不清(儿童版)

作者：椰子树班小朋友
成都市海科幼儿园

谁说数也数不清?
如果让我数沙子(辰星)
我就用它盖城堡(懿轩)

谁说数也数不清?
如果让我数汽车(鹏阳)
我就把它开到外国去(柔晗)

谁说数也数不清?
如果让我数井盖(恒嘉)
我就在井盖上画画(晨雯)

谁说数也数不清?
如果让我数大树(馨然)
我就在树上做鸟巢(芷萱)

谁说数也数不清?
如果让我数萤火虫(浩宇)
我就把萤火虫装进瓶子里(懿轩)
当作小灯笼(馨然)

谁说数也数不清?
如果让我数玩具店里的玩具(雨航)
我就把玩具全部买光(铭浩)

到底谁说的数不清？
如果让我数幼儿园里的小朋友
我就给小朋友贴上名牌再去数（柏焱）
我就去教小朋友报数（霖煊）
然后每天一个班的数（柔晗）
我说数也数不清
小朋友太多　我都不认识（梓涵）

到底谁说的数不清？
如果让我数头发
我就去买假发来数（芷萱）
我就把头发扎起来数（清妍）
我说头发数不清
太长太多会打结（柏焱）

到底谁说的数不清？
如果让我数星星
我就请宇航员叔叔帮我数（柔晗）
我用数棒搭楼梯爬到天上去数（鹏阳）
我说星星数不清
国外的星星数不到（诗钰）
外太空的星星看不到（雨航）

到底谁说数不清？
如果让我数海水
我就用一个桶去装水　装满之后就去称（芷萱）
海水结下小水珠　我就去数小水珠（诗涵）
我说海水数不清
雨水汇到大海里　海水越来越多　数也数不清（诗钰）

到底我该怎么数？

参考书目

中文文献

[美]德布·柯蒂斯，玛吉·卡特．观察的艺术　观察改变幼儿园教学[M]．南京：南京师范大学出版社，2018.

付国庆，张玲，赵三苏．玩帐篷[M]．上海：复旦大学出版社，2018.

[意大利]卡丽娜·里纳尔迪．对话瑞吉欧·艾米利亚　倾听、研究与学习[M]．南京：南京师范大学出版社，2014.

李季湄，冯晓霞．《〈3——6岁儿童学习与发展指南〉解读》[M]．北京：人民教育出版社，2013.

刘月霞，郭华．深度学习：走向核心素养(理论普及读本)[M]．北京：教育科学出版社，2018.

[加]马克斯·范梅南．教学机智——教育智慧的意蕴[M]．北京：教育科学出版，2014.

[新西兰]玛格丽特·卡尔，温迪·李．学习故事与早期教育：建构学习者的形象[M]．北京：教育科学出版社，2016.

[新西兰]玛格丽特·卡尔．另一种评价：学习故事[M]．北京：教育科学出版社，2016.

王化敏．给幼儿教师的一把钥匙　幼儿教师教育实践策略指导[M]．北京：教育科学出版社，2008.

中华人民共和国教育部．3——6岁儿童学习与发展指南[S]．2012年12月.

中华人民共和国教育部．幼儿园教师专业标准(试行)[S]．2012年9月.

周欣，黄瑾，华爱华，等．学前儿童数学学习的观察和评价：学习故事评价方法的应用[J]．幼儿教育，2012(16).

英文文献

Clark，A. & Moss，P. Listening to young children：The mosaic approach [M]. London：National Children's Bureau and Joseph Rowntree Foundation，2001.

Curtis，Deb. Really seeing children：A collection of teaching and learning stories to inspire an everyday practice of reflection, observation, and joyful presence with children[M]. Lincoln: Exchange press, 2017.

Jones, E. & Nimmo, J. Emergent Curriculum[M]. Washington, DC: National Association for the Education of Young Children, 1994.

Lee, W., Carr, M., Soutar, B. & Mitchell, L. Understanding the Te Whāriki Approach: Early Years Education in Practice[M]. London and New York: Routledge, 2013.

New Zealand Minsitry of Education. Kei Tua o te Pae/Assessment for Learning: Early Childhood Exemplars Book 1——An Introduction to Kei Tua o te Pae[M]. Wellington: Learning Media, 2004.